体育与健康

课程设计、教学和特色建设

主　　编　张良平　谭伟平
副 主 编　吕晓亚　刘成菊
参编人员　王小莉　解延华　王　硕　张　军
　　　　　邓　娅　袁艳琴

四川大学出版社
SICHUAN UNIVERSITY PRESS

图书在版编目（CIP）数据

体育与健康课程设计、教学和特色建设 / 张良平，
谭伟平主编．—成都：四川大学出版社，2023.9
　　ISBN 978-7-5690-6298-4

　　Ⅰ．①体…　Ⅱ．①张…　②谭…　Ⅲ．①体育－课程设
计－高等学校－教材②体育－课程建设－高等学校－教材
③健康教育－课程设计－高等学校－教材④健康教育－课
程建设－高等学校－教材　Ⅳ．① G807.4 ② G647.9

　　中国国家版本馆 CIP 数据核字（2023）第 149873 号

书　　　名：体育与健康课程设计、教学和特色建设
　　　　　　Tiyu yu Jiankang Kecheng Sheji、Jiaoxue he Tese Jianshe
主　　　编：张良平　谭伟平

选题策划：毕　潜　王　睿
责任编辑：毕　潜　王　睿
责任校对：胡晓燕
装帧设计：墨创文化
责任印制：王　炜

出版发行：四川大学出版社有限责任公司
　　　　　地址：成都市一环路南一段 24 号（610065）
　　　　　电话：（028）85408311（发行部）、85400276（总编室）
　　　　　电子邮箱：scupress@vip.163.com
　　　　　网址：https://press.scu.edu.cn
印前制作：四川胜翔数码印务设计有限公司
印刷装订：成都市新都华兴印务有限公司

成品尺寸：185 mm×260 mm
印　　张：13.5
字　　数：345 千字

版　　次：2024 年 1 月　第 1 版
印　　次：2024 年 1 月　第 1 次印刷
定　　价：56.00 元

扫码获取数字资源

四川大学出版社
微信公众号

前　　言

20 世纪 80 年代以来，各国纷纷关注并启动了基础教育课程改革。

总览发达国家基础教育体育课程改革方案，可以发现：第一，各国体育课程改革举措分殊、各具特色；第二，力求将体育和健康教育密切联系；第三，强化健康教育内容和突出健康目标。在课程实施中，形成了三种典型模式，即体育与生命安全基础分设、体育与健康教育分设和体育与健康教育相结合。

2001 年我国启动的新一轮基础教育课程改革借鉴了国外诸多教育教学理论，以后现代建构主义理论和多元智能理论作为课程改革的重要理论基础。课程改革特别强调学生的主体地位、兴趣、创新意识和实践能力等，旨在促进学生学习方式的转变。

我国新一轮的体育与健康课程改革打破了传统的由国家统一管理体育课程的模式，旨在充分利用各地、各校的体育教育资源，增强课程的适应性，并在此基础上鼓励校本特色课程的开发与建设。

《体育与健康课程设计、教学和特色建设》一书是内江师范学院 2020 年校级教改项目"教材建设专项——基础教育体育新课程设计与教学"（项目编号：JC202004）的成果。

教材编写时遵循了以下原则：

一、系统性

由宏观的"课程与教学理论"到中观的"体育课程与教学理论"，再到微观的"体育教学设计"以及"体育与健康校本特色课程建设"，具有一定的系统性，旨在"既见森林，又见树木"。

二、学术性

以"体育课程教学与设计"为核心来编写，体现了教材内容的"可教性""专门性""结构性"，秉持"体育学科"的探究方法与态度。

三、适用性

力求将教育教学理论与体育教学实践相结合，并突出知识与教学技能的综合运用，突出教材的"适用性"。

由于水平有限，教材中的有些观点值得商榷，有些材料可能用得不当，希望广大专家、同行和读者批评、指正。

编　者

2023 年 6 月

目　　录

第一章　课程理论与教学理论研究简史和发展概略

内容提要：课程与教学是构成教育的两大基本要素。课程研究与教学研究是教育研究中的基本领域和核心主题。

第一节　课程理论研究简史和发展概略

课程有悠久的过去，但直到 20 世纪初期，有关课程编制的文献日益增多，课程才逐渐发展成一个独特的研究领域。

一、科学化课程开发理论的早期发展

1918 年，美国教育学者博比特出版了《课程》一书，标志着课程成了一个独立的研究领域。1924 年，他又出版了《怎样编制课程》一书，是对先前课程理论的进一步发展。

1923 年，美国教育学者查特斯出版了《课程编制》一书。

这两位教育学者的课程理论的内核是一致的。正是由于这两位教育学者对课程理论的开发与实践，揭开了课程研究史上课程开发"科学化运动"的序幕。

20 世纪 20 年代，课程作为一个独立的研究领域最先在美国完整地确立起来。

20 世纪初，美国的"社会效率运动"是科学化课程开发理论产生的社会历史背景。1911 年，美国"科学管理之父"泰勒出版了《科学管理的原理》一书。他在书中系统地阐述了管理理论，其管理理论被称为"泰勒主义"。"泰勒主义"认为人的行为受控于经济利益，科学管理就是为了提高生产效率而对人及其所从事的工作任务进行有效的控制，因而声称效率即科学。

科学管理的思路如下：第一，挑选从事某一特定工作的熟练技术工人，并对其工作流程和使用的工具加以分析；第二，测量工作中每一个动作所用的时间；第三，把这项工作流程分解为若干细小的操作单元，进而确定每一操作单元的工作效率标准；第四，把工人分配到相应的工作岗位。这就是泰勒所倡导的利用经济利益的诱因来使得每个工人都处于最高效率，从而达到最大生产能力水平。

"泰勒主义"以效率为导向，以控制为核心，视效率为科学，将人物化为生产工具。"泰勒主义"的影响范围远远超出了企业生产领域，很快就扩展到了社会的诸多领域，在

美国掀起了"社会效率运动"。该运动也波及课程领域。

（一）博比特的课程理论

科学化课程理论的创导者当属博比特，他长期从事课程开发实践。他在课程开发实践的基础上进行了较为系统的理论创建，最终形成了"科学化课程开发理论"。我们将"科学化课程开发理论"的主要内容概括为：一是教育的本质，二是课程的本质，三是课程开发的方法。

1. 关于教育的本质

关于教育的本质，博比特的主要观点如下：

（1）教育就是为成人生活做准备，学校教育以成功的社会生活为取向。博比特认为，教育主要是为了成人生活，而不是儿童生活，教育的基本责任是为了准备五十年的成人生活，而不是为了二十年的童年及青年生活。

（2）教育过程就是要促进儿童活动与经验发展。

（3）"教育就是生产"。博比特把学校比作工厂，将学生视为"原材料"，同时将教师看作工人。他认为教育是一个塑造过程，人格将被塑造成所需要的形态。

2. 关于课程的本质

博比特在《课程》中指出，成人处理事务的能力、态度、习惯、鉴赏力和知识形式将显现出来而成为课程目标，因此，课程是儿童及青年获得这些目标所必须具备的一系列经验。博比特的课程观和他的教育观具有内在的统一性。由此可见，博比特的课程观是其教育观的自然延伸和必然体现。教育的本质是促进儿童各种活动经验的积累与发展，课程目标则指向成人参与各种社会活动所需要的基本素养。课程内容集中于儿童的活动与经验方面。

3. 关于课程开发的方法

在课程理论发展史上，博比特率先将课程开发作为一个专门的学术领域，并开启了课程开发科学化的先河。其科学化课程开发的方法是"活动分析"。博比特的课程理论强调的是人类从事各种活动所需要的经验和能力。课程开发过程包括以下 5 个具体的步骤：

（1）分析人类经验。在通观关于人类经验的所有领域的基础上，分析学校教育经验与其他社会活动经验的联系。博比特认为人类生活不管怎样变化，总包括着许多特定的活动的践行，为生活做准备的教育就是明确而适当地为这些特定的活动做准备的教育，这些活动无论怎样随着社会阶层而变化，总是可以被发现的。在《怎样编制课程》中，博比特进一步将人类经验划分为语言活动、健康活动、公民活动、一般社交活动、休闲娱乐活动、维持个体心理健康的活动、宗教活动、家庭活动、非职业性的实际活动、个人的职业活动十大主要领域。

（2）分析具体活动或具体工作。把人类经验的十个主要领域中的每一个领域进一步分解为更为具体的活动，直到能够发现可以践行的、恰当的具体活动为止。

（3）获得课程目标。博比特认为课程目标就是从事某项特定的具体活动所需要的由知识、技能、习惯、价值、态度、鉴赏力等多种成分构成的特定的能力。获得课程目标的过程就是把从事某项特定的具体活动所需要的特定的能力详尽地表达出来的过程。他主张分析课程目标应该遵循效率原则，并且将是否能够有效地从事某项特定的具体活动作为判定课程目标是否恰当的根本标准。他认为课程目标是课程开发的根本依据，而且课程目标应该具体化和标准化。

（4）选择课程目标。经过以上三个步骤获得了诸多目标，要在已经获得的诸多目标中精心选择哪些目标是适合学校教育的，进而将适合学校教育的那些目标作为教育计划的基础和教育的行动指南。并不是所有的目标都适合作为学校课程的目标，只有那些复杂的、无法在儿童的社会生活中自然获得的能力才宜于成为学校教育的课程目标。

（5）制订教育计划。制订教育计划就是设计为了达成课程目标所对应的各种活动、经验和为学生提供恰当的参与各种活动的机会。为此，博比特认为必须为每一年龄的儿童制订每天活动的详细计划，这些活动就构成了课程。

（二）查特斯的课程理论

查特斯是与博比特同时代的美国课程理论专家之一，二者的课程理论极为相似。在课程开发方面，查特斯提出首先必须制定课程目标，然后是选择内容，并且在选择课程内容的过程中，必须始终根据目标对课程内容进行评价。课程是由理想和活动构成的。查特斯认为理想不能从现实的人类活动中直接分析出来，理想就是对现实的超越。查特斯特别看重知识的系统性，因而主张通过对人类生活的分析来确定各门具体学科哪些知识是必须的，并将这些知识纳入各门具体的课程之中。

查特斯的课程开发过程包括以下 7 个步骤：

（1）研究人类社会生活，进而确定教育的主要目标。

（2）把这些既定的主要目标分解成能够与之对应的各种理想与活动，再进一步把它们分解成不同的教学单元。

（3）将教学单元的理想与各种活动按照其重要性进行分级排序。

（4）把对成人价值不大的理想与各种活动，而对儿童价值很大的理想与各种活动置于重要的位置。

（5）将儿童能够在学校以外获得的更好的理想与各种活动剔除，进而确定儿童在学校教育期间最重要的理想与各种活动。

（6）拟定这些理想与各种活动的适宜方案与途径。

（7）根据儿童的心理发展水平与特征来安排这些理想与各种活动，也就是说，通过某种适当的教学顺序使儿童获得这些理想与各种活动。

（三）早期科学化课程开发理论的贡献与局限

（1）早期"课程开发科学化运动"的贡献。博比特和查特斯是两位最为杰出的代表，他们为课程开发理论发展为一个独立的研究领域奠定了根基，提出了一系列关于课程开发的基本理论问题。比如，他们认为：课程开发的依据在于课程目标；课程目标与人类的生活、儿童的发展、学科知识存在内在和必然的联系；选择课程目标和制订教育计划的过程应该是一个科学化的过程，必须遵从科学分析和实验验证的基本科学规范；课程开发需要解决的最重要的问题就是系统的知识领域与日常生活的实际需要之间的关系问题，这些问题一直是课程开发理论与实践的基本命题。

（2）早期"课程开发科学化运动"的局限。其局限性的主要表现：把教育与课程视为准备成人生活的过程而忽视了儿童阶段特有的存在价值；把教育隐喻为"生产过程"，偏离了教育的本质，因而不能真正实现教育的科学化；课程开发中"见物不见人"，将人物化，尚未把握课程开发的人文本质。

二、科学化课程开发理论发展的里程碑

美国教育学家、课程理论专家、评价理论专家拉尔夫·泰勒是现代课程理论的奠基者、科学化课程开发理论的集大成者。因其对教育理论和课程理论的卓越贡献而被誉为"当代教育评价之父"和"现代课程理论之父"。1949年出版的《课程与教学的基本原理》是泰勒的代表作，被公认为是课程开发原理最完美、最简洁、最清楚的阐述。泰勒的课程理论标志着科学化课程开发理论进入了新的阶段，其课程开发理论被誉为"泰勒原理"。"泰勒原理"是对前人课程理论研究的升华。

（一）"泰勒原理"形成的历史背景和直接动因

促成拉尔夫·泰勒进行课程研究的"特定环境条件"的直接原因是20世纪30年代的"经济大萧条"。"经济大萧条"引发了很多严重的社会问题，失业率大幅增加，大量青年不能就业，只好回到高中读书，而大多数学生对当时的课程不感兴趣，认为课程内容没有意义。在这样的背景下，"进步教育协会"展开了旨在改革课程体制的历时8年（1934—1942年）的实验研究，拉尔夫·泰勒担任该项研究的评价组主任。

为了能够使每所学校自行设计的课程满足学生的发展需要，就得在课程开发时有章可循，泰勒提出了课程开发的一般程序和原理，也就是集中反映在《课程与教学的基本原理》中的"泰勒原理"。

（二）"泰勒原理"的基本内容

拉尔夫·泰勒在《课程与教学的基本原理》扉页开宗明义地指出，开发任何课程和教学计划都必须回答四个基本问题：第一，学校欲将达到怎样的教学目标；第二，学校应提供怎样的教育经验才最有可能达到教学目标；第三，教师怎样有效地组织这些经验；第四，学校和教师怎么确定这些目标是否实现。

以上四个基本问题就是"确定教育目标""选取教育经验""组织教育经验""评价教育计划"，这就是"泰勒原理"的基本内容。这四个问题被称为课程开发的"永恒的分析范畴"。

第一，关于确定教育目标。目标是课程的灵魂，确定教育目标是课程开发的逻辑起点。针对教育目标，选择素材、规划内容、开发教学程序、制定测验标准等方面的工作则是达到教育目标的手段。泰勒认为目标是有意识地选择的目的，也是学校教育所预期的结果，这种目的和结果的确定要依据三个来源：①对学习者自身的研究；②对校外当代生活的研究；③学科专家的建议。

第二，关于选取教育经验。在怎样选择有助于达成教育目标的学习经验方面，泰勒认为学习经验是学习者与他能够做出反应的环境条件的相互作用，学习是通过学习者的主动行为而发生的，取决于学习者做了什么，而不是教师做了什么。显然，此处强调的重点是学习者的主观能动作用，在于说明学习经验是学习者自身主动与所处的环境条件相互作用的结果。

强调学习者的主观能动作用，绝非表明教师的作用不重要。那么，教师对于学习者的学习经验有多大的作用呢？泰勒认为，教师可以通过创设和建构适宜的学习情境为学习者提供教育经验，来激发所期望的反应。不同学生具有不同的经验背景，而且经验背景的差异可能是巨大的，这就要求教师建构多方面的情境，引发全体学生所期望的经验，或者是使经验多样化，以便向每个学生提供可能对其有重要意义的经验。泰勒在《课程与教学的基本原理》中指出，不仅仅是确定哪些种类的经验有可能达到既定教育目标的问题，也是一个如何安排将会在学生内部引发或产生所期望的学习经验的情境的问题。同时，他还提出了选择教育经验要遵循以下原则：

（1）为了达到既定目标，为学生提供的学习经验必须既能使学生有机会实践该目标所隐含的行为，又能使学生有机会处理和领悟该目标所隐含的内容。

（2）学习经验必须使学生在从事教育目标所隐含的行为的过程中得到满足。

（3）学习经验所期望的反应是学生力所能及的。

（4）不同的经验能够用来达到同样的经验目标。

（5）同样的学习经验可能会产生不同的结果。

第三，关于组织教育经验。泰勒认为，为了对学生的教育产生累积效应，教育经验需要很好地组织和不断地强化。教育经验的组织非常重要，它极大地影响着教学效率和对学生的教育变化的程度。

泰勒提出了两种学习经验的组织方式：①纵向组织。纵向组织是指不同阶段的学习经验之间的联系。②横向组织。横向组织是指不同领域的学习经验之间的联系。有效的纵向组织和横向组织能够使不同的学习经验相互转化、迁移、组合，不良的纵向组织和横向组织会导致不同的学习经验之间相互冲突、干扰甚至抵消。

泰勒还提出了关于有效组织学习经验的三个标准：①连续性。连续性是指直线式的重复主要的课程要素，它是有效的纵向组织的一个主要因素。②序列性。序列性标准强调使每个后续经验建立在先前经验的基础上，同时又对有关问题进行更广泛、更深入的探讨的重要性。序列性与连续性相关，但又超越连续性。③整合性。整合性是指课程经验之间的横向联系。它是各种课程经验之间的融合贯通，是经验的内化和重组过程。

对于有效的组织学习经验，泰勒提出了三个层次的结构要素。

高层次的结构要素：①具体的学科科目（如算术、体育、书法、美术、历史、地理等）；②广域的课程（如数学、语言学科、自然学科、社会学科等）；③核心课程（与广域的课程和具体的学科科目相结合的课程）。

中间层次的结构要素：①按序列结构组成的学程（大学篮球一、大学篮球二、大学篮球三）；②以一学期或者一学年为时间单位的学程，在教学设计时把这些学程作为一个有机整体统一起来（如一年级语文上册、一年级语文下册、九年级体育等）。

低层次的结构要素：①课（一节课），这是最广泛应用的结构。每一课时有相对应的教案（教学设计）。②课题（一般而言课题比课时的容量大一些），一个课题一般需要若干课时加以实施。③教学单元，一般包括几周的学习经验，通常是围绕着一个主题进行的。

每种不同的组织结构在不同的条件下都可能具有特定的价值。判定一种组织结构优缺点的标准是连续性、序列性和整合性。

第四，关于评价教育计划。评价教育计划即评价教育经验的有效性。这种评价在本质上是评价教育目标的达成度。泰勒认为教育目标在本质上是指向人的变化，因此，评价就是确定学生所发生的行为变化的程度。评价过程是从教育计划的目标开始的，由于评价的目的是要了解这些目标实际上的达成度，所以很有必要建立一个评价程序，以便给出每一主要教育目标所隐含的每一类行为的证据。泰勒的评价理念最主要的特点是通过评价来促进目标的达成，其评价程序大致如下：

（1）界说目标。对教育目标所隐含的行为进行清晰的界说，以便了解教育目标到底期待学生产生哪些行为变化，以及这些行为变化达到什么程度。

（2）确定评价情境。确定评价情境是为了保证评价的效度而为学生提供的一种使其将所获得的一系列行为变化能充分表现出来的情境。

（3）编制评价工具。泰勒认为编制评价工具包括以下几个阶段：①清楚地界说教育目标所要求的行为；②提供能使学生有机会表现教育目标所期望的行为的情境；③设计一些在测验情境中获得学生行为记录的手段；④确定用以总结或评定所得的行为记录的名称或单位；⑤确定所编制的评价工具的客观性、信度和效度。

通过以上评价程序所获得的评价结果，是对现行教育计划是否实现了预定教育目标的基本诊断与评价。因此，这一评价程序所获得的结果是校正和改善课程与教育计划的基本前提。

简要归纳：确定教育目标是课程开发的出发点；选择学习经验和组织学习经验是课程开发的主体部分，并指向教育目标的实现；评价教育计划是课程开发整个系统运行的基本保证，教育评价使得整个课程开发过程形成了一个能够以"闭环反馈"而不断改进的动态系统（图1-1）。教育目标既作用于学习经验，又作用于评价。目标既是选择、创设和组织学习经验的指南，又是开发评价程序和评价工具的规范。因此，确定教育目标既是课程开发的出发点，又是课程开发的归宿。教育目标是课程开发的核心。

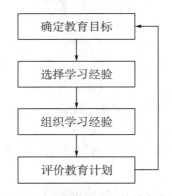

图1-1 "泰勒原理"的基本内容

"泰勒原理"强调教育目标，在课程领域产生了巨大的影响，成为20世纪五六十年代课程开发唯一的"科学"模式。时至今日，"泰勒原理"还一直是课程领域探讨的基本框架范围，且易于理解把握。"泰勒原理"为人们提供了一个课程开发的可行思路，被称为课程领域的主导课程范式。

（三）"泰勒原理"的实质

"泰勒原理"的价值取向是"技术理性"，即通过符合规则的行为对环境加以控制。"泰勒原理"力求对课程开发过程进行有效的控制，使课程开发过程成为一种理性化、科学化的过程，为课程开发提供一种普适性的程序。

三、学科结构运动与学术中心课程

20世纪五六十年代，西方世界发生了一场指向教育内容现代化的课程改革运动——学科结构运动。学科结构运动的中心在美国，其核心内容是以学科结构观重建课程。由此，诞生了一种新的课程形态——学术中心课程。

（一）学科结构运动产生的背景

20世纪50年代以前，关于课程内容的争论就已存在，有些大学教授主张在课程中引入能够反映学科最新进展的内容。

1957年10月4日，苏联发射了世界上第一颗人造卫星，震惊美国朝野。美国认识到，军事竞争的实质是科技的竞争，科技竞争的实质是人才的竞争，而人才竞争的实质是教育的竞争。美国将军事、科技方面的落后归结于教育的落后。于是，美国于1958年颁布了《国防教育立法》，划拨巨款推行全国教育改革。在这种背景下，强调学科结构的"新课程"相继在美国推行，并成立了各学科研究会。这些课程被称为学术中心课程。

1959年，美国科学院集结了35位科学家、学者、教育家来专门研讨中小学自然科学教育。会议主席布鲁纳作了关于教育过程的总结报告，确立了学科结构运动的理论基础与行动纲领，促成了学科结构运动在全国的广泛推进。

（二）学术中心课程的基本特征

学术中心课程是以专门的学术领域为核心而开发的课程。它具有以下三个显著的特征：

第一，学术性（可教性）。学术是组织起来的知识领域和该领域知识的探究方法的统一。学术逻辑和教学的心理逻辑具有内在的统一性。因此，作为组织起来的知识领域及相应的探究方法的学术最有利于教学，也最具有教学价值。

第二，专门性。学术中心课程不主张课程相关化、广域化、融合化，而主张专门化，以充分体现各学术领域的内在逻辑。

第三，结构性。学科结构包括两方面的含义：①某门学科特定的一般概念、术语、原理所构成的体系；②某门学科特定的探究方法和探究态度。

教育家布鲁姆认为掌握学科结构可以使学科更容易理解，有助于记忆，有助于知识的跃迁，有助于缩小初级知识和高级知识之间的差距。

强调学科结构是学术中心课程的基本特征，也是现代课程的基本特征。"不论我们选教什么学科，都必须使学生理解该学科的基本结构"。

学术中心课程不仅尊重学术逻辑，还积极吸收了杜威所倡导的经验课程的积极因素——发展解决问题的能力和探究精神。由此，确立了同时诚实地尊重学科本身的逻辑和儿童的心理逻辑的课程价值观。

四、实践课程开发理论

由于专家（大学教授）和一线教师之间有巨大的裂痕，20世纪50年代至60年代中后期，美国的"新课程改革"（学科结构运动）失败了。美国的课程理论专家施瓦布对此进行了反思和总结，并在此基础上建立了一个植根于实践的新课程开发理论，即实践性课程开发理论。

施瓦布的实践性课程开发理论概要如下。

（一）实践性课程的要素

施瓦布的实践性课程理论的四个要素是教师、教材、学生和课程环境。这四个要素之间持续地相互作用。施瓦布认为，教师和学生是课程的主体，并且学生是实践性课程的中心；教材是课程的重要组成部分，教材只有在满足特定学习情境的问题、需要和兴趣时才具有课程的意义，教材可以根据实际的情境进行取舍；课程环境是不包括教师、学生和教材的社会文化背景因素，它直接参与到课程相互作用的系统之中。

四个要素是一种独特而永远变化的整体结构。在这个结构中，教师和学生是一种交互主体关系，两者的交互作用是最为生动、深刻、微妙而复杂的。这种交互作用是课程意义的源泉。

四个要素构成了一个生态系统，有多少个教育情境就有多少个生态系统。

（二）实践性课程的开发方法

施瓦布认为，课程开发的基本方法是对具体教育实践情境中的问题反复权衡并做出合理选择。他把这一选择过程称为审议（缜密地思考并反复地权衡），课程审议的主体是课程集体。这个集体的构成包括校长、教师、学生、教材专家、课程专家、心理学家和社会学家。课程审议有三种方式：①实践的方式；②准实践的方式；③折中的方式。

（三）学校本位课程的开发

实践性课程开发是以具体实践情境的特殊需要为核心的课程开发，它必然植根于具体的实践情境。在这里，课程开发的主体不是课程专家和科学家，而是教师和学生，教师和学生是课程的直接参与者，是构成课程的基本因素。教师和学生的兴趣、需要和问题是因人而异、因情境而异的。

因此，施瓦布理想中的课程开发基地自然是每一所具体的学校。我们把这种课程开发称为学校本位课程的开发，简称校本课程开发。

（四）实践性课程开发理论的本质、贡献与局限

实践性课程开发理论认为，因为所有的具体实践情境都是特殊的，所以课程的开发过程不是具有普适性的理论的演绎过程，而是根据课程主体对具体实践情境的需要进行审议的过程。显然，实践性课程开发理论的本质在于追求实践兴趣（也称实践理性）。"可以说，对问题情境的理解、课程四要素之间的相互作用、通过审议获得一致性的课程决策是实践性课程开发理论的基本要点"。

在实践性课程开发理论中，教师和学生的主体地位获得了充分的尊重，课程开发的过程不再被认为是寻求对教师与学生的控制。这种课程开发理论被认为是对"泰勒原理"的首次尝试性的超越。然而，它并不能保证人的主体性彻底解放和充分发挥。这是因为实践兴趣缺乏自我反省的特性，即使经过公开辩论和审议，人们的思想倾向性有时也难免受到蒙蔽，达成一致也可以被作为一种控制方式来使用。

五、课程领域的概念重组：追求"解放兴趣"

（一）"概念重建主义"课程范式

如果说 20 世纪 70 年代以前的课程研究主要是围绕着"泰勒原理"所提出的四个基本问题而进行的，旨在研究"如何有效地开发课程"，那么，自 70 年代之后的课程研究则具有更为广阔的视野，旨在探讨"怎样理解课程"。

在"怎样理解课程"的理论研究中出现了一批不满于美国课程理论现状并试图对课程领域进行概念重建的学者们，这些学者被称为"概念重建主义者"。他们是一个极为松散的群体，并没有统一的行动纲领和一致的观点，但在课程总体价值观方面却存在一致性。他们的课程观点统称"概念重建主义"课程范式。

"概念重建主义者"主张对传统课程研究理论进行批判，并对课程领域进行重建。他们将从博比特、查特斯等人的早期科学化课程反馈理论到"泰勒原理"以及基于"泰勒原理"的各种课程理论研究统称"传统课程理论"。

"概念重建主义者"指出"传统课程理论"至少存在以下三大缺陷：

其一，"传统课程理论"研究者坚持实证主义科学观，追求课程理论的"客观性"，主张知识的"价值中立"，并认为课程开发理论可以揭示"普遍规律"。可是他们却忽略了课程开发理论是以复杂的人类行为作为研究对象的，因而忽略了课程主体之间的交互作用。客观地说，研究对象的选择从来就不是中立的，都是受到某种价值关联的预示而进行的。因此，对于课程研究的有关知识从来都不是中立的。

其二，传统课程受"技术理性"支配，课程理论研究的目的是尽力寻求"普适性"的程序和规则。这恰恰使得这种课程理论成为"反理性的"和"反历史的"。当课程理论不依赖于实践，也不对实践进行反思和批判时，它必然是"反理性的"，因为理论的本性是反思和批判；当课程理论迷恋于"技术性"，试图提供"普适性"的课程开发的程序和规则时，它必然是"反历史的"。

其三，传统课程理论标榜"价值中立"，但它却因此陷入了一套保守的价值观念之中，

实际上是维持现状。而学校这一社会组织恰恰是以价值为基本点的，忽略了"价值"这个基本点，传统课程理论范式虽秉持"价值中立"的态度，但事实上却执行了一种"反历史的"、一致取向的、保守的理性观。

（二）"概念重建主义"课程范式的两类理论倾向

"概念重建主义者"内部的观点分散，就其理论倾向大致分为两类。

一类是以现象学、存在主义、精神分析为理论基础，着眼于个体自我意识的提升与存在经验的发展。这类理论倾向的群体以派纳等人为代表。他们充分肯定个体的存在价值，认为个体在本质上是知识与文化的创造者，而不是简单的接受者；强调个体对其"自我履历"进行"概念重建"的能力，个体通过这种"概念重建"，促使意识水平不断提升，进而最终达到个体的自由与解放。

另一类是以法兰克福学派、哲学解释学、知识社会学为理论基础，着眼于对社会意识形态的批判和社会公正的建立。这类理论倾向的群体以阿普尔等人为代表。他们把课程的本质归结为一种社会的"反思性实践"，认为课程是"行动"与"反思"的统一，是实施教育计划的行动过程和隐含着反思精神的行动过程的统一，特别强调的是反思、批判、创造和建构。可见，其课程观最主要的特点是"课程开发的过程即课程创造的过程"。也就是说，课程开发包括选择与组织课程内容、不断反思、批判文化知识，并由此创造和建构意义。这种"反思性实践"课程理论本质上是一种政治实践，最终指向人的解放。

（三）"概念重建主义"课程范式的本质

"概念重建主义"课程范式有两类理论倾向：①关注个体意识水平的提升，指向人的最终解放；②通过社会批判而指向社会公正和人的自由与解放。这两类课程理论倾向在课程的基本价值取向上具有内在一致性，即追求"解放兴趣"。该课程理论的核心是"自我反思"，即试图通过个体回归自身的行为来实现人的解放。这意味着教师与学生能够自主地从事课程创造，能够在不断地自我反思和交互作用的过程中达到自由与解放，使教师和学生真正成为课程的主体。

回顾课程研究的整个历史进程，我们可以获得的基本结论如下：

（1）课程研究的价值取向由对"技术兴趣"的追求逐渐转向"实践兴趣"，最终指向"解放兴趣"。

（2）课程研究的基本课题由"课程开发"，即探讨课程开发的规律、规则与程序，逐渐转向"课程理解"，即把课程作为"文本"来解读其隐含的意义。

第二节　教学理论研究简史和发展概略

课程设计是基于某种课程理念而进行的，教学过程则是在特定的教学理念的引领下进行的。早在 17 世纪教学论就成了一个独立的研究领域，它比课程领域的独立早了 300 年。20 世纪是教学领域研究与实践的快速发展期。

一、早期教学论的确立

教学研究源自教育家试图寻求有效提高全民知识和能力的教学手段和方法。"启蒙时期"是早期教学论研究的时代背景。这一时期对于教学手段和方法的探讨促进了教学论的发展。

（一）拉特克的教学论

拉特克以国为本，给儿童以极大的关注。他认为受教育是人与生俱来的权利，要保障每个国民享有这一权利，要所有国民共享同一语言、学术及文化，以实现国家和民族的统一、独立与和平。为此，拉特克致力于探索"教授术"，开创了教学论。

1612 年，拉特克在关于学校改革的奏呈中，自称"教学论者"，将自己的教学技术称为"教学论"。其"教学论"的主要内容及特点如下：

（1）教学研究的中心主题是教学方法与技术，即探讨使人易懂、有效掌握知识的教学方法，也就是讨论"怎么教"。

（2）教学方法与技术要与儿童的心智发展水平和学科知识本身的性质相一致。

（3）确立了一种"自然教学方法"，主张由简单到复杂、由易到难的循序渐进的教学方法。

（4）强调语言和科学教学的重要性。教师既要精通语言与科学，又要懂得如何教才能使学生最容易、最牢固地掌握知识。

（二）夸美纽斯的教学论

捷克教育家夸美纽斯于 1632 年出版了《大教学论》一书，明确地说其目的是阐明"把一切事物教给一切人类的全部艺术"。该书的出版标志着理论化、系统化的教学论的确立。其教学原理如下：

（1）自然原理。一方面，教学要根据儿童的天性、年龄、心智水平而进行，这是一个亘古不变的自然法则，教学科目以及内容的安排都要适应儿童的能力，考虑儿童的需求；另一方面，教学要遵循循序渐进的原则，教学要与知识本身形成的顺序及儿童心智发展水平相一致。

（2）兴趣与自发原理。夸美纽斯认为，儿童具有强烈的求知欲望是自然的，应该尊重儿童的兴趣，顺势鼓励他们自发地学习。不能强迫儿童学习以及施加惩罚，要减轻学生的苦楚，排除学习中的障碍。更进一步，老师要尽可能想办法去激发儿童的求知欲，将儿童的自主探索置于教学的中心地位。

（3）活动原理。夸美纽斯认为，教学不应该从事物的语言说明开始，而要从对事物的观察开始。教学语言应该是学生能够听懂的语言，学生先用感官，然后运用记忆和理解，最后才能判断。他由此确立了直观教学原则，尽可能地动用学生的各种感觉器官的综合作用去接触事物。这是符合人类认识发展规律的。

二、启蒙运动时期教学论的发展

(一) 卢梭的教学论

卢梭是启蒙时期法国思想家、社会哲学家、教育家。他的教育名著《爱弥儿》的中心思想是如何培养适于未来理想社会的新人。该书在教育学方面的主要贡献是分析了人的发展与外部环境的关系，论述了儿童身心发展的自然进程，倡导自然教育和儿童本位的教育观，为教育科学的建立开辟了道路，对教育的影响极为深远。该书的主要内容如下：

(1) 幼儿期应该实施自然教育。卢梭认为幼儿期主要是实施身体的锻炼，只有身体有精力，才能听从精神的支配；幼儿的饮食要简单、清淡，穿着要宽松；进行感官和感觉的教育；不要让孩子滥用自己的力量；只有在孩子真正需要帮助的时候才提供帮助；应当识别孩子的自然欲望，并适当对待。

(2) 儿童期的教育。对于儿童期的教育，卢梭认为：①儿童期是在幼儿期的基础上发展起来的，婴儿是"不会说话的人"，他们主要用哭泣来表达自己的需要；幼儿期开始说话，用一种语言代替了另一种语言，更多地依靠自己，开始了个人的生活，这一阶段的人是会说话的人和"有心思"的人，儿童期的教育应该是一种快乐的教育。②儿童和成人是有区别的，在人生的秩序中，童年有它的位置，应当把成人看作成人，把孩子当孩子。儿童期是人生发展最重要的时期，成人要理解儿童这一时期的发展特点，依照儿童的天性进行教育。③应该对儿童进行"依赖于物"的教育。④反对过早对儿童进行理性的教育。⑤儿童应该通过做事情来学习。⑥要让孩子成为学习的主人。⑦重视身体教育和感官教育。

儿童期的孩子具有活动的基本冲动，他们的自由意志应该得到充分尊重。每个心灵都具有独特的形式，因而教育应该尊重儿童的个性差异。儿童具有不同年龄阶段的发展特征，卢梭的这种教育是以儿童为中心的。

(3) 少年期的教育。卢梭认为少年期是人的体力和智力发展最重要的时期，这一时期应该主要进行知识学习和职业、劳动教育。

(4) 青年期的教育。卢梭认为青年时期主要是关注青年的道德、宗教和性的教育。

卢梭的教学论的主要特点如下：

(1) 自然教学论。自然教育是人的所有教育中最为重要的教育。卢梭主张：①"人性本善"，是"文明"社会使其堕落的，在"文明"状态下，人们违背了自然法则，滥用自己的自由，使得偏见、权威、需要、先例等制度扼杀了人的天性；②人的自然发展并非与社会环境不相容，在社会环境中人的心灵的自然发展依然可以加速进行，要使人的自然本性得以自然发展，必须进行自然的教育，并由此提出了"自然教育"的原则；③对自然教育目的的理解，自然教育是培养自由的、自然的、独立的、不依附于别人的人。

(2) 发现教学论。卢梭认为：①发现是人类的基本冲动；②发现教学的基本因素是兴趣与方法；③活动教学与实物教学是发现教学的最基本形式；④发现教学指向培养自由的、自主的、理性的人格。

（二）裴斯泰洛齐的教学论

裴斯泰洛齐是近代瑞士教育改革家，他深受卢梭的影响，在长期的教育改革实践中发展了卢梭的教育思想，进而形成了自己的教学思想体系。裴斯泰洛齐的教学论的主要内容及特点如下：

（1）教育适应自然的原则。在继承卢梭的教学思想的基础上，裴斯泰洛齐认为每个人的身心都具有发展的力量和潜能，而教育的目的则是全面和谐发展人的一切天赋力量和潜能。儿童的天赋和才能的发展有其自然规律，教育须建立在儿童自然发展的基础上，并且要与儿童的自然发展相一致，才能达到预期的目的。

（2）教育教学的原则。裴斯泰洛齐经过充分论证之后提出了对后世产生巨大影响的教育教学原理，包括自我发展原理和直观教学原理。裴斯泰洛齐继承并发展了卢梭的教育教学思想（儿童可以凭借其天生的自发冲动而自由发展），进而确立了教育教学的自我发展原理。在直观教学原理方面，裴斯泰洛齐同夸美纽斯和卢梭是一致的，他指出"直观是一切认识的绝对基础"。裴斯泰洛齐将直观大致分为被动直观和主动直观。被动直观是指纯粹地教授外界的感性印象，主动直观是指能动地反映外界事物。他认为这两种直观相辅相成，人借助被动直观摄入外界印象，获得感性认识，进而借助主动直观形成理性认识。一切教学都必须遵循这个永恒的法则。

（3）教学心理学化。裴斯泰洛齐首次明确地提出教学研究必须以心理学的研究为基础。教学原则必须依据心理规律，只有把教学心理学化，才能遵循人的发展的自然规律进行教学。

三、19 世纪教学论的发展

德国著名哲学家、心理学家和教育家赫尔巴特对 19 世纪教学论的发展做出了重要贡献。赫尔巴特指出，教育理论体系有两个理论基础：伦理学和心理学。他认为，教育作为一门学科，是以实践哲学和心理学为基础的，前者是说明教育的目的，后者是说明教育的途径、手段与障碍。赫尔巴特在系统的实践哲学和心理学假设的基础上建立了近代教育史上最严整的教育学、教学论体系。

赫尔巴特在卢梭、裴斯泰洛齐所倡导的"教育适应自然原则"的基础上，重视文化知识对人发展的促进作用，这是对前人的超越。其主要内容及特点如下。

（一）观念心理学

赫尔巴特建立了一个基于观念心理学体系的独特的教学论。其观念心理学有以下几个紧密相关的核心概念：①观念。这是赫尔巴特心理学的基本概念。观念是指事物作用于感觉器官，在意识中留下的感觉印象，也称为表象。意识是由观念组成的，是观念之间的联合。感觉给心灵以原始的表象。这些原始表象之间交互作用，并由此形成诸多派生表象，其中的一部分经过抽象概括，可以发展并形成概念，进而形成人的认识。人的情感意志也源于观念。赫尔巴特的心理学被称为"主知主义心理学"，其实质是说明观念的形成及发展。②统觉。统觉是指新的观念被已经存在于意识之中的旧观念吸收、同化的过程。新观念作为感知的对象，进一步成为意识中表象的过程，也就是统觉过程。通过统觉过程，个别观念可以逐渐融合为观念体系。因此，统觉是观念之间交互作用的机制，能否把握这个机制是教学成败的关键。③观念团。为了进一步说明统觉过程，赫尔巴特提出了一个关于意识内部运动的假设：观念一般不是单个地被保存在意识水平之下，而是作为一个观念团的形式而存在，每个观念团内部组织严密。人的意识由不同的观念团构成，这些观念团之间相互联系、相互作用而又相对独立。当一个新的观念进入意识领域时，与之相关联的观念团会从抑制状态转为兴奋状态，而与之无关联或者关系不大的观念团则依然处于抑制状态而存在于下意识之中。④思想之环。观念团会随着统觉作用而不断扩大、完善，最后形成思想之环。观念团不断扩大进而形成观念体系。一个人的观念体系多多益善，观念团越多样，观念体系就越广泛，思想之环就越丰富，心灵发展水平也就越高。思想之环的形成是心理发展的最高阶段。

（二）教学的任务是培养多方面的兴趣

赫尔巴特认为教学的终极目的是人的德性，即善的意志。善的意志存在于观念体系之中，在思想之环中。但是，当人们缺乏兴趣的时候，观念在心灵中处于抑制状态。在这种情况下，即使已经形成的观念体系、思想之环很清晰、很完善，也无济于事，不能启发善的意志，因而培养多方面的兴趣是教学的直接目的。多方面的兴趣是关联观念体系与善的意志的纽带。赫尔巴特在《教育学讲义纲要》中指出，兴趣源于有趣的对象，多方面的兴趣源于对象的丰富性，创造与发展多方面兴趣是教学的任务。

赫尔巴特认为，兴趣是人的意志的内在原动力，是一种"内现力量"。这种"内现力量"力求把某一思想对象保持在意识之中，或者促使其返回意识之中。赫尔巴特将人的兴趣分为 6 种："经验的兴趣""思辨的兴趣""审美的兴趣""同情的兴趣""社会的兴趣""宗教的兴趣"。这些兴趣应该是和谐、均衡的，这就是赫尔巴特提出并努力坚持追求的"多方面的兴趣"。

赫尔巴特认为兴趣应当具有这样几个特性：①直接性。兴趣应该直接指向思想对象本身，同时要防止间接兴趣的滋长，以免妨碍了直接兴趣的发展而最终导致个体的兴趣局限于狭隘的范围之内。②深远性。兴趣能够对生活产生持久的影响，能够成为欲望和意志的源泉。③全面性。兴趣应该指向多种对象和经验。

（三）教学的四个形式阶段

赫尔巴特将教学过程划分为四个前后相继、紧密相连的不同形式的阶段。

第一阶段是"明了"，即清晰、明确地感知新教材。此阶段的教学任务主要是把教材解析成细小的组成部分，并且与意识中相关的观念进行静态的比较分析，意识主要专注于新教材。

第二阶段是"联合"，即把新观念与旧观念结合起来。在明了的基础上强调学生的心理活动，在已有的观念团中找到能够同化新观念的因素，把新旧观念联合起来，加深对新教材的理解，开始发生观念之间的统觉过程，新观念渐渐地被旧观念同化，进而形成新的观念团。该阶段也称为"综合教学"，是对新观念的动态理解。

第三阶段是"系统"，即把已经建立的新旧观念的各种联合与整个观念体系统一起来，抽象出一般概念和规律，从而形成逻辑结构严整的知识系统。该阶段的教学主要是促使初步联合的各种观念进一步与课程的整个内容和目的联合起来，与儿童形成的所有观念统一起来，以概括出一般概念和规律，进而形成系统，学生的思想之环由此而得到进一步的完善。这是更为高级的综合教学，观念间的统觉过程进一步深化。该阶段指向形成静态的、具有逻辑系统的观念。

第四阶段是"方法"，即把已经形成的知识系统应用于各种具体的情境，并使之进一步完善。学生通过各种作业，把系统化的观念用于各种具体的情境，使新的观念体系更进一步系统化。

赫尔巴特的教学形式阶段理论在一定程度上揭示了教授新知识的规律，便于操作运用，因此在教学实践中得到了广泛的应用。

（四）教育性教学

赫尔巴特认为，教学形成思想之环，教育则形成品格。这就隐含了教学必须具有教育性。教学是手段，教育则是目的。人的品格即他所说的善的意志，他认为善的意志是由自由、完美、友好、正义和公正五种道德观念组成的统一体。人的观念、情感和意志是不可分割的统一体，心灵的统一是在观念以及观念体系的基础上建立起来的。这样一来，传递知识的教学过程和品格的道德教育过程就是一致、统一的。这就是赫尔巴特的"教育性教学"理念。

赫尔巴特的重要贡献在于：继承并发展了裴斯泰洛齐提出的"教育心理学化"理念，首次明确提出了"教育性教学"理念，指出教学必须以"培养多方面的兴趣"为任务，提出了明确的"教学顺序的形式阶段"，确立了教育内容体系。

当然，在今天看来，赫尔巴特的教学论也存在一些缺陷：过于强调教师对教学过程的控制作用，而对学生主体性的发挥有所忽略，难免陷入"教师中心论"；过度强调学科的重要性，而对学生生活经验的重视不够，难免陷入"学科中心论"。

四、杜威的教学论

杜威是美国著名哲学家、教育家、心理学家，实用主义的集大成者，也是机能主义心理学和现代教育学的创始人之一。杜威被视为 20 世纪最伟大的教育改革者、教育哲学家。杜威的思想曾对 20 世纪前期的中国教育界、思想界产生过重大影响，也曾到访中国。

（一）教育的本质

从实用主义经验论和机能主义心理学出发，杜威批判了传统的学校教育，并就教育本质提出了他的基本观点：教育即生活，学校即社会。

1. 教育即生活

杜威认为，教育就是儿童生活的过程，而不是将来生活的预备。他说生活就是发展，而不断发展，不断生长，就是生活。因此，最好的教育就是"从生活中学习、从经验中学习"。教育就是要给儿童提供保证生长或充分生活的条件。

由于生活就是生长，儿童的发展就是原始的本能生长的过程，因此，杜威又强调说生长是生活的特征，所以教育就是生长。在他看来，教育不是强迫儿童去吸收外面的东西，而是要使人类与生俱来的能力得到发展。

由此，杜威认为，教育过程在它自身以外无目的，教育的目的就在教育的过程之中。其实，他反对的是把从外面强加的目的作为儿童生长的正式目标。

2. 学校即社会

杜威认为，既然教育是一种社会生活过程，那么学校就是社会生活的一种形式。他强调学校应该"成为一个小型的社会，一个雏形的社会"。在学校里，应该把现实的社会生活简化到一个雏形的状态，应该呈现儿童的社会生活。就学校即社会的具体要求来说，他提出：一是学校本身必须是一种社会生活，具有社会生活的全部含义；二是校内的学习应该与校外的学习连接起来，两者之间应能自由地相互影响。

（二）对传统教学论的超越

在杜威以前的教学论中，研究者常常把接受教育的学生与环境分割、对立而论，并片面地强调某一方面，因而陷入困境。"塑造说"和"展现说"就是明显的例证。"塑造说"认为教育的实质是从外部对心灵的塑造，教学必须依靠外部提供的素材，通过建立内部的各种联结，以构筑心灵。赫尔巴特是该派别的代表人物。但是"塑造说"忽略了学生的主体作用。"展现说"认为"教育就是从内部将主体的潜在能力展现出来"。夸美纽斯、卢梭、裴斯泰洛齐等均倾向于将儿童的天赋自然地展现出来。但是"展现说"忽略了教学的意义。

杜威超越了这种教育本质上的极端对立，认为发展是儿童在本能冲动的基础上，通过与环境的相互作用而不断地增加经验的过程。

（三）基于经验的教学论

杜威提出的课程与教学是基于"主体经验"的，其理念基于"在经验中、由于经验和为着经验"。

杜威以经验为核心构筑了教育、教学思想体系。他认为经验是人与环境交互作用的结果。一方面，人主动地作用于环境；另一方面，人作用于环境所产生的结果又反作用于作为主体的人。由此，经验就是人作用于环境和环境作用于人这种复杂的交互作用的特殊联合。通过反省思维，人认识到自己对环境的主动作用与这种作用结果之间的内在联系，由此而获得经验。

杜威认为，经验是一个动态的、完整的有机整体。经验是不可割裂的，是相关的，不仅与产生经验的情境相关，而且经验自身就是一个绵延不绝的发展历程。经验在发生的先后顺序上不仅相关，而且是继续不断地成长。之所以提出经验的这种含义，是因为杜威认为个体存在于环境之中，是对环境施加"作为"；而环境对于个体所加之作为定会有所反应，杜威称这种反应为"施为"。人类在改造环境或者主动地适应环境时，环境的变化会反作用于人。这就是环境对人的一种"施为"。如上所述的"作为"与"施为"之间的相互作用，就是人的经验产生的来源。

经验不只是纵横相关，绵延发展，而且经验自身是有机的。经验是具有扩张性、生长性、相关性与预测性的。比如，人对水的经验，是随着人接触水的各种情境而有所不同的。水的概念，是从人与水的各种交互作用中得知的。这些交互作用，有的是直接参与的，有的是间接参与的。这说明了经验的变动性。

杜威提出的经验的含义，不完全是用哲学的观点来给予界定的，他还把生物学的含义掺入其中。他从生物与环境的交互作用的角度提示人们：经验应该是多元性的，即产生经验的情境、内容、关系都来自生活。

杜威用其对工具哲学的知识论看法赋予经验一种新的解释，即经验是工具性的。经验本身并不是价值所在，经验的可贵之处在于能够替人们解决生活中的实际问题。

历程也是杜威哲学上的一个重要概念。从生物的演变来看，个体是在一个发展的历程中。从发展本身来看，生物个体的发展就是它自身的目的，历程是发展的各阶段的延续性的结合。除了生物自身发展，不应该再给它加上一个外在的目的。由于不同的环境而有不同的交互活动，经验与生长进程不可能预定一个固定目的。

杜威认为传统上一般人说到一个名词，往往误认为该名词自身是固定的，殊不知从一个变动的历程上来看，名词是一种活动的过程。例如，健康并不是一个静态的、固定的名词概念，它具有发展与变动成分。要健康，就得从事各种活动，如健康检查、熟读有关健康的书籍、培养与健康有关的各种习惯、实践各种健康的活动、摄取营养等。这些活动是一个历程，不只是一个静止的、认知的健康名词。它实际上是一个动态、连续的发展历程，人们对健康的认知与理解，应掌握其动态的历程或各种活动，才能具体落实。

杜威以经验与历程作为其哲学思想的两个基本概念，他对于知识的看法，自然就落在工具主义的解释上。他不赞成传统的"旁观论"，也就是说，他不认为人们获取知识在于知识本身——完全客观性的外界存在物。如果从"旁观论"的观点来看，知识好像是置身于认知者之外，本身就绝对地客观存在着。这种说法完全忽视了认知者与知识之间的关系，以及知识与认知者之间的相互作用。

由此看来，杜威提出的经验涵盖了经验的主体（人）和经验的客体（环境）。经验是在主体与客体之间连续、动态的交互作用中产生、形成和发展的，消解了主体与环境之间的僵硬对立。教育是对经验的不断改造，教学要把主体与环境真正统一起来，经验是一个不断发展的连续统一体。

杜威提出了研究教学论不可回避的一系列问题：①如何在教学过程中发挥学生的主动性？②如何使教学成为教师与学生合作解决问题的过程？③如何在教学中把儿童与学科统一起来？④如何看待教学中的认识过程与其他认识过程的关系？⑤如何在教学中使儿童与社会相统一？这一系列问题仍然是现代教学论研究的核心问题。

五、20 世纪教学研究回顾

20 世纪是教学论科学化的确立与发展的时期。这一时期的教学论主要有两大特点：一是研究者对教学的研究建立在自然科学研究范式的基础上，主要是建立在心理学研究范式的基础上；二是除了研究宏观层面的教育哲学问题，还研究微观层面的教学设计问题。

（一）教学论的早期发展

20 世纪上半叶，桑代克和杜威在教学设计研究领域取得了突破性的进展，试图把心理科学运用于教育情境。由此，20 世纪的教学论逐渐成为教育心理学的运用学科。

桑代克是教育心理学的创建者，他于 1903 年出版的《教育心理学》标志着教育心理学正式从心理学领域中独立出来成为一门学科。他认为，通过动物实验建立起来的"联结主义学习理论"可以直接运用于教学过程，并建立了一套教学设计体系。这套教学设计体系包括任务分析、教学方法、教学评价和教学测量。

杜威是机能主义心理学的主要代表，他于 1910 年出版了《我们怎样思维》一书。他在该著作中提出了如何研究教学的设想。他设想建立一种特殊的"连接学科"，试图把心理学研究与教学实践连接起来。

德国教育家拉伊于 1903 年出版了《实验教学论》，另一位德国教育家梅伊曼于 1914 年出版了《实验教育学》。他们共同主张将教育研究建立在生物学、生理学、实验心理学的基础上，并运用实验法、观察法和统计法对教学设计进行了研究。

（二）行为主义教学设计理论

20 世纪五六十年代，行为主义心理学在北美占主导地位。于是，行为主义教学设计理论兴盛起来。行为主义心理学的教学设计理论研究者试图将行为主义心理学与教学技术整合起来。他们还借鉴自动控制理论和系统论，试图把教学设计建立在行为主义学习理论和先进技术的基础之上。其基本思路是开发一种教学程序系统，用来分析学习者的行为表现，确定预期的行为目标，设计教学，进而达成预期的学习效果。

行为主义教学设计研究的主要代表人物是斯金纳，他提出了"小步子、循序渐进、序列化、参与学习、强化、自定步调"六项教学原则，确立了行为主义教学设计的理论基础。行为主义教学设计研究的代表人物还有加涅、格拉泽和帕斯科等，他们均深受斯金纳的影响。

行为主义教学设计理论主张"刺激—反应—强化"模式，以期达到预定的学习结果。

虽然行为主义教学设计理论也波及欧洲，引起了广泛的讨论，但是欧洲的教育理论受理性主义支配，他们的教育教学研究更倾向于"人文科学取向"。因而，当北美的程序教学理论传到欧洲以后，除了极少的支持者从教学技术的层面表示赞赏，更多的教育学者则从人文科学的角度给予了批评。后来程序教学运动的衰微强化了许多欧洲教育学者的成见，这种情况延续至今。

20 世纪五六十年代，除了行为主义教学设计理论的兴盛，在西方还产生了一些对教学实践颇具影响的统称"新教学论"的教学理论流派，如苏联教育家赞科夫的"发展性教学论"、美国心理学家布鲁纳的"发现教学论"、以德国教学论专家瓦根舍因和克拉夫基为代表的"范式教学论"。"新教学论"的共同特点是通过改革课程结构和教学体制以培养儿童智力，促进个性整体发展，其教学设计与行为主义不同。另外还有保加利亚诺扎诺夫所倡导的"暗示教学"，其教学设计主要建立在情感理论的基础上。

（三）认知心理学教学设计理论

从 20 世纪 60 年代末期到 70 年代，行为主义学习理论的主导地位逐渐被认知学习理论所取代，于是，以认知心理学为基础的教学设计理论开始兴盛起来。

在欧洲，行为主义心理学从未如同在北美那样占据过主导地位。皮亚杰的"发生认识论"在欧洲心理学界和教育学界的影响极为深远。因此，欧洲的教学设计是建立在认知理论基础之上的。

70 年代兴盛起来的认知教学设计理论并不是对以往的行为主义教学设计理论的全面否定，而是基于一种新的理论基础对行为主义教学设计理论的超越。

参考文献：

［1］Bobbitt F. The Supervision of City Schools，Twelfth Yearbook of the National Society for the Study of Education，Payt I［M］. Chicago：University of Chicago Press，1913：12.

［2］约翰·富兰克林·博比特. 课程［M］. 刘幸，译. 北京：教育科学出版社，2017.

［3］Bobbitt F. How to Make A Curriculum［M］. Boston，MA：Houghton Mifflin，1924：8−9.

［4］Charters W. Curriculum Construction［M］. New York：Macmillan，1923：84.

［5］张华. 课程与教学论［M］. 上海：上海教育出版社，2000：9.

［6］Tyler R. Basic Principles of Curriculum and Instruction［M］. Chicago，IL：The University of Chicago Press，1949：1.

［7］邵瑞珍. 布鲁纳教育论选编［M］. 北京：人民教育出版社，1989.

［8］张华，钟启泉. 课程与教学论［M］. 上海：上海教育出版社，2003.

［9］钟启泉. 教学论原理［M］. 北京：人民教育出版社，1996.

［10］单中惠，杨汉麟. 西方教育学名著提要［M］. 南昌：江西人民出版社，2000.

［11］张焕庭. 西方资产阶级教育论著选［M］. 北京：人民教育出版社，1979.

第二章 我国基础教育体育课程改革概述

内容提要：在国际基础教育课程改革的大背景下，当前国际基础教育体育课程设计与实施呈现出三种典型模式；我国新一轮基础教育体育课程改革的概况；我国体育课程标准的历史沿革；我国基础教育体育新课程标准及其主要特征。

第一节 我国基础教育体育新课程改革的背景

一、国际基础教育体育与健康课程改革动向

20 世纪 80 年代以来，世界各国基础教育阶段的体育课程领域改革都强化了健康的内容和目标，在课程实施中各具特色，形成了体育与生命安全基础两门课程分设、体育与健康教育两门课程分设、体育与健康教育两门课程相结合三种典型模式。

（一）体育与生命安全基础两门课程分设模式

体育与生命安全基础两门课程分设模式的代表是俄罗斯。俄罗斯于 1992 年制定了国家体育课程标准。该标准主要包括两方面内容：①体育方面，包括身体发展和运动技能；②与体育关系紧密的健康教育方面，包括卫生、饮食、休息等方面的知识，意志和道德品质的发展，健康的生活方式，身体调节和自我调节的方法等。同时，俄罗斯还专门开设了生命安全基础课程，以期学生掌握自然灾害、生产事故、交通安全等知识以及培养相关的应变能力。这两门课程的教学工作主要由体育教师担任。

俄罗斯学校体育课程改革是在苏联学校体育制度的基础上进行的。因此，在介绍体育与生命安全基础两门课程分设模式之前，要对苏联学校体育制度作简要回顾。

1. 劳卫制及劳卫制的淡出

苏联的学校体育制度——劳卫制，对包括中国在内的很多国家产生过重大影响。劳卫制（准备劳动和保卫祖国体育制度）自 1931 年确立到 1989 年，经历了 6 次重大的修改和完善。劳卫制作为苏联的体育制度纲领，规定了学校体育的内容和标准，对全国体育尤其是学校体育的发展发挥了重大作用。以最后一次修改（1989 年）的劳卫制为例，主要内容包括：总则，劳卫制结构，测验项目、标准、要求，全能劳卫制的内容，达到劳卫制标

准要求的准备，进行劳卫制测验和全能劳卫制比赛的程序和条件，劳卫制工作的组织，劳卫制奖状与证章的授予。

20 世纪 90 年代初，政治局势巨变，对学校体育方面的影响集中体现在学生的体质、健康状况急剧下滑。

直到 1995 年，俄罗斯内部对如何重塑其学校体育的辉煌、改善学生体质与健康等问题仍在进行着激烈的争论，焦点为"是否要对原学校体育进行改革"。一方认为必须维护原来的学校体育制度；另一方则强调学校体育改革的必要性，并积极地探索新形势下学校体育的发展道路。

虽然劳卫制的标准和要求经历了数次修改和完善，但是俄罗斯在其实施过程中仍然遇到了不可逾越的障碍。主要原因：①苏联解体，经历了政局巨变、经济恶化，迟滞了俄罗斯教育领域改革的步伐；②苏联时期，共青团是劳卫制的领导机构，如今共青团已不复存在，俄罗斯如何实施劳卫制面临着重重困难。

而在这一时期，国际教育却经历着深刻的变革。为了适应新的形势，劳卫制最终淡出了历史舞台。

2. 由体育教学大纲到国家体育课程标准

20 世纪 80 年代初期之前，苏联一直沿用着单一性体育教学大纲。这个大纲规定了学校体育的教学目标、任务、内容和考核评价，主要是针对学校体育课程教学的。80 年代初期以后，在体育课作为学校体育的基本组织形式依然处于核心地位的同时，苏联将各种课外体育活动也纳入了学校体育的范畴，并作为固定的内容加以实施。因此，学校体育教学大纲的结构发生了相应的变化，即以涵盖了所有学校体育形式的综合性体育教学大纲取代了单一性的体育教学大纲。苏联教育部于 1987 年正式颁布实施了《普通学校 1～11 年级综合大纲》。

20 世纪 90 年代初，俄罗斯推行了一系列改革。这一时期出现了多种体育教学大纲。如 1992 年，俄罗斯联邦教育部决定，允许普通学校自行选择教学大纲。其中可供选择且具有代表性的体育教学大纲有：1987 年内容和体例的综合性体育教学大纲；以发展运动能力和身体素质为主的体育教学大纲；依据学生身心发展特点组织教学的体育教学大纲；专门供农村小学使用的健身性体育教学大纲。同年 7 月，俄罗斯联邦施行的《教育法》的第 7 条规定了由"俄罗斯联邦确立国家教育标准"。于是，俄罗斯开始研制基础教学计划和各学科内容结构的国家教育标准。这个国家教育标准与原来的教学大纲相比具有更大的灵活性、选择性和适应性，同时也具有相当的正统性和法定的约束力。

俄罗斯实施国家教育标准的目的在于保证各类学校的学生达到相应的受教育程度。这个程度是根据全联邦的水平来确定的全体公民必须达到的最起码的受教育程度，而不分学校的类型和专业。正是在这种指导思想下，俄罗斯出台了"小学、初中、高中体育国家教育标准的基本要素之方案"。该方案在结构上包括 3 个部分：基本原理，体育课程必须掌握的最低知识限度，对完成国家标准要求的评价。

该方案还对体育课程的性质、教学目标、学时分配、基本内容、对学生的最低要求等进行了较为细致的说明。俄罗斯学者认为，采用具有选择性的体育教学大纲，一方面有助于促进学校体育学术思想的活跃和学校体育的长远发展；另一方面，在具体操作时，一时难以适应。因而，该方案一出台就遭到了一些批评，但它对推动俄罗斯的体育课程改革具有重要的作用。

3. 生命安全教育的引入

20 世纪 60 年代末，苏联开始实行初期军事训练课程，之后该课程更名为青年应征训练。1991 年，俄罗斯联邦部长会议通过决议，要求在普通学校、职业技术学校废止青年应征训练课程，代之以生命安全基础课程。

1992 年起，俄罗斯正式开设生命安全基础课程（没有条件的学校暂时未开设），将生命安全基础课程的基本内容包括在体育课程之中。俄罗斯联邦教育部提出的生命安全基础课程的教学任务：使学生掌握自然灾害、生产事故、伤害和攻击、交通安全等所引起的极端情况下应有的行为准则，获得相应的知识，培养极端情况下所需要的应急能力。

1997 年，俄罗斯在图拉召开了生命安全基础课程讨论会，众多与会者赞同在俄罗斯所有学校贯彻实施教育部提出的生命安全基础课程，同时还提出了在图拉设置生命安全基础专业系的建议。他们认为设置这样的专业系可以聘请 8 个方面的专家，进行国防与工程、居民防卫、非常情况下的灾害控制、周围环境的保护、人体适应和在极端情况下的行为等方面的教学。教学可采用夜校、函授等多种方式，由此为各级学校培养生命安全基础课程教学的教师和组织者。

（二）体育与健康教育两门课程分设模式

以英国、美国大多数州、德国、加拿大魁北克省等为代表，这些国家或地区将体育与健康教育两门课程分设。这种模式十分重视开发体育课程的多种功能，突出体育课程的健康目标。体育课程强调基本运动能力和运动技能的形成以及培养良好的生活方式等。健康课程特别强调责任感、自信心、社会适应能力等。

英国于 1999 年颁布了中小学体育课程标准，该标准阐明了体育课程的价值和体育课程的关键阶段，划分了学习水平并明确提出了目标，规定了课程的教学内容，指出了体育课程的教学原则，非常重视舞蹈、游戏、体操、竞赛和体现冒险精神的活动等。体育课程内容由以下两个部分组成：

（1）知识、技能和理解。

该部分内容包括获得与发展技能，选择、应用技战术和创新思想，评价和改进活动，对体能和健康知识的理解。

（2）学习广度。

该部分内容分为两个学习阶段，在关键期内通过各种学习内容来发展学生的知识、技能和理解。初中阶段的学习内容是在舞蹈、游戏活动、体操、游泳和水上安全活动、运动活动、户外运动、冒险活动中选择 4 项，其中游泳必选，在舞蹈和体操中至少选一项。高中阶段的学习内容是在舞蹈、游戏活动、体操、游泳和水上安全活动、运动活动、户外运动、冒险活动中任选 2 项。

在制定各自体育课程标准时，美国有些州采用了体育与健康教育课程相结合的模式，而大部分州则将这两门课程分设。如美国加利福尼亚州于 2000 年颁布了中小学体育课程标准，对内容标准进行了详细的规定，而对其他部分只作了简略的规定。该标准包括以下

5 个方面的内容：

（1）课程理念。

让所有的学生都有通过与他们生活紧密相关的运动而获得健康生活方式的愿望和能力；体育课程应当在满足每个学生个性需要的基础上，提供不同的教学方法；教师应重视学生的各种差异，为所有学生规划学习进程，并有利于所有学生的发展；使所有的学生在活动中获得乐趣。

（2）课程目标。

发展学生的多种与动作技能和休闲活动技能有关的能力；逐步理解健康与生活习惯的密切关系；逐步学习有关游戏、运动规则及其策略；通过体育和娱乐计划，提高学生的自信心和自我价值感。

（3）学习领域和学习水平划分。

体育课程标准提出了运动技术和运动知识、自我表象和个人发展、社会发展三个学习领域。该标准将小学和初中的体育学习分为 8 个学习水平。

（4）内容标准。

课程标准中各学习领域的内容标准从幼儿园到高中是一致的，均由运动技术和运动知识、自我表象和个人发展、社会发展三个学习领域构成。

运动技术和运动知识学习领域的内容标准：在很多运动和活动中学生将是有竞争力的；学生将理解个人"怎么样"和"为什么"在各种情境中运动，并在此基础上提高运动技能；学生将达到和保持有助于健康的体能水平。

自我表象和个人发展学习领域的内容标准：展示充满活力的身体活动风格，理解身体活动能为娱乐、竞争和自我展示提供机会；表现出运动和活动中负责任的行为。

社会发展学习领域的内容标准：在所有运动中表现出负责任的社会行为，并理解和尊重别人；理解历史和文化与比赛、运动、游戏、舞蹈之间的内在联系。

在规定学习领域内容标准的基础上，将不同学段分为不同的水平等级，进而较为详细地提出了促进学生达到某一标准的内容和实施建议。各学段的内容标准相同，不同学段在同一学习领域要求达到的水平标准不同。

（5）体能测试。

体育课程标准规定，所有水平 5、水平 7 和水平 9 的学生要参加体能测试，对不能参加体能测试的特殊学生，要求尽可能参加条件许可的测试项目。体能测试项目包括有氧耐力、身体成分、腹部与躯干力量、背部力量和柔韧性。

（三）体育与健康教育两门课程相结合模式

新西兰、加拿大安大略省、日本、澳大利亚维多利亚州、美国新泽西州等国家或地区将体育课程与健康课程结合起来，形成一门综合课程，称为"健康教育与体育"。

1999 年，新西兰颁布了《健康与体育课程标准》，取代了原来的健康教育、体育和家政学等课程，使健康与体育课程有了明显的综合性。新西兰教育管理部门认为，学校有必要关注学生的健康问题。《健康与体育课程标准》指出，通过这门课程的学习，学生将从中获得知识、技能、态度、价值观以及健康的生活方式等方面的教育，并有助于个人和社会健康与幸福。

　　加拿大安大略省于 1998 年、1999 年和 2000 年分别颁布了 1～8 年级、9～10 年级和 11～12 年级的《健康与体育课程标准》。课程标准的主要内容包括课程目标、组成部分、课程内容、课程期望和成就水平等。

　　1999 年，日本颁布了《小学体育学习指导纲要》和《初中、高中保健体育指导纲要》。小学叫体育课程，初中、高中叫保健体育课程。小学体育课程非常强调活动性，中学阶段的保健体育课程包括体育和健康教育的内容。虽然小学和中学开设的课程名称不同，但是都将体育与健康教育联系起来。《初中、高中体育课程标准》分列体育和保健两篇，体育课程由体育教师担任，保健课程由养护（健康）教师担任。指导纲要规定了课程的总目标、各学段的目标、各学段的主要内容、教学计划的制定、内容安排等。

　　澳大利亚维多利亚州于 1995 年颁布了《健康与体育课程标准》。该标准将中小学体育课程分为 7 个学习领域，又将每个学习领域分为 7 个学习水平。该标准的主要内容包括课程总目标、每个学习领域的要求、在每个学习领域应达到的水平等。

　　以新西兰的《健康与体育课程标准》为例，其课程标准的结构和主要内容如下：

　　（1）课程目标。

　　形成维持和提高个人健康和身体发展的知识、理解、技能和态度；通过运动发展动作技能，获得有关的知识和理解，形成对身体活动的积极态度；提高改善人际关系的能力；采取积极负责的行动，参与健康的社区和环境的创设。

　　（2）组成部分的内容。

　　个人健康与身体发展，与他人的关系，运动概念和技能，健康的社区和环境。

　　（3）成就目标。

　　根据学生的生长发育状况，该标准从小学到高中分为 8 级水平，在每级学习水平上均提出了具体的成就目标。成就目标及其有关的例子是与各关键学习领域相联系的。课程标准中所举的有些例子可能超出了某一关键学习领域。

　　（4）基本概念。

　　健康：包括身体健康、心理健康、社会健康、精神健康等。

　　健康促进：指有助于在教室、学校、社区和社会中形成积极的身心环境的过程。

　　社会生态观：人们只有清楚地了解影响健康和幸福的社会因素和环境因素，才能有效地参与健康促进的过程。通过社会生态观的体验，有助于学生解除健康障碍，创设有利于促进自身、他人和社会健康的条件，理解个体差异。

　　态度和价值观：通过健康与体育课程的学习，学生将对自己的身体、心理、情绪、社会、精神等诸多方面的健康形成积极、负责的态度，尊重他人的权利，关心社区和周围环境中其他的成员。促进以上态度和价值观的形成，有助于个体和社会的健康。

　　（5）关键学习领域。

　　心理健康，性教育，食物与营养，身体养护和安全，身体活动，运动学习，户外教育。

　　（6）课程的实施。

　　关注学习者的需求，文化包容，性别包容，满足有特殊要求和特殊能力的学生的需要。

（7）学校组织机构。

新西兰教育部门要求健康教育的教师、体育教师和家政学教师加强合作，以提高和丰富学生的学习。在健康与体育课程中，家政学的主要内容包括健康饮食、家庭成员关系、对各种年龄和患有各种疾病的人的支持和关爱、个人特征意识的增强和自我价值感的提高。

（8）与家长、监护人和社区的联系（略）。

（9）创设积极的学习环境。

要求所有教师：对学生的需要具有敏感性；从各种文化背景的角度来评价学生独特的贡献；促使学生形成积极的态度、信任和相互尊重的经验；应用有效的教学方法，提高学生的个人和社会责任感；保证学校的政策和实践与课程目标和成就目标相一致；为学生提供安全的身体和情绪环境。

（10）设计与评估。

课程标准指出，在设计健康与体育课程实施方案时，教师应该充分考虑学生的需要、组成部分的成就目标和相关的例子、关键学习领域、态度和价值观、基本技能的形成。

以上是国际基础教育健康和体育课程改革的概略，我国新一轮基础教育体育课程改革正是在这样的国际背景下启动的。我国制定了全国性的课程标准，明确提出了具有全国影响力的课程理念，并在此基础上研制了课程目标体系、内容标准体系和实施建议。

二、我国新一轮的基础教育课程改革

新中国成立以来，基础教育在改革中逐步发展和完善，取得了巨大的成就。特别是在1985 年我国颁布了《义务教育法》之后所进行的课程改革，在课程结构、内容、管理等方面都取得了重大进展，形成了新一轮基础教育课程体系。

随着改革开放和社会主义现代化建设的推进，原有的基础教育课程存在的问题日益凸显。因此，我国的教育理念、课程内容和教学方法必须调整，以适应世界基础教育课程改革的新趋势。

1994 年，教育部基础教育课程教材研究中心拟定了《关于试行农村综合初中实验方案》。依照综合性原则，规定初中必修课为语文、数学、社会、理科、公民、艺术、体育与保健基本技能。该方案的特点是教学科目大幅减少，必修课比重减少，选修课比重增加。将我国传统的体育课程名称改为"体育与保健基本技能课程"，赋予了体育课程新的含义和内容，体现了课程设计的综合性原则。

1999 年 1 月，国务院同意教育部制定的《面向 21 世纪教育振兴行动计划》。《面向 21世纪教育振兴行动计划》在基础教育方面提出"改革课程和评价制度，2000 年初步形成现代化基础教育课程框架和考查标准，改革教育内容和教学方法，推行新的评价制度，开展教师培训，启动新课程实验"。2001 年 6 月通过项目申报、评审、复审等程序，成立了由数百名专家组成的 18 个课程标准研制工作组。

1999 年 6 月，国务院召开全国教育工作会议，提出了我国要"深化教育改革，全面推进素质教育"。实施素质教育成了教育改革的根本任务。

2000 年 7 月至 2001 年 2 月，各课程标准研制工作组在专题研究的基础上形成了课程标准初稿，在充分吸收各方面意见的基础上，对各科课程标准进行进一步的修订和完善。2001 年 5 月，教育部邀请了 75 位中科院院士、工程院院士、文史学家、艺术家、教育家对 18 个课程标准进行审议。同年 7 月，教育部印发了 18 个学科的课程标准（实验稿）。

2001 年 6 月，国务院召开了全国基础教育工作会议，印发了《关于基础教育改革与发展的决定》。同时，教育部决定大力推进基础教育课程改革，调整和改革基础教育的课程体系、结构、内容，形成了符合素质教育要求的基础教育课程体系。《基础教育课程改革纲要（试行）》是新一轮基础教育课程改革的指导性文件，包括课程改革目标、课程结构、课程标准、教学过程、教材开发与管理、课程评价、课程管理、教师培养和培训、课程改革的组织与实施 9 个部分。在课程改革目标方面明确提出：要贯彻党的教育方针，全面推进素质教育，体现时代要求；要使学生具有爱国主义、集体主义精神，热爱社会主义，继承和发扬中华民族的优良传统和革命传统；具有社会主义民主法治意识，遵守国家法律和社会公德；逐步形成正确的世界观、人生观、价值观；具有社会责任感，努力为人民服务；具有初步的创新精神、实践能力、科学和人文素养以及环境意识；具有适应终身学习的基础知识、基本技能和方法；具有健壮的体魄和良好的心理素质，养成健康的审美情趣和生活方式，成为有理想、有道德、有文化、有纪律的一代新人。

我国新一轮的基础教育课程改革分为以下三个阶段：

准备阶段（1997—2001 年）。教育部组织了调研组在全国 9 个省（市、自治区）对学生、教师、校长，就师生的睡眠时间、健康状况、对课程的态度、课程的目标、结构、教学方式、考试方式、师生关系等方面，通过问卷调查、座谈会、个别访谈进行了比较全面的了解。在对上述方面的调查结果进行分析的基础上，专家组又对《基础教育课程改革纲要》进行了数十次修订，并组织相关人员根据《纲要》的精神编制各科课程标准，然后根据课程标准（实验稿）组织中小学教师、教研员及高校部分从事课程研究的教师组成各科教材编写组，编写了各科新课程实验教材。2001 年暑假期间，对实验区的教育管理人员和教师进行了培训。

实验阶段（2001—2005 年）。从 2001 年 9 月开始，在全国 41 个国家级实验区的小学和起始年级进行实验。2002 年 9 月，扩大了实验范围，启动了省级课程改革实验区工作，全国实验规模达到同年级学生的 10%～15%。2003 年，在对实验区的工作情况进行全面评估和总结的基础上，课程改革进入全面推广阶段，起始年级使用新课程的学生达到了 65%～70%。2005 年秋季，中小学起始年级的学生原则上都进入新课程。

推行阶段（2005 年秋季之后）。2005 年秋季，我国新一轮基础教育课程改革面向全国深入推行。

我国基础教育体育课程改革就是在上述的基础教育课程改革的国际、国内大背景下进行的。

第二节　我国基础教育体育课程标准的历史沿革

一、新中国成立前我国中小学体育课程标准的历史沿革

在新一轮的基础教育课程改革中，各门课程都出台了新的课程标准，体育与健康（1~6 年级体育，7~12 年级体育与健康）课程标准是其中之一。作为实施体育课程的指导性文件，新课程标准相当于以前的教学大纲。

"课程标准"一词，在我国最早出现于清末颁布的各级学堂章程的《功课教法》和《学科程度及编制》中。

1922 年，政府颁布的《普通教育暂行课程标准》明确了以"课程标准"作为教育指导性文件。自此，"课程标准"一词一直沿用了近 30 年。其间《普通教育暂行课程标准》经历了多次重订、修订，概要如下：1923 年，颁布了新学制课程纲要；1929 年，颁布了中小学课程暂行标准；1932 年，颁布了小学课程正式标准；1936 年，颁布了中小学课程修正标准；1942 年，颁布了中小学课程修订标准；1948 年，颁布了中小学课程二次修正标准。

新中国成立后，在全面学习苏联的大背景下，我国于 1956 年把先前采用的"课程标准"更名为"教学大纲"。

二、新中国成立后我国中小学体育课程标准的历史沿革

（一）1950 年的小学体育课程标准

1950 年，教育部制定了《小学体育课程暂行标准（草案）》，提出的小学体育教学目标如下：

（1）培养儿童健康技能，健美体格，以打好为人民、为国家的建设战斗而服务的体力基础。

（2）培养儿童游戏、舞蹈、体操等运动兴趣和习惯，以发展身心，并充实健康生活。

（3）培养儿童国民公德和活泼、敏捷、勇敢、遵纪守法、团结、友爱等品质，以加强爱国主义思想和集体主义精神。

该课程规定各年级教材主要包括队列、步伐、体操、舞蹈、游戏、技巧、球类和田径等内容，其中游戏、舞蹈占比最大（尤其是低年级），其次是队列、步伐和体操，技巧、田径和球类运动在小学三年级以上才出现。该课程还指出了小学体育教材编写要点、教学方法要点、教学设备配置要点等。

（二）1956 年的小学体育教学大纲

1954 年 11 月，教育部成立了全国中小学体育教学大纲编订机构和体育教材编写组。教材编写组在深入调查全国各地中小学体育教学情况的基础上，以当时苏联中小学体育教学大纲为参考，编制了全国统一的中小学体育教学大纲。1956 年 3 月，教育部颁布了《小学体育教学大纲（草案）》。该大纲的主要特点如下：

第一，明确了小学体育的地位、目的和任务。小学体育的地位——全面发展教育的一个重要组成部分；小学体育的目的——促进少年儿童成为全面发展的新人，为将来参加建设社会主义和保卫祖国做好准备；小学体育的任务——锻炼身体，增进健康，促进生长发育，教授知识和技能，培养体育锻炼与卫生习惯，进行爱国主义、集体主义等思想品德培育。

第二，明确提出了编写教学内容的原则，如健康性原则、全面性原则、适应年龄性别特征原则、系统性原则、体育与卫生结合原则。

第三，体现了教材分类体系特点。将小学体育教材分为基本体操和游戏。其中，基本体操主要是体操队列队形基本动作（走、跑、跳跃、攀爬和平衡等内容），游戏则是按活动量的大小分类编排。一、二年级以很简单的基本体操结合起来的游戏为主；三、四年级，基本体操与游戏比重相当；五、六年级以基本体操为主，游戏比重降低。没有单独列出理论知识的教学内容。

1957 年，由人民教育出版社出版了与 1956 年颁布的《小学体育教学大纲（草案）》相配套的《小学体育教学参考书》。至此，我国的体育教学走向了正规化。参考书的结构和内容成为我国几十年来学校体育教材编写的指南。

（三）1961 年的小学体育教学大纲

1961 年，教育部颁布了新中国成立后的第二部小学体育教学大纲。同年，人民教育出版社出版了《小学体育教材》的教师用书，这套教材将体育教学大纲与教材合编为一本。与以往的大纲相比，这套大纲更加注重与我国的实际情况相结合，确立了以"增强学生体质"为指导思想，同时还体现了民族体育的特点，新增了武术教材内容，也增加了理论知识的教学内容。

可是，20 世纪 60 年代我国正处于经济困难和社会混乱的特殊历史时期。三年自然灾害造成了中小学体育近乎停滞的局面。自然灾害之后，学校体育工作尚未恢复正常，又遭到"文化大革命"的严重干扰，学校体育被引向了歧途。这段时期，体育课改为军事体育课，以军事项目为主要内容的体育教学朝着军事化方向发展，不少教材内容和技术动作均被贴上了政治标签，体育基本教材内容被严重削弱了。体育场地、设施被占用或破坏，最终导致学校体育工作处于瘫痪状态和学生体质的大滑坡。直到 70 年代初，在国家领导人的关心下，学校体育又受到了适当的重视，在学校体育指导思想上纠正了"以劳代体"和"以军代体"的谬误。

1973 年，各地开始出现省编体育试用教材，基本摆脱了军体教材的框架。但由于器材、设备破旧，师资匮乏，学校体育处于"放羊"状态。

1978 年，学校教育重新步入正轨。这一时期，邓小平指出，要重视中小学教育，并认为重视教育工作"关键是教材，教材要反映出现代科学文化的先进水平，同时要符合我国的实际情况"。"教材非从中小学抓起不可"，要编通用教材，并引进国外教材作参考。

（四）1978 年的中小学体育教学大纲

1978 年，教育部颁布了各科教学大纲，其中包括《十年制中小学体育教学大纲》，并组织专家组编写教材。

《十年制中小学体育教学大纲》提出的体育教学任务如下：

（1）根据青少年的身心发育特点，有计划、有组织地锻炼学生的身体，促进他们的身体正常发育和机能的发展，全面地发展身体和人体的基本活动能力，提高对自然环境的适应能力，以收到增强体质的实效。

（2）使学生学习和掌握体育的基础知识、基本技术和基本技能，教会学生用科学的方法锻炼身体。

（3）结合教育特点，教育学生热爱党，热爱社会主义祖国，不断提高他们为革命锻炼身体的自觉性。养成锻炼身体的习惯，培养他们服从组织、遵守纪律、热爱集体、朝气蓬勃、勇敢顽强、艰苦奋斗的革命精神。

这套大纲和教材重申了"增强学生体质"的学校体育指导思想；确立了体育教学的"三基"任务；提出了"要打破以竞赛为中心的编排体系"；提高选用教材授课时数比重，加大教材的灵活性，并在教学实践中引进了"课课练"的形式。

（五）1987 年的中小学体育教学大纲

1983 年，郑州市编写了全国第一套中学体育课本。同年 8 月，广东省编出了从小学一年级至高三年级的体育试用课本。接着全国各省开始不同程度地编写和试行各自编写的体育课本，结束了学生没有体育课本的历史。

1985 年，我国开始实行九年义务教育。1987 年 1 月，国家教委颁发了新修订的十二年制《小学体育教学大纲》和《中学体育教学大纲》。大纲借鉴了国外的一些体育教学思想，较上一部大纲有了很大的发展。

1987 年的《小学体育教学大纲》提出的教学目标如下：增强学生体质，促进身心发展，使学生能够在德、智、体、美几方面得到全面发展，成为社会主义的建设者和保卫者。

该大纲提出的任务如下：

（1）全面锻炼学生身体，促进学生身体的正常发育，培养健美的体格；促进学生身体机能和基本活动能力的全面发展；增强学生对外界环境的适应能力。

（2）掌握体育基础知识、基本技术和基本技能，使学生理解学校体育的目的、任务和体育在教育中的地位与意义；学会锻炼身体和生活中的基本实用技能和体育娱乐方法；使学生懂得锻炼身体的基本原理和独立进行科学锻炼的方法，以适应终身锻炼身体和生活娱乐的需要。

（3）向学生进行思想品德教育。教育学生热爱共产党、热爱社会主义祖国，培养学生为祖国自觉锻炼的社会责任感和献身精神，养成经常锻炼身体的兴趣和习惯；发展学生个性，培养学生坚强的意志、勇敢顽强的精神和创造性；培养学生服从组织、遵守纪律、团结合作的思想作风与良好的道德。

（六）1988—1992 年的中小学体育教学大纲

1988—1992 年，国家教育委员会组织编写了九年义务教育教学大纲，并进行了广泛的教学实验。在此基础上，1992 年教育部颁布了《九年义务教育体育与健康教育教学大纲》。

考虑到大纲的适应性，1989—1992 年这一时期内，即在《九年义务教育体育与健康教育教学大纲》颁布之前，国家教委批准了上海市、浙江省、天津市和广东省湛江市对地方课程教材的全面改革进行试验，寻求在不增加课时的条件下，使体育与卫生密切结合，增强学生体质，促进学生健康，建立体育与卫生、理论与实践相结合的新学科体系。经过 3 年的实验，由全国中小学教材审定委员会审查并通过了实验大纲。1992 年 11 月，国家教委体卫艺司制定并颁发了《九年义务教育体育与健康教育教学大纲》（初审稿供试验用）。该大纲的主要特点如下：全面贯彻教育方针，体现了全面的教育目标体系；强调了体育与卫生、理论与实践相结合；大幅增加了体育卫生知识的课时比重，小学 3～6 年级每周 1 课时，占 33％，初中 1～2 年级，每周 0.5～1 课时，占 16.5％～33％；在教材的分类体系上，小学是以活动技能为主进行分类的。

1991 年，上海市根据课程改革方案，制定了九年义务教育《体育与保健教学指导纲要》和《体育与保健学科课程标准（草案）》。该课程标准大致遵循教学大纲的思路，具有几个突出的特点：全面贯彻教育方针和学校体育教学目标，建立了总目标、各学段目标和年级目标的多层次的目标体系；加强了体育卫生知识的内容与课时的比重，占总课时的 23％；知识内容丰富、具体，是教材内容分类体系的重大变革，小学体育教材以活动能力为主，中学以身体素质为主对教材进行分类；选修内容丰富，1～6 年级每周 3 课时，7～9 年级每周 2 课时。

1991 年，经国家教委批准，浙江省教委制定的《义务教育试行教学计划》和《各科教学指导纲要》中提出了《体育与保健教学指导纲要》。《体育与保健教学指导纲要》的主要特点：强调了体育与保健的融合、锻炼与养护的结合；教材分类体系上有重大突破，以活动能力为主，建立了以发展人体基本活动能力为主线的教学内容体系；将体育选修课、课外体育活动和假期体育活动都列入教学指导纲要；小学 4～5 年级和初中 1～2 年级每周 3 课时，其余年级每周 2 课时。

为了帮助广大体育教师更好地贯彻实施课程改革精神，人民教育出版社按照年级出版了九年义务教育六年制小学《体育教学指导与参考》和 3 册三年制初中《体育教学指导与参考》。这套教学指导与参考教材借鉴了当时的教育学、心理学、发展心理学以及体育教学改革的研究成果，按照年级分析了学生生理、心理发展的特点，提出了各项具体动作技术的教学建议。

从这一时期不同的体育大纲（或纲要）在全国的推行，以及随后出现的一些地方性教材的情况来看，我国的体育课程教学已经开始呈现出多元化的教学思想和教学目标。虽然存在着一些问题，但是已经体现了明显的改革意识。

（七）2000 年的中小学体育教学大纲

2000 年，教育部颁布了《九年义务教育体育与健康教学大纲》。该大纲将"体育"课程的名称更名为"体育与健康"。该大纲强调以全面贯彻教育方针和"健康第一"为指导思想，重视以学生为主体，关注发挥体育与健康教学的综合功能；加大了教学内容的选择性；改革了体育考核和评价的方法；构建了五个学习领域（运动参与、运动技能、身体健康、心理健康、社会适应）。

该大纲的教学目标：体育与健康的教学以育人为宗旨，与德育、智育和美育相配合，促进少年儿童身心的全面发展，为培养社会主义建设者和接班人做好准备。

该大纲提出的教学任务如下：

（1）全面锻炼学生身体，促进学生身心和谐发展。

（2）初步掌握体育与健康知识、技能和方法。

（3）进行思想品德教育，培养健康的心理素质。

同时，与该大纲相配套，出现了多种版本的《体育与健康》教材。这些教材在分类体系和内容构建方面各具特色。

（八）2001 年的《体育（1～6 年级）体育与健康（7～12 年级）课程标准（实验稿）》

2001 年，教育部启动了基础教育课程改革，同年，颁布了《体育（1～6 年级）体育与健康（7～12 年级）课程标准（实验稿）》。2001 年 9 月，《体育（1～6 年级）体育与健康（7～12 年级）课程标准（实验稿）》在全国部分地区和学校开始试行。目前，经过教育部组织的多次教材审定，小学、初中和高中各类教材已有若干版本获得批准。在制定课程标准、宣讲课程标准、编写体育教材和评审教材的过程中，举办了各种学术研讨会、培训班、论证会、评审会等，成为我国历史上课程改革研讨最为活跃的时期。这是在我国基础教育课程改革的大背景下进行的体育课程改革，也是历次改革中力度最大的一次。下面将详细介绍 2001 年的《体育（1～6 年级）体育与健康（7～12 年级）课程标准（实验稿）》中的小学体育（1～6 年级）和初中体育与健康（7～9 年级）的内容及其特征。

第三节　我国基础教育体育与健康新课程标准及其主要特征

一、我国基础教育体育课程标准的结构及内容

关于我国新一轮基础教育的体育课程改革，教育部于 2001 年颁布了全日制义务教育普通高级中学《体育（1～6 年级）体育与健康（7～12 年级）课程标准（实验稿）》，其部分内容如下：

第一部分 前 言

随着科学技术的迅猛发展和经济的全球化，人类社会的物质文化生活水平从整体上有了很大提高，人类的许多疾病得到了根治，健康状况大为改善。但是，现代生产和生活方式造成的体力活动减少和心理压力增大，对人类健康构成了日益严重的威胁。人们逐渐认识到，健康不仅是没有疾病和不虚弱，而且是在身体、心理和社会发展方面都保持完美的状态。人类比以往任何时候都更加关注自己的健康状况和生活质量。由于国民的健康对国家的发展、社会的进步和个人的幸福都至关重要，而体育课程又是增进国民健康的重要途径，因此，世界各国都高度重视体育课程的改革。

《中共中央国务院关于深化教育改革全面推进素质教育的决定》指出："健康体魄是青少年为祖国和人民服务的基本前提，是中华民族旺盛生命力的体现。学校教育要树立健康第一的指导思想，切实加强体育工作。"《全日制义务教育普通高级中学体育（1～6年级）体育与健康（7～12年级）课程标准（实验稿）》（以下简称《标准》）正是在这一思想的指导下制订的。《标准》突出强调要尊重教师和学生对教学内容的选择性，注重教学评价的多样性，使课程有利于激发学生的运动兴趣，养成坚持体育锻炼的习惯，形成勇敢顽强和坚韧不拔的意志品质，促进学生在身体、心理和社会适应能力等方面健康、和谐地发展，从而为提高国民的整体健康水平发挥重要作用。

一、课程性质

（一）课程性质

体育与健康课程是一门以身体练习为主要手段、以增进中小学生健康为主要目的的必修课程，是学校课程体系的重要组成部分，是实施素质教育和培养德智体美全面发展人才不可缺少的重要途径。它是对原有的体育课程进行深化改革，突出健康目标的一门课程。

（二）课程价值

体育与健康课程对于提高学生的体质和健康水平，促进学生全面和谐发展，培养社会主义现代化建设需要的高素质劳动者，具有极为重要的作用。

1. 增进身体健康

通过本课程的学习，学生能够提高对身体健康的认识，掌握有关身体健康的知识和科学健身方法，提高自我保健意识；坚持锻炼，增强体能，促进身体健康；养成健康的行为习惯和生活方式。

2. 提高心理健康水平

通过本课程的学习，学生将在和谐、平等、友爱的运动环境中感受到集体的温暖和情感的愉悦；在经历挫折和克服困难的过程中，提高抗挫折能力和情绪调节能力，培养坚强的意志品质；在不断体验进步或成功的过程中，增强自尊心和自信心，培养创新精神和创新能力，形成积极向上、乐观开朗的生活态度。

3. 增强社会适应能力

通过本课程的学习，学生将理解个人健康与群体健康的密切关系，建立起对自我、群体和社会的责任感；形成现代社会所必需的合作与竞争意识，学会尊重和关心他人，培养良好的体育道德和集体主义、社会主义、爱国主义精神，学会获取现代社会中体育与健康知识的方法。

4. 获得体育与健康知识和技能

通过本课程的学习，学生能够掌握体育与健康的基本知识和运动技能，学会学习体育的基本方法，形成终身锻炼的意识和习惯；学生可以根据自己的兴趣爱好和不同需求，选择个人喜爱的方法参与体育活动，挖掘运动潜能，提高运动欣赏能力，形成积极的余暇生活方式；学生可以提高体育运动中的安全防范能力，获得在野外环境中的基本生存技能。

二、课程基本理念

（一）坚持"健康第一"的指导思想，促进学生健康成长

体育与健康课程以促进学生身体、心理和社会适应能力整体健康水平的提高为目标，构建了技能、认知、情感、行为等领域并行推进的课程结构，融合了体育、生理、心理、卫生保健、环境、社会、安全、营养等诸多学科领域的有关知识，真正关注学生的健康意识、锻炼习惯和卫生习惯的养成，将增进学生健康贯穿于课程实施的全过程，确保"健康第一"思想落到实处，使学生健康成长。

（二）激发运动兴趣，培养学生终身体育的意识

学校体育是终身体育的基础，运动兴趣和习惯是促进学生自主学习和终身坚持锻炼的前提。无论是教学内容的选择还是教学方法的更新，都应十分关注学生的运动兴趣，只有激发和保持学生的运动兴趣，才能使学生自觉、积极地进行体育锻炼。因此，在体育教学中，重视学生的运动兴趣是实现体育与健康课程目标和价值的有效保证。

（三）以学生发展为中心，重视学生的主体地位

体育与健康课程关注的核心是满足学生的需要和重视学生的情感体验，促进全面发展的社会主义新人的成长。从课程设计到评价的各个环节，始终把学生主动、全面的发展放在中心地位。在注意发挥教学活动中教师主导作用的同时，特别强调学生学习主体地位的体现，以充分发挥学生的学习积极性和学习潜能，提高学生的体育学习能力。

（四）关注个体差异与不同需求，确保每一个学生受益

体育与健康课程充分注意到学生在身体条件、兴趣爱好和运动技能等方面的个体差异，根据这种差异性确定学习目标和评价方法，并提出相应的教学建议，从而保证绝大多数学生能完成课程学习目标，使每个学生都能体验到学习和成功的乐趣，以满足自我发展的需要。

三、课程标准的设计思路

（一）根据课程目标与内容划分学习领域

体育与健康课程改变了传统的按运动项目划分课程内容和安排教学时数的框架，根据三维健康观、体育自身的特点以及国际课程发展的趋势，拓宽了课程学习的内容，将课程学习内容划分为运动参与、运动技能、身体健康、心理健康和社会适应五个学习领域，并根据领域目标构建课程的内容体系。

（二）根据学生的身心发展特征划分学习水平

《标准》根据学生的身心发展特征，将中小学的学习划分为六级水平，并在各学习领

域按水平设置相应的水平目标。水平一至水平五分别相当于 1～2 年级、3～4 年级、5～6 年级、7～9 年级和高中学段学生预期达到的学习结果。

考虑到学校和学生各方面的差异性，《标准》在各个领域设立水平六，作为高中学段学生学习体育与健康课程的发展性学习目标，其他学段的学生也可以将高一级水平目标作为本学段学习的发展性学习目标。

（三）根据可操作性和可观察性要求确定具体的学习目标

为了确保学习目标的达成和学习评价的可行性，学习目标必须是具体的、可观察的。在心理健康和社会适应两个学习领域，要求学生在掌握有关知识、技能的同时，强调学生应在运动实践中体验心理感受并形成良好的行为习惯，由此使情感、意志方面的学习目标由隐性变为显性，由原则性的要求变为可以观测的行为表征。这既便于学生学习时自我认识和体验，也便于教师对学生的观察和评价。教师可以通过对学生情感、态度和行为习惯表现的观察，判断教学活动的成效，从而有效地保证体育与健康课程目标的实现。

（四）根据三级课程管理的要求加大课程内容的选择性

按照三级课程管理的要求，《标准》规定了各学习领域、各水平的学习目标，同时确定了依据学习目标选择教学内容的原则。各地、各校和教师在制订具体的课程实施方案时，可以依据课程的学习目标，从本地、本校的实际情况出发，选用适当的教学内容和教学方法。

（五）根据课程发展性要求建立评价体系

课程评价是促进课程目标实现和课程建设的重要手段。《标准》力求突破注重终结性评价而忽视过程性评价的状况，强化评价的激励、发展功能而淡化其甄别、选拔功能，并根据这样的原则对教学评价提出了相应的建议。《标准》把学生的体能、知识与技能、学习态度、情意表现与合作精神纳入学习成绩评定的范围，并让学生参与评价过程，以体现学生学习的主体地位，提高学生的学习兴趣。

第二部分　课程目标

一、课程目标

通过体育与健康课程的学习，学生将：（1）增强体能，掌握和应用基本的体育与健康知识和运动技能；（2）培养运动的兴趣和爱好，形成坚持锻炼的习惯；（3）具有良好的心理品质，表现出人际交往的能力与合作精神；（4）提高对个人健康和群体健康的责任感，形成健康的生活方式；（5）发扬体育精神，形成积极进取、乐观开朗的生活态度。

二、学习领域目标

运动参与目标

（1）具有积极参与体育活动的态度和行为；（2）用科学的方法参与体育活动。

运动技能目标

（1）获得运动基础知识；（2）学习和应用运动技能；（3）安全地进行体育活动；（4）获得野外活动的基本技能。

身体健康目标

（1）形成正确的身体姿势；（2）发展体能；（3）具有关注身体和健康的意识；（4）懂得营养、环境和不良行为对身体健康的影响。

心理健康目标

（1）了解体育活动对心理健康的作用，认识身心发展的关系；（2）正确理解体育活动与自尊、自信的关系；（3）学会通过体育活动等方法调控情绪；（4）形成克服困难的坚强意志品质。

社会适应目标

（1）建立和谐的人际关系，具有良好的合作精神和体育道德；（2）学会获取现代社会中体育与健康知识的方法。

第三部分 内容标准

学习领域一 运动参与

运动参与是学生发展体能、获得运动技能、提高健康水平、形成乐观开朗的生活态度的重要途径。促使学生主动参与体育活动的关键是通过形式多样的教学手段、丰富多彩的活动内容，培养他们参与体育活动的兴趣和爱好，形成坚持锻炼的习惯和终身体育的意识。在促使学生积极参与体育活动的基础上，还应使学生懂得科学锻炼身体的方法。

在1～6年级，要着重让学生体验参加体育活动的乐趣；在中学阶段，要注重学生体育锻炼习惯的养成。

（一）具有积极参与体育活动的态度和行为

【水平目标】

水平一 对体育课表现出学习兴趣

乐于参加各种游戏活动；认真上好体育课。

水平二 乐于学习和展示简单的运动动作

向同伴展示学会的简单运动动作；向家人展示学会的运动动作。

水平三 主动参与运动动作学习

主动观察和评价同伴的运动动作；示范所学的运动动作。

水平四 积极参与体育活动

自觉参加体育与健康课的学习；积极参与课外的各种体育活动；充分利用各种条件进行体育活动。

水平五 养成良好的体育锻炼习惯

描述有规律的体育锻炼对健康的益处；定期进行体育锻炼，如一周两次或三次。

水平六 说服和带动他人进行体育活动

说服同伴一起参加体育活动；与家人或朋友共同参与体育活动；收集家人和朋友对参与体育活动的反馈信息。

（二）用科学的方法参与体育活动

（水平一至水平三未涉及）

水平四 合理安排锻炼时间，掌握测量运动负荷的常用方法知道合理安排锻炼时间的意义；合理安排锻炼时间；用运动脉搏测定等常用方法测量运动负荷。

水平五　根据科学锻炼原理制订并实施个人锻炼计划

知道科学锻炼的基本原理；知道如何设置锻炼的目标；根据自身情况，制订个人锻炼计划；按计划坚持体育锻炼。

水平六　知道如何制订运动处方

知道如何为自己制订运动处方；知道如何为他人制订运动处方；为他人（如家人和同伴）制订运动处方。

学习领域二　运动技能

运动技能学习领域体现了体育与健康课程以身体练习为主的基本特征，学习运动技能也是实现其他领域学习目标的主要手段之一。通过运动技能的学习，绝大多数学生将学会多种基本运动技能，在此基础上形成自己的兴趣爱好，并有所专长，提高终身体育锻炼的意识和能力。同时在学习过程中也能了解到安全地进行体育活动的知识和方法，并获得在野外环境中的基本活动技能。

在义务教育阶段，应注重学生基本的运动知识、运动技能的掌握和应用，不过分追求运动技能传授的系统和完整，不苛求技术动作的细节；在高中阶段，应充分尊重学生的不同需要，引导他们根据自己的具体情况选择一两种运动项目进行较系统的学习，发展运动能力。

（一）获得运动基础知识

【水平目标】

（水平一未涉及）

水平二　说出所做简单运动动作的术语

说出所做身体各部位简单动作的术语，如转头、侧平举、体侧屈、踢腿等；说出所做简单的全身动作的术语，如蹲起、踏步、滚动、跳跃等。

水平三

知道所练习运动项目的术语

知道球类运动技术术语，如投篮等；知道体操动作术语，如前滚翻等；知道武术动作术语，如马步冲拳等；知道舞蹈或韵律活动动作术语，如舞蹈中的跑跳步等；知道田径动作术语，如起跑等；知道地域性运动项目中的技术或动作术语，如滑冰运动中的蹬冰等。

观看体育比赛

观看现场体育比赛和表演；观看电视中的体育比赛和表演。

水平四

了解所学项目的简单技战术知识和竞赛规则

了解基本技术的知识；了解简单战术的知识；了解所学运动项目的竞赛规则。

观赏体育比赛

观看并讨论现场体育比赛和表演；观看并讨论电视中的体育比赛和表演。

水平五

认识多种运动项目的价值

讨论竞技运动与健身运动的区别；认识多种运动项目对身体健康、心理健康和社会适应的价值。

关注国内外的重大体育赛事

阅读报纸、杂志中有关重大体育赛事的报道；收听或收看有关体育节目；对重大体育赛事作出评价。

了解国内外重大体育事件

对某一重大体育事件有所了解，如申办奥运会等；写出有关重大体育事件的文章。

（二）学习和应用运动技能

【水平目标】

水平一　初步掌握简单的技术动作

在球类游戏中做出单个动作，如拍球、投篮和运球等；做出基本体操的动作；做出单一的体操动作，如滚翻、劈叉等；模仿简单的舞蹈或韵律活动动作；做出地域性运动项目中的简单动作，如水中行走、水中飘浮、冰上行走等。

水平二　会做简单的组合动作

做出多项球类运动中的简单组合动作；做出体操的简单组合动作；做出武术的简单组合动作；做出舞蹈或韵律活动中的简单组合动作；做出地域性运动项目中的简单组合动作。

水平三　初步掌握运动基本技术

初步掌握多项球类运动中的多种动作技能；初步掌握一两套徒手体操或轻器械体操；初步掌握一套简单的武术套路；初步掌握一套舞蹈或韵律活动动作；初步掌握两三项田径运动技能；初步掌握一两种地域性运动项目的技术。

水平四　发展运动技战术能力

基本掌握一两项球类运动中的技战术；完成一两套武术套路或对练；完成一两套技巧项目动作或器械体操动作；完成一两套舞蹈或健美操；基本掌握几项主要的田径运动技能；基本掌握一两种地域性运动项目的技术。

水平五

提高一两项运动的技战术水平

较为熟练地掌握一两项球类运动中的技战术；较为熟练地完成一两套有一定难度的武术套路或对练；较为熟练地完成一两套技巧项目动作或器械体操动作；较为熟练地完成一两套舞蹈或健美操；较为熟练地掌握一两项田径运动技能；较为熟练地掌握一两种地域性运动项目的技术；学习一两种新兴的运动项目，如轮滑、攀岩等。

增强技战术的运用能力

参加班级中的各种体育比赛，如球类、田径、游泳等；自编自练简单的舞蹈或健美操。

水平六　组织和参加小型体育比赛

组织小型体育比赛，如班级间单项比赛等；参加班级以上的体育比赛，如年级间、校际、社区内的比赛等。

（三）安全地进行体育活动

【水平目标】

（水平一未涉及）

水平二　知道如何在运动中避免危险

知道不按规则运动和游戏会导致身体受到伤害；知道在安全的环境中运动和游戏；知道水、冰等潜在的危险因素及避免危险的方法。

水平三　说出不同环境中可能面临的危险和避免方法

了解安全的运动方法，如穿着合适的服装运动、跳跃时用正确的姿势着地、摔倒时的自我保护方法等；正确应对运动中遇到的粗暴行为和危险。

水平四　注意运动安全

对安全和不安全的运动行为作出区分和评价；用安全的方法运动；在运动中避免粗野和鲁莽动作。

水平五　掌握运动创伤时和紧急情况下的简易处理方法

掌握常见运动创伤的简易处理方法；了解并学会常用救生方法，如人工呼吸等。

水平六　具有处理安全问题的一般能力

找出学校、家庭和社区中与运动有关的不安全因素，并提出改进建议；学会一种自卫防身术。

（四）获得野外活动的基本技能

【水平目标】

（水平一、水平二、水平三未涉及）

水平四　在有指导的情况下顺利完成集体野外活动

了解在野外识别方向的一般知识和方法；学会一两种野外常见的运动方法，如游泳、自行车、滑冰、滑雪、划船等；参加有组织的野外活动，如野营、远足、登山、旅行等。

水平五　学习在野外条件下的活动技能与方法

参加有组织的较大型野外活动；以小组形式制订野外活动计划；运用野外生存的知识和方法，如识别方向、识图、求助等。

水平六　参加具有挑战性的野外活动

独立制订野外活动计划；参加具有挑战性的野外活动，如登山、野营等；总结在野外活动中的经验与教训。

学习领域三　身体健康

少年儿童正处在生长发育最旺盛的时期，这一时期学生的身体状况对他们身体的健康成长具有重要影响。体育活动是促进学生身体发展和健康的重要手段，因此，本学习领域在引导学生积极参与体育活动、发展体能的同时，注意使他们了解营养、环境和不良行为对身体健康的影响，并形成健康的生活方式，这样才能有效地提高学生的身体健康水平。

学生的身体健康水平与其体能状况紧密相关，而良好的体能是通过持之以恒的锻炼获得的。根据学生体能发展敏感期的特征，本学习领域要求学生在某一水平学习时侧重发展某些体能。

（一）形成正确的身体姿势

【水平目标】

水平一　注意正确的身体姿势

指出坐、立、行时正确和不正确身体姿势的区别；说出处于正确和不正确身体姿势时的感受；努力改正不正确的身体姿势。

水平二 基本保持正确的身体姿势

在日常学习和生活中初步具有正确的身体姿势；在徒手操、队列等练习中保持正确的身体姿势。

水平三 能够用正确的身体姿势进行学习、运动和生活

在日常学习和生活中保持正确的身体姿势；在体操、舞蹈或韵律活动等项目的学习中保持正确的身体姿势；在他人的指导下运用适当的体育活动改善身体姿势。

（二）发展体能

【水平目标】

水平一 发展柔韧、反应、灵敏和协调能力

学习实际生活中的移动动作，如走、跑、跳、攀爬等动作；随同集体完成各种必要的操练，如队列练习、广播操等；在游戏或基本运动中进行多种移动、躲闪、急停、跳跃的练习；在投掷或球类游戏中进行各种挥动、抛掷、转体的练习；从事发展柔韧性的各种动力性练习。

水平二 发展灵敏、协调和平衡能力

通过多种游戏发展位移速度和动作的灵敏性；通过多种练习形式（如各种跳跃游戏和跳绳等）发展跳跃能力；通过多种练习形式发展平衡和协调能力。

水平三 发展速度和平衡能力

利用器械做跨越、钻过和绕过一定障碍的练习；从事各种迎面穿梭接力跑的练习；练习各种平衡动作；进行各种有节奏的练习。

水平四 发展速度、有氧耐力和灵敏性

通过多种练习（如短距离跑和反复跑等）发展位移速度；通过多种练习（如定时跑、定距跑、跳绳等）发展有氧耐力；通过多种练习（如球类运动等）发展反应速度和灵敏性。

水平五 发展肌肉力量和耐力

通过多种练习发展上、下肢肌肉力量和耐力；通过多种练习发展腰、腹肌肉力量和耐力。

水平六 发展与健康有关的体能

通过多种练习提高心肺功能和有氧耐力；通过多种练习发展肌肉力量和耐力；通过多种练习发展柔韧性；通过多种练习控制体重。

（三）具有关注身体和健康的意识

【水平目标】

水平一 知道身体各主要部位的名称和自己身体的变化

知道身体各主要部位的名称；辨别左右、前后、上下的方位；定期测量和记录自己身高、体重的变化。

水平二 描述身体特征

说出身体各主要部位的功能；描述自己的身体特征；比较自己与同伴的身体特征。

水平三　了解青春期的卫生保健知识

知道青春期男女生身体特征的变化，正确对待第二性征的出现；关注青春期的健康，如女生注意乳房卫生和经期卫生，男生正确对待手淫和遗精等；初步认识青春期男女体能方面发生的变化；了解经期科学锻炼的知识。

水平四　理解体育锻炼对身体形态和机能的影响

认识和理解体育锻炼对身体形态发展的影响；认识和理解体育锻炼对身体机能发展的影响；根据自己的生理特点，了解在体育活动中应注意的事项。

水平五

理解身体健康在学习、生活中的意义和作用

认识体育活动是防治现代生活方式病（如心血管疾病等）的积极手段和方法；理解身体健康在学习、生活中的重要意义，树立良好的健康意识。

了解性传播疾病等有关知识

了解性病的传播途径和预防知识；了解艾滋病的传播途径和预防知识。

水平六　了解我国传统养生保健方法与现代体育锻炼方法的异同

比较我国传统的养生保健方法与现代体育锻炼方法；学会一两种我国传统的养生保健方法。

（四）懂得营养、环境和不良行为对身体健康的影响

【水平目标】

（水平一、水平二未涉及）

水平三

了解营养与健康的关系

知道营养不足和营养过剩对健康的影响；知道主要食物（如蔬菜、瓜果等）的营养价值。

了解从事体育活动时的营养卫生常识

知道参加体育活动应该补充适当的营养素；知道进行体育活动时必须注意的营养卫生常识。

水平四

初步学会选择有利于健康的营养食品

知道营养需求与年龄、性别、身体活动等的关系；初步学会选择有利于健康的营养食品；初步学会选择适合运动需要的健康营养食品。

知道生活方式对健康的影响

知道饮食、体育锻炼对控制体重的作用；认识吸烟、酗酒和吸毒的危害。

水平五　形成良好的生活方式

注意合理的营养；经常进行体育锻炼；养成良好的睡眠和休息习惯，如早睡早起、安排好学习与休息的时间等；自觉做到不吸烟，不酗酒，远离毒品。

水平六　懂得环境对健康的影响和运动对环境卫生的要求

懂得环境因素与运动、健康的关系；能够选择适宜的运动环境；避免在不利于健康的环境（如大雾、灰尘、噪声等）中运动。

学习领域四　心理健康

体育活动不仅有助于身体健康，也能增进心理健康。本课程十分重视通过体育活动来提高学生的自信心、意志品质和调节情绪的能力。在教学中，要防止只重视运动技能的传授，而忽视心理健康目标达成的现象；要努力使学生在体育活动过程中既掌握基本的运动技能，又发展心理品质；要注意创设一些专门的情境，采取一些特别的手段，促进学生心理健康水平的提高。

在义务教育阶段，应侧重使学生了解和体验体育活动对心理状态的影响；在高中阶段，应侧重使学生运用体育活动方法改善心理状态。

（一）了解体育活动对心理健康的作用，认识身心发展的关系

【水平目标】

（水平一未涉及）

水平二　体验体育活动中的心理感受

体验参加不同项目运动时的心理感受，如紧张、兴奋等；体验体育活动中身体疲劳时的心理感受。

水平三　体验身体健康状况变化时的心理感受

体验身体健康状况变化时注意力、记忆力的不同表现；体验身体健康状况变化时情绪的不同表现；体验身体健康状况变化时意志的不同表现。

水平四　了解心理健康对身体健康的作用

了解身心之间的关系；了解心理状态对身体健康的影响；了解运动愉快感的获得对人们坚持体育锻炼的影响。

水平五　自觉通过体育活动改善心理状态

在学习压力大或烦恼时进行体育活动；选择参加充分展示自己能力的体育活动；选择参加有助于获得运动愉快感的体育活动；选择参加有利于人际交往的体育活动。

水平六　自觉运用所学知识技能促进身心协调发展

自觉运用所学的生理和心理知识分析自己的身心发展状况；自觉运用所学的知识和技能进行有助于身心发展的体育活动；自觉地表现出为他人创设良好心理环境的意愿和行为。

（二）正确理解体育活动与自尊、自信的关系

【水平目标】

（水平一未涉及）

水平二　在体育活动中具有展示自我的愿望和行为

在体育活动中努力展示自我；对体育活动表现出较高的热情。

水平三　正确对待生长发育和运动能力弱可能带来的心理问题

对生长发育的变化（如月经等）采取坦然的态度；消除因身体形态问题（如太胖、太瘦等）可能产生的自卑感；通过积极的体育活动消除因运动能力较弱产生的烦恼。

水平四　通过体育活动树立自尊和自信

了解自尊和自信的意义；认识体育活动对自尊和自信的影响；通过积极的体育活动，逐步增强自尊和自信；在体育活动中表现出适宜的自信心。

水平五　在体育活动中努力获得成功感

通过合理设置目标使自己在体育活动中不断获得成功；在不断提高运动能力的过程中体验成功的感觉。

水平六　表现出积极进取的生活态度

理解体育活动对形成积极生活态度的作用；将体育活动作为生活中不可缺少的组成部分；表现出珍惜生命、积极进取、自强不息的生活态度。

（三）学会通过体育活动等方法调控情绪

【水平目标】

水平一　说出自己在体育活动中的情绪表现

体验并简单描述进步或成功时的心情；体验并简单描述退步或失败时的心情。

水平二　观察并说出同伴在体育活动中的情绪表现

观察并说出同伴进步或成功时的情绪表现；观察并说出同伴退步或失败时的情绪表现。

水平三　知道通过体育活动等方法调节情绪

了解不良情绪对体育活动的影响；了解体育活动对减缓学习压力、消除不良情绪的作用；了解体育活动对产生良好情绪的作用。

水平四　学会其他调节情绪的方法

学会肌肉放松的方法；学会自我暗示的方法；学会呼吸调节法；学会合理安排作息时间。

水平五　在体育活动中表现出调控情绪的意愿与行为

运用所学的方法调控自己在体育活动中的情绪；运用所学的方法调控自己在体育比赛中的情绪，如紧张、恐惧、精神不振和疲劳感等。

水平六　自觉运用适宜的方法调控自己的情绪

选择适合自己的方法调控情绪；在日常生活和学习中运用情绪调控方法。

（四）形成克服困难的坚强意志品质

【水平目标】

水平一　在体育活动中适应陌生的环境

在陌生的场地进行体育活动和游戏；与陌生的同伴一起参加体育活动和游戏。

水平二　在一定的困难条件下进行体育活动

参加较剧烈的游戏或运动时，在身体有轻微难受感觉的情况下坚持完成运动任务；不害怕与比自己"强大"的同伴一起游戏和运动。

水平三　敢于进行难度较大的体育活动

了解勇敢与蛮干的区别；在教师指导下敢于做未曾完成的动作；在教师指导下敢于做有一定难度的动作，如支撑跳跃等。

水平四　根据自己的运动能力设置体育学习目标

正确评价自己的运动能力；了解实现目标时可能遇到的困难；设置合适的体育学习目标。

水平五 在具有挑战性的运动情景中，体验战胜困难带来的喜悦

体验困难环境中运动的乐趣；努力克服体育活动中的心理惧怕等现象；在具有挑战性的运动中体验乐趣。

水平六 在体育活动、学习和生活中自觉表现出勇敢顽强的意志品质

在体育活动中自觉克服各种困难；在生活中自觉克服各种困难；在学习中自觉克服各种困难。

学习领域五 社会适应

体育活动对于发展学生的社会适应能力具有独特的作用，经常参与体育活动的学生，合作和竞争意识、交往能力、对集体和社会的关心程度都会得到提高，而且，学生在体育活动中所获得的合作与交往等能力能迁移到日常的学习和生活中去。在体育教学中应特别注意营造友好、和谐的课堂氛围，采取有效的教学手段和方法培养学生的社会适应能力。

在1~6年级，应着重帮助学生了解一般的游戏规则，学会尊重和关心他人，并表现出一定的合作行为；在7~9年级，应注重学生对运动角色和体育道德行为的识别，注重培养学生对媒体中的体育与健康信息作出简单评价的能力；在高中阶段，要关注学生形成良好的体育道德和合作精神，增强他们对社会的责任感，使他们学会通过多种途径获取现代社会中体育与健康知识的方法。

（一）建立和谐的人际关系，具有良好的合作精神和体育道德

【水平目标】

水平一

体验集体活动和个人活动的区别

比较并尝试说出与他人一起活动和独自活动的区别；按顺序轮流使用同一运动场地或设备。

在体育活动中尊重他人

在游戏活动中表现出对他人的尊重和关心；不妨碍他人参加游戏或运动。

水平二 在体育活动中表现出合作行为

体验并说出个人在参加团队游戏时的感受；知道在集体性体育活动中如何与他人合作；与他人合作完成体育活动任务。

水平三

在体育活动中表现出对弱者的尊重与关爱

在体育活动中尊重与关爱运动能力弱的同伴；在体育活动中尊重与关爱身心障碍者。

表现出与社区活动的联系

参加社区体育活动，如校外体育俱乐部、培训班等；说出或写出参加社区体育活动的情况。

水平四 理解不同运动角色的任务，识别体育中的道德行为

在体育比赛中，与同伴合理分配角色；指出体育活动中的不道德行为。

水平五 表现出良好的体育道德和合作精神

在体育活动中不故意伤害他人；正确处理体育活动中竞争与合作的关系；正确处理"场上对手"与"场外朋友"之间的关系。

水平六　关心社会的体育和健康问题

了解国家有关体育与健康的主要法规；积极为社区体育与健康活动服务。

（二）学会获取现代社会中体育与健康知识的方法

【水平目标】

（水平一、水平二未涉及）

水平三　了解体育与健康资源

从报刊中获取体育与健康的知识；从电视节目中获取体育与健康的知识；知道附近的体育场所及其用途。

水平四　简单评价媒体的体育与健康信息

知道一些体育名人并能对他们进行简单的评价；简单评价一两个体育节目或栏目。

水平五　具有通过互联网获取体育与健康知识和方法的能力

知道通过互联网获取体育与健康方面知识的一般方法；通过互联网获取体育与健康方面的知识。

水平六　选择和利用互联网资源为体育与健康实践服务

对有关体育与健康的网站进行比较和评价；运用互联网制订和改进体育锻炼、健康、娱乐或旅游等计划。

第四部分　实施建议

一、教学建议

（一）地方和学校课程实施方案的制订

1. 正确认识与把握体育与健康课程目标体系

《标准》根据"健康第一"的指导思想，适应社会需求、素质教育和学校、学生的实际情况，结合课程特点构建了五个领域、三个层次的课程目标体系。三个层次的递进关系为：课程目标—领域目标—水平目标。

《标准》以目标的达成来统领教学内容和教学方法的选择。各地、各校和教师可以选择多种不同的内容、采用多种不同的形式和方法达成课程学习目标。

体育与健康课程的目标体系包括运动参与、运动技能、身体健康、心理健康、社会适应五个方面。这一目标体系充分体现了体育与健康课程以身体练习为主的特点和身体、心理、社会的三维健康观。在实施《标准》时，要全面关注五个学习领域的目标，特别要加强对心理健康和社会适应这两个新的学习领域的研究，以促进课程目标的实施。

2. 结合各地实际情况制订地方课程实施方案

我国地域辽阔，地区间差异很大，为了便于各地根据本地区的实际情况实施《标准》，《标准》对教学内容并没有作出明确、具体的规定。各省、自治区、直辖市教育行政部门应根据《标准》，并结合本地区的具体情况，制订出本地区的课程实施方案，报教育部备案并在本地区范围内组织实施。

3. 针对各校实际编制学校课程教学方案

根据各省、自治区、直辖市实施国家课程的方案，各校应结合当地课程资源、本校特点和学生的兴趣爱好，认真编制符合本校实际的教学方案并组织实施。

在制订教学方案时，应该注意以下几点：（1）根据五个学习领域的目标制订学年教学目标。在确定学年教学目标时，既要有运动参与、运动技能和身体健康的目标，也要有心理健康和社会适应的目标。（2）根据"健康第一"的指导思想以及学校场地、器材的条件来确定每个学年的教学内容及各项教学内容的时数比例。（3）根据年级教学目标和教学内容的安排制订年度教学计划。（4）根据年度教学计划制订学期教学计划和单元教学计划。（5）根据学期教学计划和单元教学计划，制订课时计划。

（二）教师教学方案的制订

1. 根据学习目标的要求选择和设计教学内容

《标准》构建了本门课程的学习目标体系和评价原则，对完成课程目标所必需的内容和方法只是提出了一个大体范围，各地、各校、教师和学生都有相当大的选择余地。另外，由于《标准》对学生情意和健康方面的要求比较具体，教师必须全面地学习和领会《标准》的精神，理解每个学习领域各水平目标以及达到水平目标的学习要求，从地区、学校和学生的实际出发，以学生的发展需要为中心，而不是以运动项目或教师为中心来选择和设计教学内容，这样才能全面地贯彻《标准》的精神。

2. 选择教学内容的基本要求

根据各学习领域的领域目标和水平目标，以及体育与健康课程的基本理念，教学内容的选择要符合以下要求：（1）符合学生身心发展、年龄和性别特征；（2）运动形式活泼，能激发学习兴趣；（3）具有健身性、知识性和科学性；（4）对增强体能、增进健康有较强的实效性；（5）简单易行。

为了适应学生的身心特征，提高学生的学习兴趣，可以对一些竞技运动项目进行适当的改造，如简化规则、降低难度等。同时，也可以根据实际情况，在课堂教学中引入一些学生喜爱的新兴运动项目。在少数民族地区或其他有条件的地区，还应该挑选、整理一些民族民间体育活动项目引入课程教学，以增加学生对民族传统文化的了解程度和自豪感。

3. 确定教学内容时数比例的原则

体育与健康课程的课时，1~2年级每周4学时，3~6年级和7~9年级每周3学时，高中1~3年级每周2学时。但《标准》没有规定各个学习领域内容的时数比例，在制订教学计划时，可以根据以下原则来确定教学内容的时数比例。

（1）实践性原则

本课程是以增进学生身心健康为主要目的的实践性课程，要保证绝大多数教学时间用于体育活动实践。只有让学生经常参与体育活动，他们的身体才能得到很好的发展，心理健康水平和社会适应能力才能得到进一步的提高。要避免用过多时间在课堂上给学生讲授体育与健康知识的现象。在充分保证体育实践课的前提下，也可以安排一定时数的室内教学来讲授体育与健康的有关知识。

（2）灵活性原则

应按照教学内容的性质、作用和难易程度安排教学时数，并根据学生达成学习目标的状况，及时调整教学时数和进度。

（3）综合性原则

每一堂课的教学都应指向多种教学目标。教学中不仅要重视学生运动技能和知识的掌握，更要关注学生的心理发展和社会适应能力的提高。教师要创设一些专门的情境，以保证心理健康和社会适应学习目标的实现。

4. 教学内容的组合和搭配

体育与健康课程的教学可采用教学单元的形式进行。特别在1~6年级的低、中年级，主要是打好体能和技能的基础，可采用复式单元进行教学，即一个单元可采用两项或两项以上的教学内容。7年级以上可多采用单一教学单元进行教学，即一个单元一项教学内容，这样有利于集中时间，使学生较全面地掌握该项运动技能。每个单元的教学时数不宜太少，小单元多内容的学习方法一般不利于运动技能的掌握和身体的发展，也不利于学生学习兴趣的提高。

高中阶段的单元教学时数可更长一些，如专项选择课可以半学期或一个学期为一个教学单元，也可考虑按校运动会或校内联赛的周期来安排教学。

（三）教学组织形式的选择

1. 班级教学与分组教学

体育与健康课程教学可根据需要采用全班练习、分组练习等形式。在分组的形式上，可以按相同的水平分组，也可以按不同水平分组。分组可以相对稳定，也可根据教学需要随时调整。采用什么分组形式进行教学，要根据学生的需要和教学条件而定。

1~6年级一般可采用按自然班上课的形式，到了7~9年级，特别是高中，可按年级男、女生分班上课。学习某些内容（如健美操等），也可以考虑采取男、女生合班上课的形式，以利于激发学生的兴趣和表现欲，活跃课堂气氛。高中学生可根据自己的条件和兴趣选择学习内容，可按年级分专项班进行上课，其他如选项式分组、友伴型分组、帮教式分组、按兴趣爱好分组以及随机分组、同质分组（以技能水平或体能水平较为接近为分组依据）、异质分组（以技能水平或体能水平差异、学习能力差异为分组依据），也可打破年级界限，按学生实际达到的水平层次进行分组等形式，都可以酌情选用。体育教师也可发挥自己的创新能力，创造独特的组织教学形式。

中学阶段可以根据自愿和兴趣的原则让学生组成课外体育俱乐部或锻炼小组，将课内学习和课外锻炼结合起来，以利于满足学生的兴趣爱好和促进运动技能水平的提高。专项可以一年选择一次，以便学生获得多种运动体验，并在多种体验的过程中发现、发展自己的运动天赋和特长。课外体育俱乐部或锻炼小组应由学生自己决定其组织形式、活动内容、时间和负责人。教师应对课外体育俱乐部或锻炼小组进行指导。学校可以组成由教师指导的、学生自行管理的学生体育协会，统一协调和管理全校学生课外体育俱乐部、锻炼小组的活动。

2. 组织教学的灵活性

在教学中，要根据学生的情况区别对待，避免那种不管学生是否已经掌握学习内容，只按计划安排上课的机械做法。在学习一项内容时，如有的学生已较好地掌握了该项内容的动作，可以在教师的指导下练习其他动作，或让其协助教师指导别的同学练习，以便调动学生学习的积极性和主动性。

（四）教学方法的改革

在注意选择适当的教学组织形式的同时，必须高度重视教学方法的改革。

1. 加强对学生学法的指导

教学过程是师生交往、共同发展的互动过程。只研究教师的教法，不重视学生学法的研究和探索，不利于调动学生的积极性，提高教学质量。因此，要注重学生的学法研究，引导学生学会学习。

（1）提高学生自学、自练的能力。教师要指导学生学会看图和根据动作示意图进行模仿练习，提倡学生在模仿中学习，并鼓励他们提高自学、自练能力。

（2）教师要给学生营造合作学习的氛围。在学生自学、自练的基础上，可以组成学习小组，让学生相互观察、相互帮助、相互纠正，使学生在合作学习的氛围中，提高发现错误和改正错误的能力，不断提高动作质量，并在合作学习过程中发展社会交往能力。

（3）教师要为学生提供机会，培养他们的创造力、竞争力以及迎接挑战的能力。在教学过程中，有些教学内容教师可以只提要求，不教方法，让学生自己去尝试学习。

（4）通过布置适当形式的家庭作业，培养学生的锻炼习惯以及对社会健康问题的责任感。

（5）有条件的学校教师可发挥信息技术的优势，指导 7 年级以上的学生收集和综合信息，使信息技术成为学生的学习工具。

（6）发扬教学民主，经常听取学生的意见，与学生一起研究和改进教学方法，让学生以适当的方式对教、学过程和结果进行评价。这样既可以把学生的智慧和力量融入到教学过程中来，又可以使师生在互动的过程中加深理解，不断改进教学工作。

2. 加强教法研究，提高教学质量

由于《标准》大大拓宽了原来体育课的学习领域，这对担任体育与健康课程的教师提出了更高的要求，完全沿袭原来体育课的教法显然不能满足《标准》的要求，如何在教学中加强对学生心理健康和社会适应能力的关注，促进学生运动兴趣的保持和良好行为习惯的养成，是教师应该特别注意研究的重点。

1～6 年级的教学可根据学生自制力和理解力相对较差、情绪变化较大而身心发育快的特点，采用主题教学、情景教学、复式教学等方法，充分发挥游戏活动的作用，激发学生的运动兴趣。同时，要加强对新的教学内容和方法的研究，以进一步提高教学效果。

二、课程评价

课程评价是通过系统地收集课程设计、课程组织实施的信息，依据一定的标准和方法进行价值判断的活动。课程评价的主要目的是对课程设计和组织实施的科学程度进行诊断，并确定课程目标的达成程度。它是不断完善课程建设的重要依据和途径。课程评价包括对学生的学习、教师的教学和课程建设三方面的评价。课程评价过程一般包括四个步骤。

1. 确定评价的目标。根据《标准》和具体评价任务，确定评价目标、评价对象和评价内容。

2. 选择评价的方法。依据评价目标、评价内容，确定评价的指标和评价的方法。

3. 收集评价所需要的信息。依据评价目标、评价方法的要求，具体进行观察、测量等，收集教学相关的信息。

4. 依据标准进行评价。依据一定的标准，对所收集的信息进行价值判断和解释，并及时反馈给评价对象，用于改进和指导以后的教或学。

（一）学习评价

1. 学习评价的目的

了解学生的学习情况与表现，以及达到学习目标的程度；判断学生学习中存在的不足及原因，改进教学；为学生提供展示自己能力、水平、个性的机会，并鼓励和促进学生的进步与发展；培养与提高学生自我认识、自我教育的能力。

2. 学习评价的重点

本《标准》的目标、内容与以往相比有较大变化，因此，学习评价的重点也相应有所变化。

体育与健康课程学习评价的重点

不太强调	比较强调
评价与遗传因素相关较大的体能等	评价与教学过程较为相关的态度、行为等
评价体育与健康知识的记忆	评价对体育与健康知识的理解和运用
评价单个运动技术掌握的水平	评价运动技术的运用和运动参与程度
仅评价最终成绩	既评价最终成绩，又评价学习过程和进步幅度
仅由教师进行外部评价	学生在学习过程中的自我评价、互相评价和教师评价相结合

3. 学习成绩评定建议

体育与健康课程学习成绩评定是对学生的学习表现以及达到学习目标的程度进行的判断与等级评定。

（1）学习成绩评定的内容

体能——各学习水平相关的体能项目。

知识与技能——对体育与健康的认识，科学锻炼的方法，体育技战术知识与运用能力，有关健康知识的掌握与运用。各学习水平相关的运动技能水平及运用情况。

学习态度——学生对待学习与练习的态度，以及在学习和锻炼活动中的行为表现。

情意表现与合作精神——学生在体育学习中的情绪、自信心和意志表现，对他人的理解与尊重，交往与合作精神。

（2）学习成绩评定的标准

体育与健康课程学习的评定应采用绝对性标准与相对性标准相结合的方法进行，如在体能成绩评定中可参照《学生体质健康标准》，结合每一位学生的基础及提高的幅度进行评定。运动技能成绩的评定，可采用定量评定与定性评定相结合的方法进行。

（3）学习成绩评定方法的建议

根据学生年龄、学段的特点，体育与健康课程学习成绩评定方法应有区别。建议1~2年级采用评语制，3~12年级采用等级评定制，也可以将等级评定与评语式评定结合使用。学生体育学习成绩的评定还应重视建立学生成长记录袋，学生成长记录袋可以收录学生在体能和运动技能方面的发展、学生学习态度和行为的变化等方面的有关资料。学生成长记录袋既有助于促进学生的自主学习，也有利于教师、家长更好地了解和指导学生的学习。

（4）学习成绩评定形式的建议

学生学习成绩评定不仅要有教师参与，同时也要重视学生的自我评定和相互评定。

学生自我评定——学生对自己的运动技能、学习态度、情意表现与合作精神等进行的综合评定。

组内互相评定——学生对组内各个成员的运动技能、学习态度、情意表现与合作精神等进行的综合评定。

教师评定——依据学生的学习目标达成度、行为表现和进步幅度等，考虑学生自我评定与组内互相评定的情况，教师对学生的学习成绩的四个方面（体能、知识与技能、学习态度、情意表现与合作精神）进行综合评定。

随着学生学段的升高，应更重视学生自我评定和相互评定的作用。

（二）教师教学评价

教师教学评价是课程评价的重要内容。运用恰当的评价理论和方法对教师的体育教学活动和结果进行评价，是提高教学质量的重要手段。

1. 评价的目的

教师教学评价的目的，是通过客观、公正、及时、可靠地评定体育教师教学工作的质量和效果，发现教学活动中的优点和不足，提供具体、准确的反馈信息以帮助教师改进教学工作，促进教师自身的发展和教学水平的不断提高。

2. 评价的内容

教师教学评价包括对教师完成各方面工作的数量、质量和价值的评定。本《标准》所要求的教师教学评价，是指对教师专业素质和课堂教学两方面的综合评价。

（1）教师专业素质评价

体育教师的专业素质评价，应包括对教师职业道德、教学能力和教育科研能力三方面的考核评价。职业道德主要是指教师的敬业乐业精神以及对学生的热爱和尊重。

教学能力主要包括对《标准》、教学内容的领会和掌握程度；对现代教育教学理论和教学方法的掌握及运用程度；从事体育教学所必需的基本技能；激发和保持学生运动兴趣、促进学生形成体育锻炼习惯的能力；运用计算机和多媒体辅助教学以及开发和运用体育资源的能力等。教育科研能力主要包括学习能力和研究能力。

（2）课堂教学评价

课堂教学评价的目的是通过注重发展性的评价促进教学工作的不断改进。

课堂教学评价的内容包括教学目标、教学的组织和课的结构、教学内容的质与量、师生间的交流和关系、教学技巧和授课能力以及教学目标的实现程度等。

教师教学评价既可用于对某一堂课的即时性评价，也可用于进行阶段性课程或整个课程的评价。

评价时应关注教学活动的有效性，即教学活动对达成教学目标的有效程度。同时，教学评价不但应注意教师教学行为的评价，还应该特别注意对学生在学习过程中的反应和学习前后变化的评价。

3. 评价的形式

教师教学评价主要采用教师自我评价和学生评价的形式进行，同时也可采用同行评价、专家评价和学生成绩分析等多种评价形式。评价时可根据《标准》的要求和实际情况，针对专业素质和课堂教学两方面的内容制定适当的量表，做到定量评价与定性评价相结合。

4．评价的组织实施

教师专业素质的综合评价主要由领导和教师本人进行，同时采用同行评价的形式。一般可每学年进行一次。

教师的即时性自我评价，可以采用每堂课后在教学日志或教案上作简要评述的方式进行；由学生、同行或专家进行的即时性评价，可采用随机方式在每学期进行若干次；阶段性或课程教学实施的总体评价应在即时性评价的基础上，由学校组织至少每学期进行一次，并将评价结论和整改建议及时反馈给被评教师本人。

（三）课程建设评价

1．评价的目的

课程建设评价是依据学校教育的总目标和体育与健康课程的任务，对国家、地方和学校三级课程进行的周期性评价。评价的目的是对体育与健康课程的执行情况进行分析评估，发现课程内容和课程实施中存在的问题和不足，以及时调整课程内容，改进教学和教学管理，促进课程的不断完善。

2．评价的内容

课程建设评价主要对以下方面的情况进行分析评估：是否制定了课程规范性文件（包括课程实施计划、课程实施方案、班级教学计划）以及这些规范性文件的完善程度；是否建立了课程及教材的审查管理制度和课程评价制度以及这些制度的实行情况；课程体系、课程结构的完善程度和课程内容的先进性；教材建设评价，包括教材建设的完善程度，教材在使用中表现出的优点和不足，教师、学生和学科专家对教材设计和编写的反应等；课程实施保障状况，包括合格师资配备、师资培训、场地器材和经费方面的保障状况等；课程目标的达成度。

3．评价方法与组织

《标准》是评价的基本依据。国家和省、自治区、直辖市的课程建设评价，由教育部组织进行。地、市、县级行政区的课程建设评价，由省、自治区、直辖市教育行政部门组织进行。学校的课程建设评价由市、县及县级行政区教育行政部门组织进行。

在进行地方和学校课程建设评价时，首先由被评地区和单位组织自评，然后由上一级教育行政部门进行检查验收。被评地区、单位应写出自评结论和整改意见，评价部门应提出评价结论和整改建议，并及时反馈给被评地区和单位，以促进课程建设的发展。

在评价过程中，应充分重视学生的反应，包括学习结果和学生的评价意见，重视社会有关方面特别是家长的评价意见。

三、课程资源的开发与利用

积极利用和开发课程资源是顺利实施课程的重要组成部分，因地制宜地开发利用各种课程资源，可以发挥课程资源应有的教育优势，体现课程的弹性和地方特色。

《标准》在课程内容上具有很大的选择性，为学校、教师创造性地实施《标准》提供了可能。课程资源的开发与利用，应从以下几方面着手：

（一）人力资源的开发

学校教育活动的直接参与者是教师和学生，在体育与健康课程实施过程中，除了体育教师，还应注意开发和利用班主任、有体育特长的教师和校医等人力资源，充分发挥他们的作用。此外，应充分调动学生的主动性和积极性，发挥体育特长生的骨干作用，例如请他们作示范、当辅导员等。

在校外还可发挥社会体育指导员的作用，请他们辅导学生进行体育活动。在家庭，应充分发挥家长对学生的体育活动进行督促、帮助的作用。

（二）体育设施资源的开发

体育场地、器材是加强素质教育，提高体育教学质量，增进学生健康的物质保证。国家已制订了各级学校体育器材设施配备目录，各地学校应争取有计划、有步骤地逐步配齐，并在原有的基础上逐步改善。对现有体育设施应充分发挥应有的作用，同时要努力开发它们的潜在功能。

1. 发挥体育器材的多种功能

体育器材一般都具有多种功能，例如：栏架可以用来跨栏，也可以用作投射门，还可以用作钻越的障碍等；利用跳绳可以做绳操、斗智拉绳等。只要转换视角和思维方式，就可以开发出常用器材的许多新功能。

2. 制作简易器材

各地学校可以结合本校实际，制作简易器材，改善教学条件。例如：用废旧的铁锹杆、锄把等制作接力棒，用废旧的竹竿和橡皮筋制作栏架，用废旧的足球、棉纱和沙子等制作实心球，用废旧的棕垫、帆布制作沙袋，用木块制作起跑器，用树桩制作"山羊"，用砖头、水泥或石块砌成乒乓球台，用砖头、木板、竹竿代替球网等。

3. 改造场地器材，提高场地利用价值

可以把学校成人化的场地器材改造成适合中小学学生活动的场地器材，例如：降低篮球架高度，降低排球网高度，缩小足球门，缩小足球、排球、篮球的场地等。

4. 合理布局学校场地器材

学校场地器材的布局，应当既要满足教学的需要，又要满足课外体育活动和校内比赛的需要；既要方便组织，又要方便教学活动；既要确保安全，又要保证学生有地方活动；要形成相互依托、互为补充的多功能活动区。

5. 合理使用场地器材

应当根据本校和周边环境合理规划、充分利用空地，使学生能进行安全、适宜的体育活动。学校要加强场地器材和周边环境的协调、管理工作，安全地、最大限度地提高场地器材使用率，同时要加强场地器材的保养工作，合理地使用有限的财力、物力，使每一件设施都能起到尽可能大的作用。例如：在课余时间对学生开放体育场地，安装多向篮球架，因地制宜设计自然地形跑道等。

（三）课程内容资源的开发

1. 现有运动项目的改造

现有运动项目资源十分丰富，要大力开发，以适应和满足中小学学生的实际需要。各地学校和教师应根据学生的年龄和身心发展情况加强对现有运动项目的改造工作，这是课程设计的重要内容，也是教师发挥主导作用的重要方面。这里所说的运动项目改造，主要是指简化规则、简化技战术、降低难度要求、改造器材等。

2．新兴运动项目的引用

根据本地、本校的实际情况，在教学中适当选用健美、攀岩、现代舞等新兴运动项目。

3．民族、民间传统体育资源的开发

我国是一个多民族国家，民族体育文化源远流长，体育与健康课程应当大力开发和利用宝贵的民族、民间传统体育资源，如蒙古族的摔跤、藏族的歌舞、维吾尔族的舞蹈、朝鲜族的荡秋千、锡伯族的射箭、彝族的射弩、白族的跳山羊以及踢毽子、滚铁环、抽陀螺等。

（四）课外和校外体育资源的开发

1．课外体育资源的开发

这里所说的课外泛指早晨上课前、课间和课外体育锻炼时间等。各地要开展课前和课间体育锻炼活动，可以把课间操时间延长到 20～30 分钟，开展大课间体育锻炼活动，改变课前和课间只做广播操的单一活动内容，增加防治脊柱侧弯操、眼保健操、跑步、球类活动、民间体育、游戏活动等内容。各地学校应抓好课外体育锻炼和校内体育比赛，应保证学生每天不少于一小时的体育锻炼时间。班级、锻炼小组或课外体育俱乐部是课外体育锻炼的基本组织单位。锻炼内容可以由锻炼小组或班级确定，学生也可以自选锻炼内容。

2．校外体育资源的开发

校外体育资源包括：家庭体育活动；社区体育活动和竞赛；区、县、镇的体育活动和竞赛；少年宫体育活动；业余体校训练；体育俱乐部活动；节假日体育活动和竞赛，如：传统节日中的元旦拔河、长跑，春节的秧歌、舞狮，元宵节的骑竹马、太平鼓、跳百索、抖空竹，清明节的踏青郊游、放风筝，端午节的旅游、赛龙舟，重阳节的登高等，再如：学校假日中的体育夏令营、体育冬令营、春游等，以及校定节日中"体育节""游戏节""舞蹈节""传统项目节""健康节"等。

（五）自然地理课程资源的开发

我国地域宽广，幅员辽阔，地况地貌千姿百态，季节气候气象万千，蕴藏着丰富的课程资源，应注意大力开发和利用。

利用空气，可以进行有氧运动，如散步、慢跑、有氧操等。利用阳光，可以进行日光浴。利用水，可以进行游泳、温泉浴等。

春季可以开展春游、远足，夏季可以开展游泳、沙滩排球，秋季可以开展爬山、越野跑，冬季可以开展滑冰、滑雪。

利用江河湖海，可以进行水上安全运动。利用荒原，可以进行步行拉练、野营等。利用雪原，可以滑雪、滑雪橇、滚雪球、打雪仗等。利用草原，可以骑马、武术等。利用森林山地，可以进行安全的定向运动、攀爬活动。利用山地丘陵，可以进行登山运动和开展有氧耐力运动。利用沟渠田野，可以进行越野跑、跳跃练习等。利用海滩或沙地，可以进行慢跑、沙滩排球、沙滩足球等。利用沙丘，可以进行沙疗、爬沙丘、滑沙等活动。

（六）体育信息资源的开发

充分利用各种媒体如广播、电视、网络，获取体育信息，不断充实和更新课程内容。由于地区间的差异性极大，在条件相对较差的学校，也可以利用教学挂图、黑板绘制简图等提高教学效果。

四、教材编写

教材是教学活动的基本工具。编写中小学体育与健康教材，必须依据本《标准》，全面理解新的课程理念，充分体现课程性质和课程价值，根据课程目标和内容标准构建富有特色的教材体系。

（一）教材编写的原则

1. 教育性原则

教材编写要贯彻国家的教育方针，体现素质教育的精神，有利于全面提高学生的素质，有利于对学生进行爱国主义、集体主义和社会主义的教育。

2. 健康性原则

教材编写要有利于学生了解和掌握体育与健康的有关知识和技能，使学生通过科学的体育锻炼增进身心健康和社会适应能力。

3. 兴趣性原则

教材编写要面向全体学生，以学生为中心，依据不同年龄阶段学生身心发展的特征，充分考虑学生已有的经验，并从学生的兴趣、需要和能力出发，激发学生学习、表现和创造的欲望，培养学生积极、主动的学习精神。

4. 发展性原则

教材编写要满足学生终身体育的需要，注意选取对学生终身体育具有重要影响的基础知识、基本技能和活动内容，以利于学生学会学习，并具有一定的自我设计、自我锻炼、自我评价的能力。

（二）教材内容编写建议

1. 教材编写要依据五个学习领域的内容标准，精选与学生身心健康紧密相关的教材内容。

2. 教材要多样化和具有开放性，突出重点，不求面面俱到。教材内容要有利于引导学生独立思考和探索，培养学生的创新精神和创新能力。

3. 教材内容的选择要在继承优秀传统体育文化的基础上吸收现代体育文化。优秀传统体育文化要渗透到体育教材中，现代体育文化更应在教材中得到充分的体现。

4. 教材内容的选择要有利于培养学生的安全意识，有利于学生掌握安全运动的方法。

5. 教材内容应处理好各水平阶段的纵向衔接和与其他相关学科的横向联系，避免不必要的重复，以利于学生循序渐进地学习。

（三）教材的呈现形式和体例

体育与健康教材包括多种载体，除学生课本、教师用书以外还应包括挂图、卡片、图片、幻灯、音像资料、多媒体教材等。其中1～6年级不编写学生课本，7～9年级和高中阶段各编写一册学生课本，但各学段均需编写教师用书。

1. 学生课本

学生课本的用途是在教师指导下供学生自学和实践。因此，课本的版式设计要美观，图文并茂，生动活泼。内容要贴近学生的生活经验，与学生的切身利益紧密相连，激发学生阅读体育与健康教材的兴趣，从而使学生了解和掌握体育与健康的有关知识。

（1）课本内容的呈现要改变以往从概念到概念的叙述形式，要从问题出发，指导学生通过运动实践和观察、思考，自己去获得知识和结论。要给学生留下自主学习的空间，使学生的学习方式有所突破，逐步学会学习。

（2）课本内容的表述要适合学生的认知形式，既科学严谨，又生动活泼，有利于学生阅读和思考。

（3）学生课本体例的建议包括以下几个方面：

课题：应标题鲜明，引人注目；

学习提示：应启发学生思考，引导学生感受课题的价值；

学习内容与方法：应引导学生体验与感受，表现与创造，综合与运用，参与和发展；

练习和自我测评：应引导学生反思、领悟学习内容，评价自己的学习情况，提高学生自我学习、自我评价的能力。

不同版本的学生课本体例可各具特色。

2. 教师用书

教师用书是课程教材的重要组成部分，主要内容应包括：

（1）教学目标、教学特点、教学方法、需要注意的事项和教学评价；

（2）课堂活动设计；

（3）对教学内容的扩充和深化，以及其他必要的补充知识和背景知识；

（4）学年、学期、单元、课时教学计划案例。

教师用书的内容应与学生用书相对应。

二、体育与健康课程标准概要解读

《标准》是国家整个基础教育课程改革的一个重要组成部分，是由国家教育部颁布的小学体育课程的指导性文件。它规定了中小学体育课程的性质、目标、内容标准和评价等，体现了国家对中小学生在体育课程方面的基本要求，是课程管理和评价的基础，也是教学与评估的依据。

（一）课程基本理念

《标准》提出了体育与健康课程改革的四个基本理念：

（1）"坚持健康第一的指导思想，促进学生健康成长"充分显示了体育与健康课程以促进学生身体、心理和社会适应整体健康水平的提高为目标，关注学生健康意识和行为的养成，强调要将增进学生的健康这一理念贯穿于课程实施的全过程。

（2）"激发运动兴趣，培养学生终身体育的意识"说明了无论是教学内容的选择还是教学方法的创新，都要关注学生的运动兴趣，因为只有激发和保持学生的运动兴趣，才能使学生自觉、积极地进行体育锻炼。从某种意义上讲，关注学生的运动兴趣比关注学生的技能掌握更重要。

（3）"以学生发展为中心，重视学生的主体地位"强调课程要满足学生的需要和重视学生的情感体验，重视学生学习主体地位的体现，只有这样，学生的学习积极性和学习潜能才能得到充分发挥，学生的体育学习能力才能提高。

（4）"关注个体差异与不同需求，确保每一个学生受益"强调课程要充分注意到学生在身体条件、兴趣爱好和运动技能等方面的个体差异，根据这种差异性确定学习目标和评价方法，这样可保证绝大多数学生能完成课程学习目标，使每个学生都能体验到学习和成功的乐趣。学生如果不能完成课程学习目标，经常体验体育学习的失败，他（她）就不会喜欢体育课，也就不会主动参与体育活动。

（二）新课程标准的框架

第一部分：前言。结合体育与健康课程的特点，阐述课程改革的背景、课程性质、基本理念和该标准的设计思路。

第二部分：课程目标。按照国家的教育方针及素质教育的要求，从知识与技能、过程与方法、情感态度与价值观三个方面阐述本门课程的总体目标和学段目标。

第三部分：内容标准。具体阐述课程在运动参与、运动技能、身体健康、心理健康和社会适应五个学习领域的内容标准，用明确的行为动词描述了学生在经历一定阶段的学习后应达到的结果。

第四部分：实施建议。为确保国家课程标准能够在全国绝大多数学生身上实现，《标准》中提供了推广或实施这一标准的建议，包括教与学的建议、评价建议、课程资源的开发与利用建议和教材编写建议等。

此外，附录部分阐述了本学科实施应该注意的一些问题及教学建议、术语解释及案例。

（三）课程性质

《标准》指出：体育与健康课程是一门以身体练习为主要手段、以增进中小学生健康为主要目的的必修课程，是学校课程体系的重要组成部分，是实施素质教育和培养德智体美全面发展人才不可缺少的重要途径。它是对原有的体育课程进行深化改革，突出健康目标的一门课程。

从性质的定位来看，《标准》有以下几层含义：

（1）通过怎样的实践活动来达到所提出的健康目标，强调该课程的实施是以学生的身体练习实践为主来达到健康目标。

（2）体育与健康课程是全面发展教育的一个重要组成部分，强调了体育与健康课程对人的全面发展的作用与价值。《标准》是对原有的体育课程改革的深入，突出健康目标，强调"健康第一"的指导思想，隐含着对各种体育教学观念（体能论、技能论、手段论、目的论等）整合的意图，从而达成健康目标。

（3）从《标准》对体育与健康课程的性质定位来看，虽然该课程命名为体育与健康，但并不是将体育课程与健康教育课程合并的一门课程。它关注的是学生如何通过体育实践活动增强体能，掌握基本的体育与健康的知识和技能，形成坚持体育锻炼的习惯和良好的生活方式，提高身体、心理和社会适应等整体健康水平，从而达成《标准》所提出的健康目标。同时，它也十分重视课程对于促进学生全面发展的重要作用，强调课程的健身和育人的功能和价值。

（4）以往人们常常认为体育课程的价值主要体现在学生获得运动知识和技能以及增强体质方面，而《标准》除重视这些方面外，还十分重视本课程对于促进学生的心理健康和社会适应能力方面的作用。例如，在论及课程对于提高学生心理健康水平的价值时，《标准》指出：学生通过本课程的学习，在经历挫折和克服困难的过程中，提高抗挫折能力和情绪调节能力，培养坚强的意志品质；在不断体验进步或成功的过程中，增强自尊和自信心。由此可见，《标准》十分重视开发本课程的多种功能，体现了本课程的多种价值。

（四）课程目标体系

《标准》展示了一个新的课程目标体系（图 2-1），包括课程目标—领域目标—水平目标，形成了逐步递进的目标体系。课程目标是指学生通过学习与活动所要达到的预期学习结果，是体育与健康课程教学的出发点和归宿，决定着体育与健康课程的方向与过程。课程目标对于教师的教学和学生的学习具有导向和激励作用，是选择体育与健康课程内容、运用相应的教学方法和教学组织形式、评价体育与健康课程教学质量的重要依据。

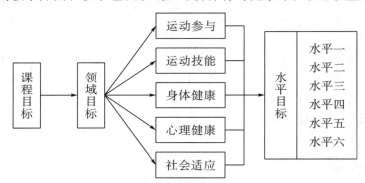

图 2-1　体育与健康课程目标体系

课程内容是指为了实现体育与健康课程目标而采用的各种身体练习、运动技能和体育知识的总和，是实现体育与健康课程目标的手段。课程内容的选择与组织要以课程目标为依据，充分考虑课程内容的科学性、多样性、趣味性、可接受性和可替代性等。

根据基础教育阶段体育与健康课程教学的阶段性特点，认真研究《标准》水平一至水平四的运动参与、运动技能、身体健康、心理健康和社会适应五个学习领域的目标与内容体系，是 1～9 年级体育教师有效实施体育与健康课程教学的重要基础。

基础教育阶段课程目标是通过整个小学阶段和初中阶段的体育学习来达成的。各学段课程目标的差异并不体现在学习领域的不同，而是体现在运动参与、运动技能、身体健康、心理健康和社会适应这五个学习领域的目标所要求达到的水平及其具体表现上存在差异。也就是说，各学段的课程目标主要体现在水平目标的不同，水平目标的差别引起教学内容的差别。《标准》根据基础教育阶段学生的身心发展规律和体育教学特点，将基础教育阶段的学习划分为四个水平（水平一：1～2 年级；水平二：3～4 年级；水平三：5～6 年级；水平四：7～9 年级），并提出了每个水平的具体目标和内容标准。

（1）课程目标（总体目标）。

义务教育阶段的体育与健康课程目标：①增强体能，掌握和应用基本的体育与健康知识和运动技能；②培养运动兴趣和爱好，形成坚持锻炼的习惯；③具有良好的心理品质，表现出人际交往能力和合作精神；④提高对个人健康和群体健康的责任，形成健康的生活方式；⑤发扬体育精神，形成积极进取、乐观开朗的生活态度。

上述五个方面的课程目标是相互联系、相互融合的，这是课程理念对学生学习要求的明确体现，既反映了身体健康、心理健康和社会适应的三维健康观，又重视了智力因素和非智力因素的协调统一，更显示了科学与人文相协调的新课程观对学生提出的新要求。

（2）领域目标（具体目标）。

领域目标是课程目标的具体描述和体现，两者在精神实质上是完全一致的。将领域目标进行分类，有利于教师实施课程标准。领域目标的分类在小学、初中和高中没有区别，都包括了运动参与、运动技能、身体健康、心理健康和社会适应五个方面。

（3）水平目标。

各个学段体育课程领域目标的不同要求并不表现在分类上，而是表现在水平目标上。确定水平目标的依据是各学段学生身心发展特征和学习内容的特点。《标准》将小学的 6 个年级划分为 3 个学习水平。

（五）学习领域的划分

《标准》根据三维健康观、体育本身的特点以及国外课程发展的趋势，将不同性质的学习内容划分为运动参与、运动技能、身体健康、心理健康和社会适应五个学习领域。五个学习领域实际上由两条主线组成：一条是身体活动主线，另一条是健康主线。在健康这一主线中，也有一些实体的教学内容和活动作支撑。虽然《标准》将不同性质的学习内容划分为五个学习领域，但五个学习领域是一个相互联系的整体，每个领域都不能脱离其他领域独立实现课程目标。各个学习领域的学习目标主要是通过身体练习达成的，不能将五个学习领域隔离开来进行教学，更不能理解成身体健康、心理健康和社会适应三个学习领域的目标主要是通过课堂知识教育来实现的。当然，有些体育与健康的知识可以利用室内课堂教学来讲授或指导学生阅读体育与健康课本中的有关内容。

总之，五个学习领域的划分真正体现了体育与健康课程的性质和"健康第一"的指导思想，有利于课程目标的实现，有利于发挥体育与健康课程健身育人的功能。

（六）学习水平的划分

《标准》是按照水平来划分学段的，即水平一、水平二和水平三分别对应 1～2 年级、3～4 年级和 5～6 年级，水平四对应初中，水平五对应高中，水平六为发展性水平。按水平划分学段主要是考虑到学生发展和各地、各校情况的差异性。

划分学习水平是有益处的。首先，各校可以根据实际情况灵活地安排体育与健康课程的教学内容及其时间，例如，《标准》设置了水平一学生应达到的目标，但并未规定学生是在一年级还是二年级达到这一目标。因此，各个学校完全可以根据实际情况安排适宜的教学时间、选择具体的教学内容等，从而努力使每一个学生达成学习目标。其次，学习水平的划分有利于调动学校和学生的积极性，因为《标准》鼓励条件较好的学校和成绩较优异的学生在达到某一水平目标的前提下，将高一级的水平目标作为本学习阶段学生的发展性目标，从而使学生得到更好的发展。

（七）以目标统领内容

《标准》将每一个学习领域的目标细分为若干个水平目标，并对如何达到某一水平目标提出了若干活动建议或内容建议，而不是规定。这就给学校、教师和学生留有很大的选择余地，这表明不管选择什么内容、采用何种方法，只要有助于达成学习目标就行。这样做的好处正是充分考虑到各地、各校的差异和实际情况，从而使课程标准的操作性和适应性大大增强。

（八）重视课程资源的开发

我国经济发展水平较以前上了一个台阶，但在教育投入方面存在着不均衡的现象，各校的体育教学条件差距还很大，一些边远地区、农村的学校甚至没有体育设施和场地。因此，《标准》积极倡导各校努力开发校内外的体育课程资源，以使学生达到国家课程标准所提出的目标要求。

这里有必要提及学习目标的普适性问题。所谓普适性，就是学习目标对不同地区的广泛适应性。这意味着体育场地和设备并不是实现学习目标最重要的因素，也意味着学校和教师完全可以根据实际情况选择不同的教学内容，采取不同的教学方法，促使学生达成学习目标。例如，对于提高学生的有氧耐力水平这一目标，有条件的学校可以让学生在塑胶跑道上进行跑步练习，没有条件的学校可以采用跳绳、在田间跑步等方式发展学生的有氧耐力。总之，学校应该采取积极的态度充分利用各种体育资源，力求达成体育教学目标。

体育资源一般包括人力资源、体育设施资源、教学内容资源和自然资源等。就教学内容资源而言，今后的学校体育课堂中可能不再是"清一色"的传统竞技运动项目，一些民族民间或新兴的运动项目将进入体育课堂教学中。因此，校本特色体育与健康课程建设就有了更多的选择。

（九）课程评价方法的改革

课程评价是促进课程目标实现和课程建设的重要手段。《标准》力求淡化评价的甄别、选拔功能而强化其激励、发展功能，并根据这样的原则对教学评价提出了相应的建议。

《标准》强调建立评价内容多元化、评价方式多样化的评价体系。在评价方式上，既注重终结性评价，也注重过程性评价；既有教师对学生的评价，也有学生自评和互评。在评价内容上（对学生而言），既注重对学生体能和技能的评价，又注重对学生态度、心理和行为的评价，努力使评价内容与课程目标相一致。

课程评价的最终目的是促进学生更好地学、教师更好地教，使他们在体育与健康课程的教学过程中不断进步和发展，而不是将学生或教师分出具体的等级。

三、新课程标准的主要特征

（1）课程标准的水平目标主要是对学生在经过某一学段之后的学习结果的行为描述，

而不是对教学内容的具体规定（如教学大纲或教科书）。

（2）课程标准是国家和地方制定的某一学段共同的、统一的基本要求，而不是最高要求。

（3）对学生学习结果的行为描述是可理解、可达到、可评估的，而不是模糊不清、可望而不可即的。

（4）课程标准隐含着教师不是教科书的执行者，而是课程的开发者，即教师是"用教材教，而不是教教材"。

（5）课程标准的范围涉及作为个体发展的三个领域：认知、情感和动作技能，并力图在课程目标、内容标准和实施建议中全面体现"知识与技能、过程与方法、情感态度与价值观"三位一体的课程功能，从而促进学校体育教学重心的转移。

（6）突破学科中心。精选终身学习必备的基础知识和技能，密切联系教学内容与学生的生活。

（7）改善学习方式。通过加强过程性、体验性目标，以及对教材、教学、评价等方面的指导，引导学生主动参与，合作探究，发展获得新知识和新技能的能力、交流合作的能力，提高身心健康水平。

习题：

1. 国际基础教育体育与健康课程改革所形成的三种典型模式各自的主要特征是什么？
2. 简述我国体育课程标准的历史沿革。
3. 我国体育与健康课程标准的理念是什么？
4. 我国体育与健康课程标准的设计思路是什么？
5. 新课程标准的主要特征是什么？

参考文献：

［1］唐宏贵，张江南，李双成，等. 俄罗斯学校体育的新进展［J］. 北京体育大学学报，2000，23（1）：79－81.

［2］王皋华. 体育新课程设计［M］. 北京：高等教育出版社，2003.

［3］徐仲林，徐辉. 基础教育课程改革理论与实践［M］. 成都：四川教育出版社，2003.

［4］中华人民共和国教育部. 全日制义务教育体育（1～6年级）体育与健康（7～12年级）课程标准［M］. 北京：北京师范大学出版社，2001.

第三章　我国体育与健康课程目标与内容

内容提要：各学段体育与健康课程目标的差异并不体现在学习领域的不同，而是体现在运动参与、运动技能、身体健康、心理健康和社会适应这五个学习领域目标所期望达到的水平及其具体表现上存在差异。由于各学段水平目标不同，因而各水平目标统领下的课程内容也不同。基础教育阶段将体育学习分为四个水平，并提出了每个水平的具体目标和内容标准。本章介绍了体育与健康课程标准的目标体系，解析了水平一至水平四体育与健康课程各学习领域目标的水平目标和内容标准及教学内容的选择。（由于小学阶段学生没有体育课本，因此本章对1～6年级的体育内容标准及教学内容的选配进行了较为详细的阐述）

第一节　1～2 年级体育课程目标与内容解析

一、1～2 年级体育课程领域目标解析

（一）运动参与学习领域

1～2 年级的学生很难全面地理解体育活动对于个体发展的促进作用，因此，对体育活动很难表现出自觉的态度与行为。他们参加体育活动往往只是因为对体育活动本身感兴趣，或者只是为了和同伴一起玩耍。对体育活动本身的兴趣或者与同伴一起玩耍的这种参与感是他们参与体育活动的动力。该学段的学习兴趣是随后各学段体育学习的重要基础。1～2 年级的学生活泼、好动，教师应根据学生的身心发展特点，选择生动、活泼，符合该学段儿童身心发展的内容，并采用灵活的教学方法，不断地激发和保持学生参与运动的兴趣，使他们乐于参加各种体育活动。

1～2 年级体育课程在运动参与学习领域的目标是"具有积极参与体育活动的态度和行为"。

对 1～2 年级的学生在"具有积极参与体育活动的态度和行为"方面期望达到的水平目标是"对体育课表现出学习兴趣"。当学生达到目标时，具体表现为：乐于参加各种体育活动；认真上好体育课。

（二）运动技能学习领域

1～2年级的学生模仿动作的能力很强，对各种体育活动充满了新鲜感和好奇心，对运动学习具有强烈的直接动机。该学段是基本运动技术学习的大好时机，学生刚刚开始接触正规的运动技术，教学中要充分考虑他们的身心发展特征。该学段的学生注意力集中时间短，且常常与新奇事物联系在一起；另外，小肌肉群尚未充分发展，完成动作的精细化程度不高。教师应将各种简单的运动技术动作的学习融于充满乐趣、生动活泼的、以游戏为主的过程之中，使学生在"玩"中学。教师应采用形象直观、灵活的教学方法使学生掌握多种简单的技术动作，为以后的运动技能学习奠定基础。教学过程中切忌过分强调技术细节、成人化与训练化。

对1～2年级的学生在"学习和应用运动技能"方面期望达到的水平目标是"初步掌握简单的技术动作"。当学生达到目标时，具体表现为：在球类游戏中做出单个动作，如拍球、投篮、运球等；做出基本体操的动作；做出单一的体操动作，如滚翻、劈叉等；模仿简单的舞蹈或韵律活动动作；做出地域性运动项目中的简单动作，如水中行走、水中漂浮、冰上行走等。

（三）身体健康学习领域

1～2年级体育课程在身体健康学习领域的目标有三个。

1. 形成正确的身体姿势

1～2年级是学生形成正确身体姿势的最佳时期，因此，在该学段的体育教学中，应采用各种具体、形象的手段与方法，使学生能够辨别正确的身体姿势与不良的身体姿势，并知道身体姿势对身体健康具有重要的影响。在此基础上，通过基本体操、舞蹈等多种身体练习，培养学生形成正确的身体姿势。在这个过程中，应采用多样化的内容、手段和方法，不宜只采用单一的队列队形练习。

对1～2年级的学生在"形成正确的身体姿势"方面期望达到的水平目标是"注意正确的身体姿势"。当学生达到目标时，具体表现为：能指出坐、立、行时正确和不正确身体姿势的区别；能说出处于正确和不正确身体姿势时的感受；努力改正不正确的身体姿势。

2. 发展体能

体能是人类适应生活、工作、学习等活动应具备的各种身体能力。1～2年级是发展基本运动能力和协调能力的最佳时期，他们对各种体育运动具有浓烈的兴趣和新鲜感。应通过多种游戏化的活动发展学生的走、跑、跳、投、攀爬、平衡等多项基本运动能力，为随后各学段的体育学习乃至终身体育活动奠定良好的体能和技能基础。

对1～2年级的学生在"发展体能"方面期望达到的水平目标是"发展柔韧、反应、灵敏和协调能力"。当学生达到目标时，具体表现为：学习实际生活中的移动动作，如走、跑、跳、攀爬等；随同集体完成各种必要的操练，如队列练习、广播操等；在游戏或基本运动中进行多种移动、躲闪、急停、跳跃的练习；在投掷或球类游戏中进行各种挥动、抛掷、转体的练习；从事发展柔韧的各种动力性练习。

3. 具有关注身体健康的意识

1～2 年级的学生受生活经验和知识水平的限制，对自己的身体与健康的认识尚处于懵懂状态。对身体健康的价值和意义，往往是通过具体的感受来认识的。因此，通过1～2年级体育课程教学，应使学生知道身体各部位的名称、方位，并开始关注自己身体的变化，为其身体健康意识的形成奠定基础。

对 1～2 年级的学生在"具有关注身体健康的意识"方面期望达到的水平目标是"知道身体各部位的名称和自己身体的变化"。当学生达到目标时，具体表现为：知道身体各主要部位的名称；辨别左右、前后、上下的方位；定期测量和记录自己身高、体重的变化。

（四）心理健康学习领域

三维健康观是世界卫生组织（WHO）在 1948 年提出的，对健康的定义是"健康不仅是没有疾病和不虚弱，并且在身体、心理和社会各方面都处于完美的状态"。现代健康观非常重视心理健康与其他方面的协同作用，强调身体、心理和社会适应各方面的完美状态。

1～2 年级体育课程在心理健康学习领域的目标有两个。

1. 学会通过体育活动等方法调节情绪

1～2 年级的学生情感体验非常直接且外显，他们在体育学习和游戏活动中会逐渐地认识到成功、进步、退步与失败的情绪体验是迥然不同的，也逐渐开始意识到体育学习和游戏活动与自己的情绪体验存在着某种关联。

1～2 年级的学生在体育学习与活动过程中往往带有直接、具体、深刻、强烈而外显的情绪变化，他们在成功、进步、得到认可与赞扬时，其乐融融；在失败、退步、没有得到认可或遭到批评时，神情沮丧。他们经常在情绪的两极之间转换，还不懂得有意识地运用体育活动来调节自己的情绪。

对 1～2 年级的学生在"学会通过体育活动等方法调节情绪"方面期望达到的水平目标是"说出自己在体育活动中的情绪表现"。当学生达到目标时，具体表现为：体验并简单描述进步或成功时的心情；体验并简单描述退步或失败时的心情。

2. 形成克服困难的坚强意志品质

1～2 年级的学生，尤其是 1 年级的新生，面临的是一个完全陌生的环境，尽快地使他们适应环境是该学段的学生适应学习生活的首要问题。体育教师应鼓励并有效地引导学生与陌生的同学一起进行体育学习和游戏活动。通过在一起玩耍，逐渐地相互熟悉，进而逐步建立、形成良好的伙伴关系。对环境的适应能力是形成坚强意志品质的重要基础和前提条件，而体育学习和游戏活动正是培养儿童适应新环境最有效的途径。

对 1～2 年级的学生在"形成克服困难的坚强意志品质"方面期望达到的水平目标是"在体育活动中适应陌生的环境"。当学生达到目标时，具体表现为：在陌生的场地进行体育活动和游戏；与陌生的同伴一起参加体育活动和游戏。

（五）社会适应学习领域

1～2 年级体育课程在社会适应学习领域的目标是"建立和谐的人际关系，具有良好的合作精神和体育道德"，具体目标有两个。

1. 体验集体活动和个人活动的区别

对 1～2 年级的学生在社会适应学习领域所期望达到的水平目标之一是"体验集体活动和个人活动的区别"。当学生达到目标时，具体表现为：比较并尝试说出与他人一起活动和独自活动的区别；按顺序轮流使用同一运动场地或设备。

2. 在体育活动中尊重他人

体育学习和游戏活动是在多人同时参与下进行的。"游戏所完成的同化作用，绝大多数属于情感方面，游戏是解决儿童情感冲突的一种手段。"小学体育是以游戏活动为主的，学生在体育学习和游戏活动中可能时常会发生各种情感冲突和矛盾。学生在游戏活动过程中逐渐学会如何处理这些关系，逐渐形成理解他人、关心他人、乐于帮助他人和乐于接受他人的帮助的意识和态度，并能正确对待体育学习和游戏活动中同伴之间的差异，体验尊重和被尊重的感受。学生必须学会与他人共处，而与人共处的基础是相互尊重。

对 1～2 年级的学生在社会适应学习领域所期望达到的水平目标之二是"在体育活动中尊重他人"。当学生达到目标时，具体表现为：在游戏活动中表现出对他人的尊重和关心；不妨碍他人参加游戏或运动。

二、1～2 年级体育课程内容标准解析

根据 1～2 年级的体育课程目标，并结合该学段儿童的身心发展特征，1～2 年级体育学习要以培养基本运动能力和发展协调能力为重点。1～2 年级体育课程目标、内容标准、学习内容选配见表 3－1。

表 3－1　1～2 年级体育课程目标、内容标准、学习内容选配

学习领域	领域目标	水平目标	内容标准	学习内容选配
运动参与	具有积极参与体育活动的态度和行为	对体育课表现出学习兴趣	乐于参加各种体育活动；认真上好体育课	渗透在活动性游戏中
运动技能	学习和应用运动技能	初步掌握简单的技术动作	在球类游戏中做出单个动作，如拍球、投篮、运球等；做出基本体操的动作；做出单一的体操动作，如滚翻、劈叉等；模仿简单的舞蹈或韵律活动动作；做出地域性运动项目中的简单动作，如水中行走、水中漂浮、冰上行走等	活动性游戏、球类游戏、基本活动技巧、武术基本功、韵律活动、游泳、滑冰或滑雪

学习领域	领域目标	水平目标	内容标准	学习内容选配
身体健康	形成正确的身体姿势	注意正确的身体姿势	能指出坐、立、行时正确和不正确身体姿势的区别；能说出处于正确和不正确身体姿势时的感受；努力改正不正确的身体姿势	基本体操，走、跑、跳
	发展体能	发展柔韧、反应、灵敏和协调能力	学习实际生活中的移动动作，如走、跑、跳、攀爬等；随同集体完成各种必要的操练，如队列练习、广播操等；在游戏或基本运动中进行多种移动、躲闪、急停、跳跃练习；在投掷或球类游戏中进行各种挥动、抛掷、转体的练习；从事发展柔韧的各种动力性练习	基本体操，走、跑、跳、投、攀爬练习等
	具有关注身体和健康的意识	知道身体各主要部位的名称和自己身体的变化	知道身体各主要部位的名称；辨别左右、前后、上下的方位；定期测量和记录自己身高、体重的变化	身体各部位的名称
心理健康	学会通过体育活动等方法调控情绪	说出自己在体育活动中的情绪表现	体验并简单描述进步或成功时的心情；体验并简单描述退步或失败时的心情	基本体操，走、跑、跳、投、攀爬练习，活动性游戏
	形成克服困难的坚强意志品质	在体育活动中适应陌生的环境	在陌生的场地进行体育活动和游戏；与陌生的同伴一起参加体育活动和游戏	渗透在活动性游戏中
社会适应	建立和谐的人际关系，具有良好的合作精神和体育道德	体验集体活动和个人活动的区别	比较并尝试说出与他人一起活动和独自活动的区别；按顺序轮流使用同一运动场地或设备	渗透在活动性游戏中
		在体育活动中尊重他人	在游戏活动中表现出对他人的尊重和关心；不妨碍他人参加游戏或运动	渗透在基本体操，走、跑、跳、投、攀爬练习，活动性游戏中

注：引自中华人民共和国教育部，《全日制义务教育体育（1～6年级）体育与健康（7～12年级）课程标准》，北京师范大学出版社，2001年。

（一）活动性游戏类

活动性游戏类教学内容包括比较简单的能够促进身体大肌肉群发展的模仿性练习和球类游戏等。小学中低年级学段主要是打基础，各种完整、独立的运动项目并未出现在教材体系中，而是部分地包含在具有儿童行为特点的活动性游戏中。

与1～2年级学生的身心发展特征相适应，活动性游戏是学生非常喜欢的体育教学内容和形式。"儿童对游戏和竞争行为是倍加关注的……很多人认为，游戏是儿童体验人生的最初方式，可见其教育功能之显要。儿童体育课中的游戏离不开身体活动，是一种与运动项目可以结合起来的活动方式，因此它是儿童将来参加某一项运动项目的准备。儿童游戏的娱乐性应当放置重要的地位，使教育性融于娱乐性，而竞争性则次之，不论输赢，都要乐在其中……应当关注的是，随着儿童年龄的增长，游戏正逐步向独立运动项目的方式转化。"活动性游戏对于促进1～2年级学生的运动参与、身体发展、心理健康水平、智力发展和社会适应能力等方面的提高具有不可替代的地位与作用。皮亚杰从儿童认知发展的角度对儿童游戏进行了研究，并认为儿童游戏并非本能的活动，而是一种积极主动的活动，是随着儿童心理的发展不断完善和发展的。"游戏是真实生活的反映，却并不是真实的生活，它是在假想的情境下反映真实生活的活动，一般所谓'游戏'或'儿戏'都是指不当真的活动。"体育游戏具有综合性特点，主要表现在：①几乎所有的体育项目的练习都可以作为游戏的素材；②几乎所有的体育项目都可以将游戏作为教学手段；③体育游戏能培养与提高身体的基本活动能力。1～2年级的活动性游戏经常采用虚拟的方法，赋予活动某种情节，使学生在某种虚拟情境的游戏活动中扮演某个角色，在游戏活动中释放自我。另外，学生在活动中还会逐渐地学会处理人际关系，增强社会适应能力。

很多身体练习，如身体姿势练习，基本体操，简单的舞蹈和韵律活动，各种走、跑、跳、投、攀爬、平衡练习等，球类活动，均可改造为体育游戏进行教学。

（二）基础运动类

基础运动类教学内容包括：①基本体操（队列队形练习、广播操、身体姿势练习）；②基本活动（走、跑、跳、投、攀爬、平衡等）以及某些运动项目的简单技术动作和简单的动作技术组合等；③表现性活动（简单的舞蹈、韵律活动等）。儿童基本运动能力的提高是拓展其生活范围的必要条件，因此，对基础运动类方面的行为能力应当特别关注。

1～2年级体育教学内容中，基础运动是一些简单的身体基本活动和生活中所需要的实用性动作技能，如基本体操、基本活动以及某些运动项目的简单技术动作等。采用基本运动类教材内容对1～2年级学生进行教学的主要任务是使学生掌握各种基本动作、培养正确的身体姿势、发展身体基本活动能力和培养互助协作能力等。

1. 基本体操

1～2年级适宜学习的基本体操主要有队列队形练习、徒手操和技巧运动，其中技巧运动是以最基础的接近生活的跌滚和滚翻动作为主。通过基本体操来训练学生柔韧、灵敏等方面的体能，发展学生协调、平衡等方面的身体活动技能。

2. 基本活动

基本活动中，"走"主要应通过脚的着地动作、上下肢摆与蹬的协调配合来培养学生良好的走步姿势和身体形态；"跑"主要应通过各种形式的自然跑，初步掌握自然、放松奔跑的方法和形成正确的跑步姿势，发展学生自然奔跑的能力；"跳跃"主要以一些简单的单脚跳、双脚跳和基本的跳跃来培养学生基本的跳跃技能；"投掷"应以简单的自然投掷动作（如左右上肢的单手投、双手抛投等）来培养学生爆发性用力的意识和技能；"攀爬"可用爬绳梯、爬杆，也可以降低攀爬的难度，将"梯子"改造成"桥（横梯）"来培养学生的攀爬技能；"平衡"主要以各种带有加减速的运动和旋转运动以及在非常态体位的情况下尽量维持身体平衡的活动练习来发展平衡能力。

3. 表现性活动

儿童具有强烈的表现欲，儿童的模仿活动具有强烈的神情表现。模仿动物、模仿机械、模仿成人是儿童的天性；在音乐的感染中做动作既是情感的表达，又是能力的施展，还是体力的释放。因此，各种模仿练习、舞蹈、韵律活动和武术的初级形态均可归为表现性活动。通过表现性活动可培养学生的自我表达能力、自信心、自尊心等，对个性的发展和人格的完善具有重要的作用。

基础运动类教学内容的主要作用：①有效地促进该学段学生的平衡能力、反应速度、模仿能力、协调性、柔韧等，使学生的各种体能和技能在敏感期内得到及时有效的发展；②促进学生形成正确的身体姿势，培养正确的审美观和果敢的意志品质；③有利于培养学生的集体主义精神、团结协作意识、人际交往能力。

（三）生命安全技能类

生命安全技能类教学内容包括适应自然、自我保护的必备技能，如游泳、滑冰、躲闪、跌滚和滚翻等。这些技能是应该从小就开始培养的。

1～2年级学生主要是学习游泳、滑冰、滑雪的简单动作，如熟悉水性、水中行走、冰上站立、冰上行走等，以培养学生了解自然、适应自然的能力，锻炼学生的胆量。躲闪技能主要渗透于各种活动性游戏（如打沙包、流星跳等）中。跌滚和滚翻技能的学习主要通过垫上运动（技巧运动）进行。

三、1～2年级体育课程目标、内容标准和学习内容选配

（一）体育课程目标是教学内容选配的导向

1～2年级体育课程目标是指学生通过1～2年级的体育课程学习所要达到的预期结果，也就是期望达到《标准》中的运动参与、运动技能、身体健康、心理健康、社会适应五个学习领域目标之下的"水平一"的目标。这些目标是学生在2年级结束时，在体育课程学习中应该达到的最低要求，因此，这些目标是统领1～2年级体育教学内容的依据，即1～2年级体育教学内容的选配要指向并达成该学段体育课程的水平目标。

（二）学生身心发展特征是教学内容选配的依据

体育教学内容的选配必须依据该学段学生的身心发展特征。

1～2年级学生在身体方面的特征主要表现在以下几个方面：①骨化尚未完成，骨骼比较柔软，容易变形，不易骨折；②肌肉发育尚不完全，含水分较多，蛋白质、脂肪、无机物较少，肌纤维较细，弹性好，肌力弱，耐力差；③在协调性（大脑中枢神经系统的功能至肌肉功能的中介机制）方面，能够完成简单的动作，小肌群发育程度低，尚难掌握精细的技术动作（尤其是手部），上肢力量发展程度低，反应时间比较长；④心脏体积小，仅占成人的三分之一，发育尚不完全，但供血却要满足相当于成人二分之一体积的身体，心率达到每分钟80～90次；⑤呼吸肌不发达，胸廓狭小，肺活量较小，但新陈代谢旺盛，需氧量较大，故而呼吸频率较快。

1～2年级学生在心理方面的特征主要表现在以下几个方面：①大脑迅速发育，高级神经活动过程迅速增强，并趋向平衡发展，分化能力逐渐增强，条件反射易于建立，从而

保证学生能够学习较多的内容；②学习过程中主要依赖第一信号系统，视觉感受性迅速增长，在体育学习中视觉对学习动作的掌握有很大的促进作用，观察能力增强，但观察事物往往注意事物本身的新鲜性和趣味性，其目的性、持续性、概括性较差；③能够掌握一些简单的概念，并具有一定的判断、推理能力，但自觉地调节思维过程的能力较差，擅长具体形象记忆，想象富于模仿性、再现性和虚拟性；④无意注意（没有预定目的，也无须意志努力）占主导，新奇有趣的事物都能吸引他们的注意力，但稳定性差，不能持久；⑤情绪变化常常与具体事物相联系，稳定性差，易于两极转换，并外显，情绪调控能力较差，且常依赖外部因素进行调节；⑥行为缺乏明确的动机与目的，往往按照家长和老师的要求行事，却因自觉性差和意志力弱，需要外在的督促才能完成；⑦自我意识迅速发展，自我评价的批判性差，易于肯定自己的行为；⑧在各种不自觉的模仿中逐渐形成了道德感，在理解道德概念时常常与具体的行为相联系，道德意志薄弱，尚未出现道德信念。

　　1~2年级学生的身心发展特征是选配该学段体育教学内容的根本依据，只有符合学生身心发展特征的教学内容才能促进学生的运动参与、身心发展、技能学习与形成和社会适应能力的增强。在选配教学内容时，要注意以培养学生的协调能力、快速反应能力、动作频率和力量发展的内容为主，并主要以游戏的形式进行教学。特别需要注意的是，该学段的力量练习应采用动力性练习，不宜采用负重和其他形式的大负荷力量练习，并尽可能少地安排静力练习。

　　（三）体育教学内容的多指向性和内容之间的可替代性

　　体育教学内容是达成体育教学目标的载体。不论是活动性游戏类、基础运动类还是生命安全技能类的教学内容，都具有综合性功能，即具有多方面的教育与发展功能。基础教育的各学科中，体育课程与其他课程相比较，其最大的特殊性在于通过身体练习来促进个体的发展。上述三大类教学内容之间并不存在十分严格的先后逻辑顺序，是可以互补的并列关系，在功能上均可促进学生的运动参与、身心发展、技能学习与形成和社会适应能力的增强。只要在达成课程目标的功能方面基本类似，就可以在教学内容之间相互替换。因此，在选配教学内容时要注重其综合功能，对教学内容进行改造和优化，多选用综合性强的教学内容进行体育教学。根据1~2年级体育课程目标和学生身心发展特征，除了活动性游戏类教学内容，基础运动类和生命安全技能类教学内容也应尽可能地游戏化改造，并明确地指向该学段的水平目标，贯穿于该学段的整个体育教学过程之中。

补充阅读材料

一、关于学前儿童体育教学

　　1984年，人民教育出版社出版的苏联学者编著的《学前儿童体育的理论和教学方法》较为系统地阐述了0~6岁儿童身体发育的年龄特征和动作发展过程。该书将婴幼儿的大脑神经系统、身体形态与机能、动作发展过程相互联系起来，并在此基础上提出了针对婴幼儿的体育教学的内容、原则和方法。该书提出了一些对体育教师有重大启发意义的观点。在研究神经系统和运动机能的发展联系方面，提出随着中枢神经系统的发育和分化，产生了静态机能和运动机能，而这些机能的产生、发展、巩固是由内部因素和外部因素共同起作用的结果。在研究大脑感受区域与运动机能的相互联系方面，提出幼儿的感受器之间出现了联系，进而形成了复杂的机能体系，各种不同的动作是机能体系的表现之一，并进一步阐述了学前儿童运动分析器的迅速发育和完善，具体表现为1岁的幼儿可以掌握走的动作，在接近2岁时开始了跑步动作，接近3岁时便能跳跃前进，并掌握几乎全部的基本动作。3~7岁时，建立在已经获得运动技能的基础上的条件联系得到巩固，并获得进一步的发展和完善。只要经常进行身体练习和提高肌肉负荷，儿童的动作就会得到更加积极的发展。

二、幼儿投掷动作的发展

在婴儿期和幼儿前期，孩子就已经能够做出简单的接物和抛物动作。幼儿时期就掌握了抛、接、投、拍、击等多种动作。但小、中班的幼儿所掌握的投掷动作还很少，动作不协调，有多余动作，力量小、不准确。例如，3~4岁的幼儿接别人抛来的皮球时，不能正确判断来球的速度和力量，掌握不了正确的接球动作，肩、臂肌肉紧张，有时怕被球打着，在接球时眨眼，因此常常把球漏掉或让球打在胸部，如果来球偏离胸腹前，他们常常是看着球飞走而不会主动地去"找"球。做肩投动作时主要是上肢用力，出手角度很小。左、右手都能学会拍球，但动作的协调性和节奏感很差。随着感知觉和中枢神经系统的迅速发展和有关小肌肉的发展，6岁左右的儿童投掷能力发展较快，他们已经初步掌握传接球、走动拍球、侧面站立肩上投掷技能，有的幼儿还能跳起投球。经常练习投掷的幼儿，动作比较协调有力，肩投动作已能掌握蹬地、转身、挥臂动作，能够做到全身用力，但出手角度一般仍偏小，投掷方向不稳定。幼儿期一般是男孩优于女孩，个体差异较大。

三、幼儿跑步动作的发展

跑步作为人的基本动作技能，伴随着人生的大部分阶段。幼儿跑步动作技能整体发展序列特征（表3-2）大致如下：幼儿在1岁多时开始学习跑步，但最初阶段只是走跑混合的移动方式，这一时期幼儿只有跑的外形，而没有腾空阶段。由于早期身体形态特征和下肢力量薄弱、平衡能力差，跑时有头重脚轻之感，摇摇晃晃，容易摔倒。跑时步幅小、步频快、两脚着地间距宽，这是保持平衡的补偿策略。2岁半以后，幼儿跑步的腾空阶段已很明显，跑步动作仍保留很多早期的特点，步幅小而不均匀，一般为50~60厘米；步频快，每秒4步左右；后蹬角度大，好像跳着跑，落地重；上体较直，多是直臂摆动，摆动幅度小，与腿的动作配合不甚协调；动作紧张，容易摔倒；速度慢，每秒2.5米左右；启动慢，转弯、停下、躲闪障碍都比较费力；跑动方向控制不好，耐力很差。4~5岁儿童跑的能力发展很快，到6岁时，早期跑的特点基本消失，步幅增大，为90~100厘米，但仍保持较高的步频，每秒4步左右；跑步时身体前倾角度接近成人，动作比较协调、放松，启动速度较快，控制能力显著提高；在跑动中转、停、躲闪都比较灵活；速度也较以前有较大幅度提高，主要依靠增大步幅提高跑速，快跑时每秒4米左右。跑的能力个体差异很大，男孩略高于女孩。

表 3-2　"跑"（位移技能）整体发展序列的主要阶段及其特点

第一阶段 高位保护跑	第二阶段 中位保护跑	第三阶段 脚跟—脚趾手臂伸展	第四阶段 手臂有力摆动
手臂高位保护 脚扁平着地 小步子 两脚与肩同宽	手臂中位保护 身体直立 腿接近完全伸直	手臂低位保护 手臂反方向摆动 肘关节几乎完全伸展 脚跟—脚趾着地	脚跟—脚趾着地（前脚掌—脚跟着地） 手臂与腿反方向摆动 脚后跟大幅度动作 肘关节弯曲

注：引自 Greg Payne、耿陪新、梁国立主编，《人类动作发展概论》，人民教育出版社，2008 年，第 241 页。

四、幼儿平衡动作的发展

平衡能力在人一生的动作发展中具有重要的作用。婴儿维持身体平衡的能力很弱，1 岁左右开始行走时往往是同侧手和腿移动，双臂屈肘外展维持身体平衡，动作呈试探性前行。2～3 岁时，走、跑速度慢，身体容易失去平衡，易摔倒。3～4 岁的幼儿在走、跑、跳或遇到障碍躲闪时一般都能保持平衡，但遇到快跑、转弯、急停、跳跃落地等动作时，往往不能及时调节身体平衡，常常摔倒。随着神经系统和机能的发展，5～6 岁的幼儿平衡能力发展很快，锻炼效果也很显著。他们可以比较协调、自然、稳定地走平衡木，而且可以在平衡木上做上下肢动作变换、套圈等动作，进行其他活动也能保持身体姿势，维持平衡。幼儿期间的平衡能力呈现快速提高的趋势，抗眩晕的能力比成人强，一般来说，女孩表现出比男孩更好的平衡能力。

第二节　3～4 年级体育课程目标与内容解析

一、3～4 年级体育课程领域目标解析

（一）运动参与学习领域

3～4 年级的学生，经过 1～2 年级的体育学习，已经具备了一定的基本运动技能，参与体育学习和游戏性活动的能力得到了增强，具有了一定的体育学习能力和活动经验。该学段的学生具有较为强烈的向他人展示自己才能的心理倾向。通过向同伴和家人展示自己学会的运动动作，能够达到促进学生表达、展示自我的能力，增强学生的自我认同感、自信心和自尊心。3～4 年级的学生活泼、好动，教师应根据学生的身心发展特点，选择生动、活泼、符合该年龄段儿童身心发展的内容，采用灵活的教学方法，以不断地激发并保持学生参与运动的兴趣，使他们乐于参加体育学习和各种体育游戏活动。教学过程中切忌教学内容的成人化与竞技化。

3～4 年级体育课程在运动参与学习领域的目标是"具有积极参与体育活动的态度和行为"。

对 3～4 年级的学生在"具有积极参与体育活动的态度和行为"方面期望达到的水平

目标是"乐于学习和展示简单的运动动作"。当学生达到目标时，具体表现为：向同伴展示学会的简单运动动作；向家人展示学会的运动动作。

（二）运动技能学习领域

3～4 年级体育课程在运动技能学习领域的目标有三个。

1. 获得运动基础知识

每一门课程都有各自的核心概念和基本术语。对体育课程中核心概念和基本术语的掌握有助于学生对自己所学的基本动作的认识与理解，形成正确的动作概念，便于与同伴一起交流，提高体育学科素养。

3～4 年级体育课程在"获得运动基础知识"方面期望达到的水平目标是"说出所做动作的术语"。当学生达到目标时，具体表现为：说出所做身体各部位简单动作的术语，如转头、侧平举、体侧屈、踢腿等；说出所做简单的全身动作的术语，如蹲起、踏步、滚动、跳跃等。

2. 学习和应用运动技能

运动技术的合理性依赖于参加工作的肌群的协调程度，而这种协调程度又依赖于神经系统对肌肉合理而精细的支配，即协调能力。掌握一定程度的运动技术是形成运动技能的基础和前提条件。对 3～4 年级的学生，学习和应用运动技能的主要任务：① 进一步发展协调能力，增加运动技术的贮存数量，能够顺利地建立新的运动条件反射、掌握新的技术动作；② 达成该学段运动技能领域的水平目标，并为后续的体育学习奠定基础。

3～4 年级体育课程在"学习和应用运动技能"方面期望达到的水平目标是"会做简单的组合动作"。当学生达到目标时，具体表现为：做出多项球类运动中的简单组合动作；做出体操的简单组合动作；做出武术的简单组合动作；做出舞蹈或韵律活动中的简单组合动作；做出地域性运动项目中的简单组合动作。

3. 安全地进行体育活动

随着学段的升高，学习内容的难度也逐渐增加，运动中潜在的危险性有所增加。因此，学习和掌握安全运动方面的知识非常重要。在 3～4 年级体育课程中设置"安全地进行体育活动"这一目标，是为了通过体育学习、活动使学生知道自己所从事的运动项目、运动环境、运动形式等多方面因素的相互关系，安全地进行运动，避免危险与伤害。

3～4 年级体育课程在"安全地进行体育活动"方面期望达到的水平目标是"知道如何在运动中避免危险"。当学生达到目标时，具体表现为：知道不按规则运动和游戏会导致身体受到伤害；知道在安全的环境中运动和游戏；知道水、冰等潜在的危险因素及避免危险的方法。

（三）身体健康学习领域

3～4 年级体育课程在身体健康学习领域的目标有三个。

1．形成正确的身体姿势

3~4 年级的学生已经能够逐渐认识到身体姿势是自己形象的表征之一，但对于不良姿势与自身健康的相互关系的认识尚处于朦胧阶段，一般不具备十分理性的认识。因此，要在体育教学和体育活动中进一步加强对学生"形成正确身体姿势"的养成教育，促进健康发展。

3~4 年级体育课程在"形成正确的身体姿势"方面期望达到的水平目标是"注意正确的身体姿势"。当学生达到目标时，具体表现为：在日常学习和生活中初步具有正确的身体姿势；在徒手操、队列等练习中保持正确的身体姿势。

2．发展体能

3~4 年级的学生的体能水平随着生长发育，在"水平一"体育学习的基础上已经有了很大的发展，但该学段的学生仍然处于灵敏、协调能力的敏感期。为了促进处于敏感期内的各项体能和相应技能的发展，该学段的体育教学应该通过多种体育游戏、多项运动内容和多种练习形式来发展学生的灵敏性、协调性和平衡能力。

3~4 年级体育课程在"发展体能"方面期望达到的水平目标是"发展灵敏、协调和平衡能力"。当学生达到目标时，具体表现为：通过多种游戏发展位移速度和动作的灵敏性；通过多种练习形式（如各种跳跃游戏和跳绳等）发展跳跃能力；通过多种练习形式发展平衡和协调能力。

3．具有关注身体健康的意识

与 1~2 年级的学生相比，3~4 年级的学生由于生活经验和知识的增长，对于身体和健康的价值有了一定程度的认识，并能够在通过具体、形象感受和认识自己身体的基础上进行简单的比较与分析。在关注自己身体的变化、分析和比较的基础上，更加关注自己的身体和健康状况，并初步形成了"关注身体和健康的意识"。

3~4 年级体育课程在"具有关注身体健康的意识"方面期望达到的水平目标是"描述身体特征"。当学生达到目标时，具体表现为：说出身体各主要部位的功能；描述自己的身体特征；比较自己与同伴的身体特征。

（四）心理健康学习领域

3~4 年级体育课程在心理健康学习领域的目标有四个。

1．了解体育活动对心理健康的作用，认识身心发展的关系

体育课程学习对心理健康的影响主要在于体育活动时的各种情感体验以及学生对自己情绪的调节。教学中要培养学生关注自己在体育学习、活动中的心理状态。只有在了解自己心理状态的基础上，学生才能意识到体育学习、活动会对自己的心理状态产生影响，进而培养学生通过体育活动来调节自己的心理状态的行为习惯。

3~4 年级体育课程在"了解体育活动对心理健康的作用，认识身心发展的关系"方面期望达到的水平目标是"体验体育活动中的心理感受"。当学生达到目标时，具体表现

为：体验参加不同项目运动时的心理感受，如紧张、兴奋等；体验体育活动中身体疲劳时的心理感受。

2. 正确理解体育活动与自尊、自信的关系

体育活动对建立个体的自信心、自尊心，增强自我效能感有十分积极的作用。3～4年级的学生往往将自己在体育活动中的能力视为展示自我、表达自信和自尊的主要途径之一。

3～4年级体育课程在"正确理解体育活动与自尊、自信的关系"方面期望达到的水平目标是"在体育活动中具有展示自我的愿望和行为"。当学生达到目标时，具体表现为：在体育活动中努力展示自我；对体育活动表现出较高的热情。

3. 学会通过体育活动等方法调控情绪

3～4年级的学生已经能够初步体验到体育活动与情绪的关系，该学段儿童的情绪仍然具有鲜明的外显特征。学生能够简单地描述自己在体育活动中的情绪体验，同时还能通过观察其他同伴在体育活动中的情绪表现，加深对体育活动中情绪变化的感知与理解，有利于为进一步有意识地调控情绪提供认知基础。

3～4年级体育课程在"学会通过体育活动等方法调控情绪"方面期望达到的水平目标是"观察并说出同伴在体育活动中的情绪表现"。当学生达到目标时，具体表现为：观察并说出同伴进步或成功时的情绪表现；观察并说出同伴退步或失败时的情绪表现。

4. 形成克服困难的坚强意志品质

对于3～4年级的学生来说，既要继续培养运动兴趣，也要塑造品性。在体育教学、体育游戏活动中应该让他们体验到克服一定困难之后所特有的成就感。

3～4年级体育课程在"形成克服困难的坚强意志品质"方面期望达到的水平目标是"在一定的困难条件下进行体育活动"。当学生达到目标时，具体表现为：参加较剧烈的游戏或运动时，在身体有轻微难受感觉的情况下坚持完成运动任务；不害怕与比自己"强大"的同伴一起游戏和运动。

（五）社会适应学习领域

合作精神和角色意识是一种良好的心理品质和社会实践能力。人的本质属性在于社会属性。在一个团队中，每个成员都被赋予特定的角色，需要各成员之间合作、共处。在体育教学、体育游戏活动中存在大量的多边活动，需要同伴之间相互合作。同时，体育学习和体育游戏活动也为学生提供了丰富多彩的角色类型，为学生充当不同的角色和增强合作意识提供了大量的机会和场所。可见，体育活动对个体的社会化有极大的促进作用。

3～4年级体育课程在社会适应学习领域的目标是"建立和谐的人际关系，具有良好的合作精神和体育道德"。

3～4年级体育课程在"建立和谐的人际关系，具有良好的合作精神和体育道德"方面期望达到的水平目标是"在体育活动中表现出合作行为"。当学生达到目标时，具体表现为：体验并说出个人在参加团队游戏时的感受；知道在集体性体育活动中如何与他人合作；与他人合作完成体育活动任务。

二、3～4 年级体育课程内容标准解析

根据 3～4 年级的体育课程目标，并结合该学段儿童的身心发展特征，3～4 年级体育学习要以培养基本运动能力和发展协调能力为重点。3～4 年级体育课程目标、内容标准、学习内容选配见表 3-3。

表 3-3 3～4 年级体育课程目标、内容标准、学习内容选配

学习领域	领域目标	水平目标	内容标准	学习内容选配
运动参与	具有积极参与体育活动的态度和行为	乐于学习和展示简单的运动动作	向同伴展示学会的简单运动动作；向家人展示学会的运动动作	结合活动性游戏、球类游戏、技巧、武术、体操、民族民间体育活动，舞蹈、韵律活动，游泳、滑冰或滑雪等
运动技能	获得运动基础知识	说出所做动作的术语	说出所做身体各部位简单动作的术语，如转头、侧平举、体侧屈、踢腿等；说出所做简单的全身动作的术语，如蹲起、踏步、滚动、跳跃等	活动性游戏、球类游戏、技巧、武术、体操、民族民间体育活动，舞蹈、韵律活动，游泳、滑冰或滑雪等项目的基本动作
	学习和应用运动技能	会做简单的组合动作	做出多项球类运动中的简单组合动作；做出体操的简单组合动作；做出武术的简单组合动作；做出舞蹈或韵律活动中的简单组合动作；做出地域性运动项目中的简单组合动作	球类运动、体操、民族民间体育活动、舞蹈、韵律活动、游泳、滑冰或滑雪，徒手操、队列队形练习、速度和灵敏性游戏，各种发展跳跃能力的练习、多种发展平衡能力的练习，多个项目基本动作或简单的组合动作
	安全地进行体育活动	知道如何在运动中避免危险	知道不按规则运动和游戏会导致身体受到伤害；知道在安全的环境中运动和游戏；知道水、冰等潜在的危险因素及避免危险的方法	结合球类运动、体操、民族民间体育活动、舞蹈、韵律活动、游泳、滑冰或滑雪，活动性游戏，各种发展跳跃能力的练习、多种发展平衡能力的练习等进行
身体健康	形成正确的身体姿势	注意正确的身体姿势	在日常学习和生活中初步具有正确的身体姿势；在徒手操、队列等练习中保持正确的身体姿势	基本体操、基本运动、游戏活动等
	发展体能	发展灵敏、协调和平衡能力	通过多种游戏发展位移速度和动作的灵敏性；通过多种练习形式（如各种跳跃游戏和跳绳等）发展跳跃能力；通过多种练习形式发展平衡和协调能力	基本体操、基本运动、游戏活动等
	具有关注身体健康的意识	描述身体特征	说出身体各主要部位的功能；描述自己的身体特征；比较自己与同伴的身体特征	基本体操、基本运动、游戏活动等

续表3-3

学习领域	领域目标	水平目标	内容标准	学习内容选配
心理健康	了解体育活动对心理健康的作用，认识身心发展的关系	体验体育活动中的心理感受	体验参加不同项目运动时的心理感受，如紧张、兴奋等；体验体育活动中身体疲劳时的心理感受	渗透到各种体育学习活动中
	正确理解体育活动与自尊、自信的关系	在体育活动中具有展示自我的愿望和行为	在体育活动中努力展示自我；对体育活动表现出较高的热情	结合球类运动、体操、民族民间体育活动、舞蹈、韵律活动、游泳、滑冰或滑雪，活动性游戏，各种基本运动、各种发展跳跃能力的练习、多种发展平衡能力的练习等进行
	学会通过体育活动等方法调控情绪	观察并说出同伴在体育活动中的情绪表现	观察并说出同伴进步或成功时的情绪表现；观察并说出同伴退步或失败时的情绪表现	
	形成克服困难的坚强意志品质	在一定的困难条件下进行体育活动	参加较剧烈的游戏或运动时，在身体有轻微难受感觉的情况下坚持完成运动任务；不害怕与比自己"强大"的同伴一起游戏和运动	
社会适应	建立和谐的人际关系，具有良好的合作精神和体育道德	在体育活动中表现出合作行为	体验并说出个人在参加团队游戏时的感受；知道在集体性体育活动中如何与他人合作；与他人合作完成体育活动任务	结合球类运动、体操、民族民间体育活动、舞蹈、韵律活动、游泳、滑冰或滑雪，活动性游戏，各种基本运动、各种发展跳跃能力的练习、多种发展平衡能力的练习等进行

注：引自中华人民共和国教育部，《全日制义务教育体育（1～6年级）体育与健康（7～12年级）课程标准》，北京师范大学出版社，2001年。

（一）活动性游戏类

活动性游戏类教学内容包括比较简单的能够促进身体大肌肉群发展的模仿性练习和球类游戏等。3～4年级学段主要是打基础，各种完整、独立的运动项目仍然未出现在教材体系中，而是部分地包含在具有儿童行为特征的活动性游戏中。

（二）基础运动类

基础运动类教学内容包括：①基本体操（队列队形练习、广播操、身体姿势练习）；②基本活动（走、跑、跳、投、攀爬、平衡等）以及某些运动项目的简单技术动作和简单的动作技术组合等；③表现性活动（简单的舞蹈、韵律活动等）。该学段内，基础运动类的比重有所增加，但仍然以渗透到各种活动性游戏中为主。需要指出的是，该学段的教学内容标准涉及某些正规运动项目的简单技术动作和简单的动作技术组合，但独立的正规运动项目尚未出现在内容标准中，教师在实施教学的过程中要注意对正规运动项目技术的学习进行游戏化加工和改造。

3～4 年级体育教学内容中，基础运动仍然是一些简单的身体基本活动和生活中所需要的实用性动作技能，如基本体操、基本活动以及某些运动项目的简单技术动作，是在 1～2 年级教学内容基础上的进一步强化。此外，还要求学习和掌握多个项目的基本动作或简单的组合动作。

（三）生命安全技能类

生命安全技能类教学内容包括适应自然、保护生命必备的各种技能，如游泳、滑雪、滑冰、躲闪、跌滚、滚翻和钻穿等。教学内容是在 1～2 年级教学内容基础上的强化，还明确提出了要知道如何在运动中避免危险。

三、3～4 年级体育课程目标、内容标准和学习内容选配

（一）体育课程目标是教学内容选配的导向

3～4 年级体育课程目标是指学生通过 3～4 年级的体育课程学习所要达到的预期结果，也就是期望达到《标准》中的运动参与、运动技能、身体健康、心理健康、社会适应五个学习领域目标之下的"水平二"的目标。这些目标是统领 3～4 年级体育教学内容的依据，即 3～4 年级体育教学内容的选配要指向并达成该学段体育课程的水平目标。

（二）学生身心发展特征是教学内容选配的依据

体育教学内容的选配必须依据该学段学生的身心发展特征。

与 1～2 年级的学生相比，3～4 年级的学生在身体方面的特征主要表现在以下几个方面：①生长发育迅速，该学段的学生身高每年增长 5 厘米左右，体重每年增长 2.5 千克左右，男女生生长发育的差别很小，身体各部分的比例差别很小；②肌肉发育尚不完全，含水分较多，蛋白质、脂肪、无机物较少，肌纤维较细，弹性好，肌力弱，耐力差，骨化过程尚未完成，骨骼柔软易变形；③在协调性（大脑中枢神经系统的功能至肌肉功能的中介机制）方面，骨骼肌有了一定程度的发展，能够比较顺利地完成简单的动作，小肌群开始发育，上肢力量发展程度低，但掌握精细技术动作的能力有所增强；④心脏体积有所增大，但心脏发育仍然不完全，为了满足旺盛的新陈代谢的需要，安静心率达到每分钟 80 次以上；⑤胸廓狭小，呼吸肌不发达，肺活量较小，但新陈代谢旺盛，需氧量较大，故而呼吸频率较快，每分钟达 20 多次。

与 1～2 年级的学生相比，3～4 年级的学生在心理方面的特征主要表现在以下几个方面：①大脑进一步发育，高级神经活动过程进一步增强，并趋向平衡发展。各种条件反射容易建立，形成后也较为巩固，不易泛化，具有较强的分化能力。"当涉及某一动作的身体各部分开始承担他们在动作执行中更加成熟的职责时，分化就发生了"，因而能够保证

他们学习更精细的动作技能。②学习过程中，对第一信号系统的依赖程度有所减弱，但第一信号系统仍然起着相当重要的作用。在观察、了解环境事物的过程中，各种直观感受还是占有重要的地位，但观察事物的目的性、持续性有了明显的提高，概括性明显增强。学生的空间定向（对自身的身体姿态、位置和运动状况的判断）能力大大提高。③掌握概念的能力增强，对于身体方位能够熟练地应用。能够逐渐地掌握较为抽象的概念，除了能够对事物进行简单的分析、比较，还开始探求事物内在的联系。有意注意有了较大的发展，能够迅速地将自己的注意力集中到学习内容上来，注意的持续性和稳定性得到了增强。在具有一定的判断、推理能力的基础上，自觉地调节思维过程的能力也逐渐得到了增强。仍然擅长具体形象记忆，想象富于模仿性、再现性。想象的虚拟性有所弱化，逐渐加强了想象与现实的联系。④虽然情绪的变化仍然常常与具体事物相联系，但是已经逐渐开始与抽象的价值相联系。情绪稳定性差，冲动，并外显，行为自控能力处于明显的过渡阶段，部分学生甚至出现行为控制能力下降的情况。⑤行为具有了一定的动机与目的性，能够按照教师的要求去完成学习、活动任务，同时也具有了自己的目的性。自我意识进一步发展，学科兴趣开始出现了分化，逐渐出现了感兴趣的学科，开始思考如何学习才能取得好的效果。⑥道德感增强，在理解道德概念时，不仅与具体的行为相联系，而且与社会标准相联系。道德信念已经萌生，道德意志进一步增强，道德行为的自觉性、稳定性增强，道德情感逐渐开始与社会、集体相联系。

3~4年级学生的身心发展特征是选择该学段体育教学内容的重要依据，只有符合学生身心发展特征的教学内容才能促进学生的运动参与、身心发展、技能形成和社会适应能力的增强。在选配教学内容时，要注意以培养学生的协调能力、快速反应能力、动作频率和力量发展的内容为主。特别需要注意的是，该学段的力量练习应采用动力性练习，不宜采用负重和其他形式的大负荷力量练习，并尽可能少地安排静力练习。教学中无须较多考虑性别差异。

（三）体育教学内容的多指向性和内容之间的可替代性

根据3~4年级体育课程目标和学生身心发展特征，除了活动性游戏类内容，基础运动类和生命安全技能类教学内容也应尽可能地游戏化改造，并明确地指向该学段的水平目标，贯穿于该学段的整个体育教学过程之中。但需要注意的是，该学段活动性游戏的比重有所下降，基础运动类的内容有所增加。

补充阅读材料

动作发展的"关键期"和"敏感期"

先前的研究认为，关键期是指某一特定的行为或技能的获得只发生在一个很短的时间段内。换句话说，动作技能在特定的关键期以后就不能再获得了。

新近的研究表明：关键期是指一个时间阶段，在该阶段中，获得某一经验（或环境刺激）最有可能发展某一特定的行为。但关键期这一概念需要谨慎地应用，不要误以为如果在某一特定的时间点特定的经验没有出现，儿童的动作发展就会受到抑制（Prakash，1984）。对动物的研究（Michle & Moore，1999）结果显示：通过改变环境变量，可能改变某一特定行为的关键期的时间进程。

对于关键期这一概念应该有积极的理解，应该是在某一时间内，某些经验可能是对某些动作技能发展过程最有利的。这就意味着，并非错过了关键期这个动作发展就会完全停止或者不再发生，而是在某一时期缺少合适的或足够的经验，可能导致发展的延迟、缺陷或不熟练。关键期的概念显示的是在人生早期阶段缺少合适的或足够的经验，比在人生的后期阶段缺少合适的或足够的经验的负面影响更大一些（Gallahue，1989）。

可见，关键期并不是绝对的时间段，固定不变地在某一点开始，另一点告终。某些外界的因素可能导致关键期的改变，使其过程发生相应的变化，但仍然可以达到发展的目标。当代的观点认为，不存在一个具有高度明晰的时间结构或阶段需要导致技能必须发展，而存在一个较宽泛的时间段，在这一时段中发展某一技能最容易达到目标（Seefeldt，1975）。因为这些原因，"关键期"这个术语已经在大量的文献中被"敏感期"所取代，以涵盖比较大的时间段。但是，关键期的概念仍然提醒我们在动作技能的发展中经验的重要作用。在人生早期提供丰富经验的机会，对于促进典型的或高级的动作发展是很关键的。

（该材料摘自 Greg Payne、耿陪新、梁国立主编，《人类动作发展概论》，人民教育出版社，2008 年，第 73 页）

第三节　5~6 年级体育课程目标与内容解析

一、5~6 年级体育课程领域目标解析

（一）运动参与学习领域

5~6 年级的学生，经过了水平一和水平二的体育学习，已经具备了一定的基本运动技能。同时，参与体育学习、活动的能力得到了增强，具有了一定的体育学习能力和活动经验。该学段的学生能够根据已有的经验和体育知识去主动观察、评价同伴的动作，并乐于主动地示范所学的动作。这正是该学段的学生参与体育学习的重要特征。在该学段的体育教学中，教师应根据学生的这一特征，相应地加大多项基本运动技术的学习，并进一步加强基本活动能力的培养，不断地激发并保持学生参与体育学习、活动的兴趣。

5~6 年级体育课程在运动参与学习领域的目标是"具有积极参与体育活动的态度和行为"。在这一方面，期望学生达到的水平目标是"主动参与运动动作的学习"。当学生达到该目标时，具体表现为：主动观察和评价同伴的运动动作；示范所学的运动动作。

（二）运动技能学习领域

5~6 年级体育课程在运动技能学习领域的目标有三个。

1. 获得运动基础知识

每一门课程均有各自的核心概念和基本术语。对体育课程中核心概念和基本术语的掌

握有助于学生对所学的基本动作的认识与理解，形成正确的动作概念；有利于学生在体育学习时将身体活动与积极的思维相结合，提高学习效率；便于学生之间交流学习经验。

5～6年级体育课程在"获得运动基础知识"方面期望达到的水平目标有：

（1）"知道所练习运动项目的术语"。当学生达到目标时，具体表现为：知道球类运动技术术语，如投篮等；知道体操动作术语，如前滚翻等；知道武术动作术语，如马步冲拳等；知道舞蹈或韵律活动动作术语，如舞蹈中的跑跳步等；知道田径动作术语，如起跑等。

（2）"观看体育比赛"。当学生达到目标时，具体表现为：观看现场体育比赛和表演；观看电视中的体育比赛和表演。

2. 学习和应用运动技能

运动技术的合理性依赖于参加工作的肌群的协调程度，而这种协调程度又依赖于神经系统对肌肉合理而精细的支配，即协调能力。掌握一定程度的运动技术是形成运动技能的基础和前提条件。5～6年级的学生学习和应用运动技能的主要任务是进一步发展协调能力，增加运动技能的贮存数量，促进顺利地建立新的运动条件反射，掌握新的技术动作，便于水平四以及后续的体育学习。

5～6年级体育课程在"学习和应用运动技能"方面期望达到的水平目标是"初步掌握运动基本技术"。当学生达到目标时，具体表现为：初步掌握多项球类运动中的多种动作技能；初步掌握一两套徒手体操或轻器械体操；初步掌握一套简单的武术套路；初步掌握一套舞蹈或韵律活动动作；初步掌握两三项田径运动技能；初步掌握一两种地域性运动项目的技术。

3. 安全地进行体育活动

随着学段的升高，学习内容的难度进一步增加，运动中潜在的危险性也相应增加。因此，学习和掌握安全运动方面的知识显得尤为重要。在5～6年级体育课程中设置"安全地进行体育活动"这一目标，是为了通过体育学习、活动使学生知道自己所从事的运动项目、运动环境、运动形式等多方面因素的相互关系，加强自我保护意识和对他人负责，培养体育规则意识，安全地进行运动，避免危险与伤害事故的发生。

5～6年级体育课程在"安全地进行体育活动"方面期望达到的水平目标是"说出不同环境中可能面临的危险和避免方法"。当学生达到目标时，具体表现为：了解安全的运动方法，如穿着合适的服装运动、跳跃时用正确的姿势着地、摔倒时的自我保护方法等；正确应对运动中出现的粗暴行为和危险。

（三）身体健康学习领域

5～6年级体育课程在身体健康学习领域的目标有四个。

1. 形成正确的身体姿势

5～6年级的学生已经能够较明确地认识到身体姿势对自己形象的影响。虽然对于不良姿势与自身健康的相互关系的认识较上一学段有了更进一步的提高，但是仍然需要进一步强化。因此，要在体育教学和体育活动中进一步加强"形成正确的身体姿势"的养成教育，促进学生健康发展。

5～6 年级体育课程在"形成正确的身体姿势"方面期望达到的水平目标是"能够用正确的身体姿势进行学习、运动和生活"。当学生达到该目标时，具体表现为：在日常学习和生活中保持正确的身体姿势；在体操、舞蹈或韵律活动等项目的学习中保持正确的身体姿势；在他人的指导下运用适当的体育活动改善身体姿势。

2. 发展体能

5～6 年级的学生的体能水平随着生长发育，在以前体育学习的基础上已经有了较大程度的发展，但该学段仍然处于灵敏、协调能力的敏感期。为了促进处于敏感期内各项体能和相应技能的发展，该学段的体育教学应该通过多种体育游戏、多项运动内容和多种练习形式来发展学生的灵敏性、协调性、平衡能力和基本运动能力。

5～6 年级体育课程在"发展体能"方面期望达到的水平目标是"发展速度和平衡能力"。当学生达到目标时，具体表现为：利用器械做跨越、钻过和绕过一定障碍的练习；从事各种迎面穿梭接力跑的练习；练习各种平衡动作；进行各种有节奏的练习。

3. 具有关注身体健康的意识

与 3～4 年级的学生相比，5～6 年级的学生由于生活经验和知识、技能的增加，对身体健康的价值有了更进一步的认识，并能够在通过具体、形象感受和认识自己身体的基础上进行比较与分析。在关注自己身体的变化、分析和比较的基础上，更加关注自己的身体和健康状况。由此体育课程进一步强化了"关注身体健康的意识"。

5～6 年级的学生与 1～4 年级的学生相比，身体正在发生着显著的变化。

5～6 年级体育课程在"具有关注身体健康的意识"方面期望达到的水平目标是"了解青春期的卫生保健知识"。当学生达到目标时，具体表现为：知道青春期男女生身体特征的变化，正确对待第二性征的出现；关注青春期的健康，如女生注意乳房卫生和经期卫生、男生正确对待手淫和遗精等；初步认识青春期男女生体能方面发生的变化；了解经期科学锻炼的知识。

4. 懂得营养、环境和不良行为对身体健康的影响

5～6 年级体育课程在"懂得营养、环境和不良行为对身体健康的影响"方面期望达到的水平目标如下：

（1）了解营养与健康的关系。当学生达到目标时，具体表现为：知道营养不足或营养过剩对健康的影响；知道主要食物（如蔬菜、瓜果等）的营养价值。

（2）了解从事体育活动时的营养卫生常识。当学生达到目标时，具体表现为：知道参加体育活动应该补充适当的营养素；知道进行体育活动时必须注意的营养卫生常识。

（四）心理健康学习领域

5～6 年级体育课程在心理健康学习领域的目标有四个。

1. 了解体育活动对心理健康的作用，认识身心发展的关系

5～6年级体育课程在"了解体育活动对心理健康的作用，认识身心发展的关系"方面期望达到的水平目标是"体验身体健康状况变化时的心理感受"。当学生达到目标时，具体表现为：体验身体健康变化时注意力、记忆力的不同变化；体验身体健康变化时情绪的不同表现；体验身体健康变化时意志的不同表现。

2. 正确理解体育活动与自尊、自信的关系

伴随着体育学习过程的推进与延伸，学生的体能增强、体格发展，对于学生建立自信心、自尊心，增强自我效能感有十分积极的作用。5～6年级的学生往往将自己在体育活动中的能力视为展示自我、表达自信和自尊的主要途径之一。积极地参加体育学习、活动会极大地提高学生的自尊心与自信心。在这一学段，教师必须注意：大部分女生已经进入生长发育的高峰期，生理方面突如其来的巨大变化可能导致她们内心恐慌；一些体形肥胖、运动能力差、有先天性生理缺陷或患有疾病的学生往往羞于甚至不敢参加体育学习、活动。体育教师一定要进行正面、积极的引导，同时教育其他学生对这些同学要关爱与尊重。

5～6年级体育课程在"正确理解体育活动与自尊、自信的关系"方面期望达到的水平目标是"正确对待生长发育和运动能力弱可能带来的心理问题"。当学生达到目标时，具体表现为：对生长发育的变化（如月经等）采取坦然的态度；消除因身体形态问题（如太胖、太瘦等）可能产生的自卑感；通过积极的体育活动消除因运动能力较弱产生的烦恼。

3. 学会通过体育活动等方法调控情绪

5～6年级的学生已经能够进一步体验到体育活动与情绪的关系，该学段儿童的情绪仍然具有鲜明的外显特征。学生能够简单地描述自己在体育活动中的情绪体验，同时还能通过观察其他同伴在体育活动中的情绪表现，加深对体育活动中情绪变化的认识与理解，有利于为进一步有意识地调控情绪提供认知基础。

5～6年级体育课程在"学会通过体育活动等方法调控情绪"方面期望达到的水平目标是"知道通过体育活动等方法调节情绪"。当学生达到目标时，具体表现为：了解不良情绪对体育活动的影响；了解体育活动对减缓学习压力、消除不良情绪的作用；了解体育活动对产生良好情绪的作用。

4. 形成克服困难的坚强意志品质

对于5～6年级的学生来说，体育课程仍然要以培养运动兴趣为主，同时也要加强品性塑造。该学段体育学习的难度有所增大，必须付出相应体力、意志力和积极思维（包括对正确动作的想象，完成动作的肌肉感觉、空间感觉、时间节奏等），才能达到较好的学习效果。在体育教学活动中应该让学生体验到克服一定困难之后所特有的成就感。

5～6年级体育课程在"形成克服困难的坚强意志品质"方面期望达到的水平目标是"敢于进行难度较大的体育活动"。当学生达到目标时，具体表现为：了解勇敢与蛮干的区

别；在教师指导下敢于做未曾完成的动作；在教师指导下敢于做有一定难度的动作，如支撑跳跃等。

（五）社会适应学习领域

5～6 年级体育课程在社会适应学习领域的目标有两个。

1. 建立和谐的人际关系，具有良好的合作精神和体育道德

5～6 年级体育课程在"建立和谐的人际关系，具有良好的合作精神和体育道德"方面期望达到的水平目标如下：

（1）在体育活动中表现出对弱者的尊重与关爱。当学生达到目标时，具体表现为：在体育活动中尊重与关爱运动能力弱的同伴；在体育活动中尊重与关爱身心障碍者。

（2）表现出与社区活动的联系。当学生达到目标时，具体表现为：参加社区体育活动，如校外体育俱乐部、培训班等；说出或写出参加社区体育活动的情况。

2. 学会获取现代社会中体育与健康知识的方法

5～6 年级体育课程在"学会获取现代社会中体育与健康知识的方法"方面期望达到的水平目标是"了解体育与健康资源"。当学生达到目标时，具体表现为：从报刊中获取体育与健康知识；从电视节目中获取体育与健康知识；知道附近的体育场所及其用途。

二、5～6 年级体育课程内容标准解析

根据 5～6 年级的体育课程目标，并结合该学段儿童的身心发展特征，5～6 年级体育学习要以培养体育兴趣、基本运动能力和发展协调能力为重点。5～6 年级体育课程目标、内容标准、学习内容选配见表 3—4。

表 3—4　5～6 年级体育课程目标、内容标准、学习内容选配

学习领域	领域目标	水平目标	内容标准	学习内容选配
运动参与	具有积极参与体育活动的态度和行为	主动参与运动动作的学习	主动观察和评价同伴的运动动作；示范所学的运动动作	结合活动性游戏、球类游戏、技巧、武术、体操、民族民间体育活动，舞蹈，韵律活动，游泳、滑冰或滑雪等
运动技能	获得运动基础知识	知道所练习运动项目的术语	知道球类运动技术术语，如投篮等；知道体操动作术语，如前滚翻等；知道武术动作术语，如马步冲拳等；知道舞蹈或韵律活动动作术语，如舞蹈中的跑跳步等；知道田径动作术语，如起跑等。	活动性游戏、球类游戏、技巧、武术、体操、民族民间体育活动，舞蹈、韵律活动，游泳、滑冰或滑雪等项目的基本动作
		观看体育比赛	观看现场体育比赛和表演；观看电视中的体育比赛和表演	观看教学比赛，观看校运动会比赛，收看电视中的体育比赛

学习领域	领域目标	水平目标	内容标准	学习内容选配
运动技能	学习和应用运动技能	初步掌握运动基本技术	初步掌握多项球类运动中的多种动作技能；初步掌握一两套徒手体操或轻器械体操；初步掌握一套简单的武术套路；初步掌握一套舞蹈或韵律活动动作；初步掌握两三项田径运动技能；初步掌握一两种地域性运动项目的技术	球类运动、体操、民族民间体育活动、舞蹈、韵律活动、游泳、滑冰或滑雪，徒手操、队列队形练习、速度和灵敏性游戏，各种发展跳跃能力的练习，多种发展平衡能力的练习，多个项目基本动作或简单的组合动作
运动技能	安全地进行体育活动	说出不同环境中可能面临的危险和避免方法	了解安全的运动方法，如穿着合适的服装运动、跳跃时用正确的姿势着地、摔倒时的自我保护方法等；正确应对运动中出现的粗暴行为和危险	结合球类运动、体操、民族民间体育活动、舞蹈、韵律活动、游泳、滑冰或滑雪，活动性游戏，各种发展跳跃能力的练习、多种发展平衡能力的练习进行
身体健康	形成正确的身体姿势	能够用正确的身体姿势进行学习、运动和生活	在日常学习和生活中保持正确的身体姿势；在体操、舞蹈或韵律活动等项目的学习中保持正确的身体姿势；在他人的指导下运用适当的体育活动改善身体姿势	基本体操、基本运动、游戏活动等
身体健康	发展体能	发展速度和平衡能力	利用器械做跨越、钻过和绕过一定障碍的练习；从事各种迎面穿梭接力跑的练习；练习各种平衡动作；进行各种有节奏的练习	基本体操、基本运动、游戏活动等
身体健康	具有关注身体健康的意识	了解青春期的卫生保健知识	知道青春期男女生身体特征的变化，正确对待第二性征的出现；关注青春期的健康，如女生注意乳房卫生和经期卫生、男生正确对待手淫和遗精等；初步认识青春期男女体能方面发生的变化；了解经期科学锻炼的知识	基本体操、基本运动、游戏活动等
身体健康	懂得营养、环境和不良行为对身体健康的影响	了解营养与健康的关系	知道营养不足或营养过剩对健康的影响；知道主要食物（如蔬菜、瓜果等）的营养价值	
身体健康	懂得营养、环境和不良行为对身体健康的影响	了解从事体育活动时的营养卫生常识	知道参加体育活动应该补充适当的营养素；知道进行体育活动时必须注意的营养卫生常识	

学习领域	领域目标	水平目标	内容标准	学习内容选配
心理健康	了解体育活动对心理健康的作用，认识身心发展的关系	体验身体健康状况变化时的心理感受	体验身体健康状况变化时注意力、记忆力的不同变化；体验身体健康状况变化时情绪的不同表现；体验身体健康状况变化时意志的不同表现	渗透到各种体育学习活动中
	正确理解体育活动与自尊、自信的关系	正确对待生长发育和运动能力弱可能带来的心理问题	对生长发育的变化（如月经等）采取坦然的态度；消除因身体形态问题（如太胖、太瘦等）可能产生的自卑感；通过积极的体育活动消除因运动能力较弱产生的烦恼	结合球类运动、体操、民族民间体育活动、舞蹈、韵律活动、游泳、滑冰或滑雪，活动性游戏，各种基本运动、各种发展跳跃能力的练习、多种发展平衡能力的练习等进行
	学会通过体育活动等方法调控情绪	知道通过体育活动等方法调节情绪	了解不良情绪对体育活动的影响；了解体育活动对减缓学习压力、消除不良情绪的作用；了解体育活动对产生良好情绪的作用	
	形成克服困难的坚强意志品质	敢于进行难度较大的体育活动	了解勇敢与蛮干的区别；在教师指导下敢于做未曾完成的动作；在教师指导下敢于做有一定难度的动作，如支撑跳跃等	
社会适应	建立和谐的人际关系，具有良好的合作精神和体育道德	在体育活动中表现出对弱者的尊重与关爱	在体育活动中尊重与关爱运动能力弱的同伴；在体育活动中尊重与关爱身心障碍者	结合球类运动、体操、民族民间体育活动、舞蹈、韵律活动、游泳、滑冰或滑雪，活动性游戏，各种基本运动、各种发展跳跃能力的练习、多种发展平衡能力的练习等进行
		表现出与社区活动的联系	参加社区体育活动，如校外体育俱乐部、培训班等；说出或写出参加社区体育活动的情况	
	学会获取现代社会中体育与健康知识的方法	了解体育与健康资源	从报刊中获取体育与健康知识；从电视节目中获取体育与健康知识；知道附近的体育场所及其用途	

注：引自中华人民共和国教育部，《全日制义务教育体育（1～6年级）体育与健康（7～12年级）课程标准》，北京师范大学出版社，2001年。

（一）活动性游戏类

5～6年级的活动性游戏类教学内容包括比较简单的能够促进身体大肌肉群发展的模仿性练习和球类游戏等，但与水平二相比，进一步加大了游戏的难度和活动量。

（二）运动类

1. 基础运动

5~6年级体育教学内容中，基础运动包括一些身体基本活动和生活中所需要的实用性动作技能，如基本体操、基本活动以及某些运动项目的简单技术动作及其简单动作组合。

基础运动类教学内容具体包括：

（1）基本体操（队列队形练习、广播操、身体姿势练习）。

（2）基本活动（走、跑、跳、投、攀爬、平衡等）以及某些运动项目的简单技术动作和简单的动作技术组合等。

（3）表现性活动（简单的舞蹈、韵律活动等）。

（4）独立的运动项目。

2. 正规运动

5~6年级学段仍然是打基础，但一些独立的正规运动项目开始出现在教材体系中，如简单的武术套路、两三项田径运动技能、球类等。

正规运动类教学内容具体包括：

（1）田径运动和游戏。走、跑、跳、投是人类在生存与发展中最基本的身体活动能力。小学阶段走、跑、跳、投的教学是学生有效的健身手段，也是学生日常接触和参与最多的运动，更是学生进行其他体育活动所必需的基本能力，很多运动项目都离不开跑、跳、投等动作。由于田径项目多而全面，只要合理组合就能有效地增强体质和全面地提高身体素质，而身体素质全面发展水平的提高，可以为学习其他体育项目打下坚实的基础，因此，很多运动项目都选择田径的有关项目作为身体练习的重要手段。本阶段学生经常参加走、跑、跳、投等练习和活动，既可以全面发展身体素质，提高运动技能，增进健康，又能培养学生勇敢、顽强、吃苦耐劳、克服困难等优良品质，获得不断超越自我、战胜自我、克服困难的自信心和成功的喜悦。

5~6年级田径运动和游戏的学习内容主要包括：快速跑，如蹲踞式起跑、起跑后的加速跑、途中跑、各种姿势的起跑；各种形式的带有追逐性质的快速跑的游戏；多种形式的接力跑，如4×100米接力跑、4×400米接力跑、4×200米接力跑、8×50米接力跑、迎面接力跑、异程接力跑；耐久跑，如走跑交替、变速跑、定时跑、远足、郊游、爬山、呼吸节奏的练习；合作跑，如两人三足跑、三人四足跑、两人手拉手合作跑等；障碍跑，如利用各种器械做跨越、钻过和绕过一定障碍的跑的练习。通过各种跑的练习和游戏，掌握和改进快速跑的方法和技术，发展学生的速度素质和平衡能力。跳跃可以采用立定跳远、蛙跳、跳高（跨越式）、跳远（蹲踞式）和一些基本的跳跃（各种组合跳、多级跳）组合练习来培养学生的跳跃技能，提高腿部的力量和身体的平衡能力。投掷可以采用双手前抛实心球、双手后抛实心球、跪投实心球（篮球、足球、排球均可）、投掷垒球、沙包、飞盘等，来培养学生全身协调用力和爆发性用力的意识和技能。

（2）球类运动和游戏。球类运动包括的项目较多，如足球、篮球、排球、手球、垒球、乒乓球、羽毛球等，内容丰富，技战术变化多，是学生喜爱的运动。球类运动和游戏既可以发展学生速度、灵敏、协调、耐力、柔韧等身体素质，提高身体机能，又可以培养学生勇于竞争、顽强拼搏、积极进取和团结合作等精神，在本阶段的体育教学中具有重要意义。

5~6年级球类运动和游戏教学内容主要包括：小篮球，熟悉球性，学习移动、原地单手肩上投篮、行进间单手低手投篮、运球、传球、抢篮板球，篮球游戏，简化规则的教学比赛；小足球，学习脚背正面踢球、头顶球，尝试多种射门的方法，足球游戏，简化规则的教学比赛；小排球，熟悉排球的球性，增强球感，学习移动、正面双手垫球、正面上手传球、正面下手发球、侧面下手发球，排球游戏，简化规则的教学比赛；乒乓球，熟悉球性、基本姿势、步伐、握拍法，学习正手发球、挡球、快推、跑动中击球，乒乓球游戏、比赛；保龄球，熟悉握球、站立姿势、三步投掷法、四步投掷法，保龄球游戏，比赛；某些球类运动项目的简单技术动作。

（3）民族民间体育活动。民族民间体育活动是广大劳动人民在长期的生活中发展起来的传统体育项目，在群众中广为流传，深受广大青少年喜爱。在本学段可以挑选和整理一些民族民间体育活动引入课程教学，既可以丰富教学内容，满足学生的体育需求，促进学生的身心健康发展，又可以传承中华民族的优秀传统文化。

5~6年级民族民间体育活动的学习内容主要包括：武术的基本手型、手法、步型、眼神和压腿等动作，五步拳，武术长拳小组合，少年南拳组合；民间体育，如踢毽子、荡秋千、放风筝、拔河、滚铁环、跳竹竿舞、跳橡皮筋、舞龙、舞狮等。

（4）地域性体育项目。一些具有地域或季节特点的项目也很受学生的欢迎和喜爱，健身价值较高，可以选用，如游泳、滑冰、滑雪等。

在该学段，基础运动类的教材比重有所增加，独立的运动项目开始出现，建议体育教师在教学中仍然将这些内容渗透到各种活动性游戏中。

（三）生命安全技能类

生命安全技能类教学内容包括适应自然、保护生命必备的各种技能，如游泳、滑雪、滑冰、躲闪、跌滚、滚翻和钻穿等。5~6年级教学内容是在3~4年级教学内容基础上的强化，还明确提出了学生能说出不同环境中可能面临的危险和避免方法。

三、5~6年级体育课程目标、内容标准和学习内容选配

（一）体育课程目标是教学内容选配的导向

5~6年级体育课程目标是指学生通过5~6年级的体育课程学习所要达到的预期结果，也就是期望达到《标准》中的运动参与、运动技能、身体健康、心理健康、社会适应五个学习领域目标之下的"水平三"的目标。这些目标是统领5~6年级体育教学内容的依据。

（二）学生身心发展特征是选配教学内容的依据

体育教学内容的选配必须依据该学段学生的身心发展特征。

5~6 年级的学生在身体方面的特征与 1~2 年级已经大为不同，体能（包括身体成分、体格和运动能力等）方面发生了巨大的变化。这些变化主要表现在以下几方面：

（1）身体发育处于增长高峰阶段，发育指标的增长出现第二高峰。身高、坐高、体重、胸围、肩宽、骨盆宽等指标男生自 10 岁开始突增，12 岁达到高峰；女生自 8~9 岁开始突增，12 岁达到高峰。特别是到 6 年级的时候，第二性征开始出现，这一阶段属于身体发育的高峰时期。

（2）安静时脉搏均值比 4 年级相对减少；女生血压指标 10 岁时增长迅速，11~12 岁时仍处于增长阶段；肺活量均值男女生都有递增但差异不大，12 岁以后差距逐渐加大，男生大于女生。

（3）身体素质指标均有提高，50 米、立定跳远和 50 米×8 往返跑，男生优于女生，差异非常明显；立位体前屈女生优于男生，且差异明显；速度和平衡能力等指标处于敏感期。

（4）脉搏频率较快，心脏发育十分显著，已开始具有青春期前期或青春期的特点。因此，适当加大运动量，会使学生的心脏容积和心脏功能得到显著发展。

（5）11~12 岁学生脑的重量已接近成年人的水平，大脑活动机能有显著提高，大脑兴奋机能也增强了，每天的睡眠时间减少。

（6）部分女生月经初潮来临，恰好是女生素质增长波动起伏较大的阶段。月经初潮的到来引起生理、心理上的一系列变化，给女生素质发展带来一些困难。因此，这一阶段的体育教学对部分女生要注意区别对待。

与 1~4 年级相比，5~6 年级的学生在心理方面的特征主要表现在以下几方面：

（1）学生感知觉具有少年阶段的特点，但相对而言，本阶段学生视觉和听觉的感受性已发展到一定水平，感知事物的目的性比先前明确，感知事物的精确性也有所改善，许多练习虽然属于已学过的内容，但其动作规格标准提高了，身体练习时应相对提高难度和标准。

（2）学生的智力有很大的发展，已从具体形象思维向抽象逻辑思维过渡，但仍然是同直接与感性经验相联系，具有很大成分的具体形象性，习惯于模仿实际动作。因此，本阶段需加强启发式教学，发展学生比较、分析、综合等心智能力。学生的创造思维也有很大的发展，对新奇事物表现出极大兴趣，如制作玩具、学习某种新的技术动作等，由于生理上的变化、抽象思维能力和逻辑思维的进一步发展，自我意识迅速发展起来，进入了个体自我意识发展的第二个上升时期。

（3）学生集中注意的能力有所发展，注意力集中、专心致志的时间可达 25~30 分钟。注意力分配的能力也有所提高，在注意腿的动作的同时，还能注意到手或脚的动作；在注意上、下肢动作的同时，还能注意到重心的变换。

（4）5~6 年级学生有意记忆在不断发展，开始由教师布置任务的记忆过渡到自觉的记忆。

（5）男女生在一起活动时开始注意性别界限，男女生在学习兴趣、动机、生理情况等方面的差异明显地表露出来。部分女生在这一阶段进入青春期，由于生理上的一些变化，她们还不能完全自然地接受这一切，会焦虑、自责、恐惧等。学生的集体意识表现强烈，与其他小组的对抗意识越来越强，喜欢与同学协作参加竞赛性的练习，愿意练习竞技运动中的一些基本动作，但仍十分喜欢游乐性、趣味性、活动性游戏。

（6）自我评价意识逐步得到发展，十分尊重强者，确定朋友关系的倾向十分浓厚，愿意同水平相当者竞争，自尊心、自信心、好胜心强，但往往对自己的能力估计过高。

（7）智力和体力相结合的能力得到发展，对教师的行为敢于提出批评意见，对教师不公正的处理会有不满的表现。不愿违反规则，十分重视约定事项。已不满足于无规则要求的游乐性游戏，特别喜爱有一定规则的竞赛，愿做体力和智力相结合的游戏。已开始把体育活动作为抒发情感的途径。

（8）情绪的强度和持久性迅速增长并出现高峰，各种日常行为很容易受情绪的影响或支配。具有强烈的情绪体验，对人对事都极为敏感。小学高年级学生与小学低、中年级学生相比较，随着年级的升高，控制和调节情绪的能力逐步增强，但仍缺乏自我分析、自我调节的能力。

5～6 年级学生的身心发展特征是选择该学段体育教学内容的重要依据。在选配教学内容时，要注意以培养学生的协调能力、基本运动能力、快速反应能力、动作频率和力量发展的内容为主。特别需要注意的是，该学段的力量练习应以动力性练习为主，不宜采用大负荷力量练习，切忌静力练习。

（三）体育教学内容的多指向性和内容之间的可替代性

活动性游戏类、基础运动类、生命安全类和正规运动项目等教学内容都具有综合性功能，体育课程最大的特殊性在于通过身体练习促进个体发展。根据 5～6 年级体育课程目标和学生身心发展特征，教学内容出现了正规运动项目，活动性游戏的比重应有所下降。

第四节　初中体育与健康课程目标与内容解析

一、初中体育与健康课程领域目标解析

（一）运动参与学习领域

初中生已经具备了较好的基本运动技能，同时，参与体育学习、活动的能力得到了很大的提高，具有了较强的体育学习能力和一定的活动经验。学生能够根据经验和体育知识去主动观察、学习、评价自己和同伴的动作，并乐于主动地展示动作。在教学中，教师应根据学生的身心特征，在"水平三"的基础上进一步强化多项基本运动技术的学习和基本活动能力的培养，不断地激发并保持学生的体育兴趣。

初中体育与健康课程在运动参与学习领域的目标有两个。

1. 具有积极参与体育活动的态度和行为

初中体育与健康课程在"具有积极参与体育活动的态度和行为"方面期望达到的水平

目标是"积极参与体育活动"。当学生达到目标时，具体表现为：自觉参加体育与健康课程的学习；积极参与课外的各种体育活动；充分利用各种条件进行体育活动。

2. 用科学的方法参与体育活动

初中体育与健康课程在"用科学的方法参与体育活动"方面期望达到的水平目标是"合理安排锻炼时间，掌握测量负荷的常用方法"。当学生达到目标时，具体表现为：知道合理安排锻炼时间的意义；合理安排锻炼时间；运用脉搏测定等常用方法测量运动负荷。

（二）运动技能学习领域

初中体育与健康课程在运动技能学习领域的目标有四个。

1. 获得运动基础知识

对体育与健康课程中核心概念和基本术语的掌握有助于学生对自己所学的基本动作的认识与理解，形成正确的动作概念；有利于学生在体育学习时将身体活动与积极的思维相结合，提高学习效率；便于学生之间交流学习经验。

初中体育与健康课程在"获得运动基础知识"方面期望达到的水平目标有：

（1）"了解所学项目的简单技战术知识和竞赛规则"。当学生达到目标时，具体表现为：了解基本技术的知识；了解简单战术的知识；了解所学运动项目的竞赛规则；知道舞蹈或韵律活动动作术语，如舞蹈中的跑跳步等。

（2）"观看体育比赛"。当学生达到目标时，具体表现为：观看现场体育比赛和表演；观看电视中的体育比赛和表演。

2. 学习和应用运动技能

初中体育与健康课程在"学习和应用运动技能"方面期望达到的水平目标是"发展运动技战术能力"。当学生达到目标时，具体表现为：基本掌握一两项球类运动中的技战术；完成一两套武术套路或对练；完成一两套技巧项目动作或器械体操动作；完成一两套舞蹈或健美操；基本掌握几项主要的田径运动技能；基本掌握一两项地域性运动项目的技术。

3. 安全地进行体育活动

进入初中，体育学习内容的难度进一步增加，运动中潜在的危险性也相应增加。因此，学习和掌握安全运动方面的知识显得尤为重要。在初中体育与健康课程中设置"安全地进行体育活动"这一目标，是为了通过体育学习、活动使学生知道自己所从事的运动项目、运动环境、运动形式等多方面因素的相互关系，加强自我保护意识和对他人负责，培养体育规则意识，安全地进行运动，避免危险与伤害事故的发生。

初中体育与健康课程在"安全地进行体育活动"方面期望达到的水平目标是"注意运动安全"。当学生达到目标时，具体表现为：对安全和不安全的动作行为做出区分和评价；用安全的方法运动；在运动中避免粗野和鲁莽动作。

4. 获得野外活动的基本技能

初中体育与健康课程在"获得野外活动的基本技能"方面期望达到的水平目标是"在有指导的情况下顺利完成集体野外活动"。当学生达到目标时，具体表现为：了解在野外识别方向的一般知识和方法；学会一两种野外常见的运动方法，如游泳、骑自行车、滑冰、滑雪、划船等；参加有组织的野外活动，如野营、远足、登山、旅行等。

（三）身体健康学习领域

初中体育与健康课程在身体健康学习领域的目标有三个。

1. 发展体能

随着生长发育和体育学习的推进，初中生在体能方面已有很大的发展。学生处于专项协调能力、一般运动素质、高难技术发展的敏感期。

初中体育与健康课程在"发展体能"方面期望达到的水平目标是"发展速度、有氧耐力和灵敏性"。当学生达到目标时，具体表现为：通过多种练习（如短距离跑和反复跑等）发展位移速度；通过多种练习（如定时跑、定距跑或跳绳等）发展有氧耐力；通过多种练习（如球类运动等）发展反应速度和灵敏性。

2. 具有关注身体健康的意识

初中生在身体方面正在发生着显著的变化。由于生活经验和体育知识、技能的增加，对于身体健康的价值有了更进一步的认识，并能够在通过具体、形象感受和认识自己身体的基础上进行比较与分析。在关注自己身体的变化、能够较为理性地分析和比较的基础上，更加关注自己的身体和健康状况。由此，体育与健康课程进一步强化了"关注身体和健康的意识"。

初中体育与健康课程在"具有关注身体健康的意识"方面期望达到的水平目标是"理解体育锻炼对身体形态和机能的影响"。当学生达到目标时，具体表现为：认识和理解体育锻炼对身体形态发展的影响；认识和理解体育锻炼对身体机能发展的影响；根据自己的生理特点，了解在体育活动中应注意的事项。

3. 懂得营养、环境和不良行为对身体健康的影响

初中体育与健康课程在"懂得营养、环境和不良行为对身体健康的影响"方面期望达到的水平目标如下：

（1）初步学会选择有利于健康的营养食品。当学生达到目标时，具体表现为：知道营养需求与年龄、性别、身体活动等的关系；初步学会选择有利于健康的营养食品；初步学会选择适合运动需要的健康营养食品。

（2）知道生活方式对健康的影响。当学生达到目标时，具体表现为：知道饮食、体育锻炼对控制体重的作用；认识吸烟、酗酒和吸毒的危害。

（四）心理健康学习领域

初中体育与健康课程在心理健康学习领域的目标有四个。

1. 了解体育活动对心理健康的作用，认识身心发展的关系

体育与健康课程学习对于心理健康的影响，主要在于参与者在身体活动过程中的各种情感体验以及情绪的调节。教学中要培养学生关注自己在体育学习、活动中的心理状态。只有在了解自己心理状态的基础上，学生才能意识到体育学习、活动会对自己的心理状态产生影响，进而通过体育活动来调节自己的心理状态。

初中体育与健康课程在"了解体育活动对心理健康的作用，认识身心发展的关系"方面期望达到的水平目标是"了解心理健康对身体健康的意义"。当学生达到目标时，具体表现为：了解身心之间的关系；了解心理状态对身体健康的影响；了解运动与快感的获得对人们坚持体育锻炼的影响。

2. 正确理解体育活动与自尊、自信的关系

体育学习对建立自信、自尊，增强自我效能感有十分重要的作用。初中学生往往将自己在体育活动中的能力视为展示自我、表达自信和自尊的重要途径之一。积极地参加体育学习、活动，能够极大地提高学生的自尊心与自信心。教师应该注意：大部分女生正处于生长发育的高峰期，生理方面发生巨大变化，协调性暂时下降；一些体形肥胖、运动能力差的学生往往不愿意甚至羞于参加体育活动。体育教师一定要进行正确的引导。

初中体育与健康课程在"正确理解体育活动与自尊、自信的关系"方面期望达到的水平目标是"通过体育活动树立自尊和自信"。当学生达到目标时，具体表现为：了解自尊和自信的作用；认识体育活动对自尊和自信的影响；通过积极的体育活动，逐步增强自尊心和自信心；在体育活动中表现出适宜的自信心。

3. 学会通过体育活动等方法调控情绪

初中生已经能够深刻地体验到体育活动与情绪的关系。学生能描述自己在体育活动中的情绪体验，同时还能通过观察其他同伴在体育活动中的情绪表现，加深对体育活动中情绪变化的认识与理解。

初中体育与健康课程在"学会通过体育活动等方法调控情绪"方面期望达到的水平目标是"学会其他调节情绪的方法"。当学生达到目标时，具体表现为：学会肌肉放松的方法；学会自我暗示的方法；学会呼吸调节法；学会合理安排作息时间。

4. 形成克服困难的坚强意志品质

对初中生来说，体育与健康课程要以培养运动兴趣、运动技能和个性品格并重。该学段体育学习的难度有所增大，必须付出相应体力、意志力和积极思维，才能达到较好的学习效果。在体育教学、活动中应该让学生体验通过一定的努力之后获得的运动成就感。

初中体育与健康课程在"形成克服困难的坚强意志品质"方面期望达到的水平目标是"根据自己的运动能力设置体育学习目标"。当学生达到目标时，具体表现为：正确评价自

己的运动能力；了解实现目标时可能遇到的困难；设置合适的体育学习目标。

（五）社会适应学习领域

初中体育与健康课程在社会适应学习领域的目标有两个。

1. 建立和谐的人际关系，具有良好的合作精神和体育道德

初中体育与健康课程在"建立和谐的人际关系，具有良好的合作精神和体育道德"方面期望达到的水平目标是"理解不同运动角色的任务，识别体育中的道德行为"。当学生达到目标时，具体表现为：在体育比赛中，与同伴合理分配角色；指出体育活动中的不道德行为。

2. 学会获取现代社会中体育与健康知识的方法

初中体育与健康课程在"学会获取现代社会中体育与健康知识的方法"方面期望达到的水平目标是"简单评价媒体的体育与健康信息"。当学生达到目标时，具体表现为：知道一些体育名人并能对他们进行简单的评价；简单评价一两个体育节目或栏目。

二、初中体育与健康课程内容标准解析

根据初中体育与健康课程目标，并结合学生的身心发展特征，初中阶段要以培养体育兴趣、基本运动能力、协调能力和运动技能为重点。初中体育与健康课程目标、内容标准、学习内容选配见表 3-5。

表 3-5　初中体育与健康课程目标、内容标准、学习内容选配

学习领域	领域目标	水平目标	内容标准	学习内容选配
运动参与	具有积极参与体育活动的态度和行为	积极参与体育活动	自觉参加体育与健康课程的学习；积极参与课外的各种体育活动；充分利用各种条件进行体育活动	建议教师根据学生课本选择
	用科学的方法参与体育活动	合理安排锻炼时间，掌握测量负荷的常用方法	知道合理安排锻炼时间的意义；合理安排锻炼时间；运用脉搏测定等常用方法测量运动负荷	
运动技能	获得运动基础知识	了解所学项目的简单技战术知识和竞赛规则	了解基本技术的知识；了解简单战术的知识；了解所学运动项目的竞赛规则；知道舞蹈或韵律活动动作术语，如舞蹈中的跑跳步等	建议教师根据学生课本选择
		观看体育比赛	观看现场体育比赛和表演；观看电视中的体育比赛和表演	

学习领域	领域目标	水平目标	内容标准	学习内容选配
运动技能	学习和应用运动技能	发展运动技战术能力	基本掌握一两项球类运动中的技战术；完成一两套武术套路或对练；完成一两套技巧项目动作或器械体操动作；完成一两套舞蹈或健美操；基本掌握几项主要的田径运动技能；基本掌握一两项地域性运动项目的技术	建议教师根据学生课本选择
	安全地进行体育活动	注意运动安全	对安全和不安全的动作行为做出区分和评价；用安全的方法运动；在运动中避免粗野和鲁莽动作	
	获得野外活动的基本技能	在有指导的情况下顺利完成集体野外活动	了解在野外识别方向的一般知识和方法；学会一两种野外常见的运动方法，如游泳、骑自行车、滑冰、滑雪、划船等；参加有组织的野外活动，如野营、远足、登山、旅行等	
身体健康	发展体能	发展速度、有氧耐力和灵敏性	通过多种练习（如短距离跑和反复跑等）发展位移速度；通过多种练习（如定时跑、定距跑或跳绳等）发展有氧耐力；通过多种练习（如球类运动等）发展反应速度和灵敏性	建议教师根据学生课本选择
	具有关注身体健康的意识	理解体育锻炼对身体形态和机能的影响	认识和理解体育锻炼对身体形态发展的影响；认识和理解体育锻炼对身体机能发展的影响；根据自己的生理特点，了解在体育活动中应注意的事项	
	懂得营养、环境和不良行为对身体健康的影响	初步学会选择有利于健康的营养食品	知道营养需求与年龄、性别、身体活动等的关系；初步学会选择有利于健康的营养食品；初步学会选择适合运动需要的健康营养食品	
		知道生活方式对健康的影响	知道饮食、体育锻炼对控制体重的作用；认识吸烟、酗酒和吸毒的危害	
心理健康	了解体育活动对心理健康的作用，认识身心发展的关系	了解心理健康对身体健康的意义	了解身心之间的关系；了解心理状态对身体健康的影响；了解运动与快感的获得对人们坚持体育锻炼的影响	建议教师根据学生课本选择
	正确理解体育活动与自尊、自信的关系	通过体育活动树立自尊和自信	了解自尊和自信的作用；认识体育活动对自尊和自信的影响；通过积极的体育活动，逐步增强自尊心和自信心；在体育活动中表现出适宜的自信心	
	学会通过体育活动等方法调控情绪	学会其他调节情绪的方法	学会肌肉放松的方法；学会自我暗示的方法；学会呼吸调节法；学会合理安排作息时间	
	形成克服困难的坚强意志品质	根据自己的运动能力设置体育学习目标	正确评价自己的运动能力；了解实现目标时可能遇到的困难；设置合适的体育学习目标	

学习领域	领域目标	水平目标	内容标准	学习内容选配
社会适应	建立和谐的人际关系，具有良好的合作精神和体育道德	理解不同运动角色的任务，识别体育中的道德行为	在体育比赛中，与同伴合理分配角色；指出体育活动中的不道德行为	建议教师根据学生课本选择
	学会获取现代社会中体育与健康知识的方法	简单评价媒体中的体育与健康信息	知道一些体育名人并能对他们进行简单的评价；简单评价一两个体育节目或栏目	

注：引自中华人民共和国教育部，《全日制义务教育体育（1～6年级）体育与健康（7～12年级）课程标准》，北京师范大学出版社，2001年。

习题：

1. 基础运动类教材包括哪些内容？
2. 为什么很多体育教学内容是可以相互置换的？
3. "水平二"学段学生在身体方面的特征是什么？
4. "水平二"学段学生在心理方面的特征是什么？
5. "水平三"学段学生的身心发展特征是什么？
6. "水平四"学段的教学内容与小学阶段的教学内容有什么显著的不同？

参考文献：

[1] Cook G. 动作——功能动作训练体系［M］. 张英波，梁林，赵洪波，译. 北京：北京体育大学出版社，2011.

[2] 田麦久. 运动训练学［M］. 北京：高等教育出版社，2006.

[3] 于振峰，赵宗耀，孟刚. 体育游戏［M］. 北京：高等教育出版社，2007.

[4] 曲宗湖. 基础教育体育课程改革［M］. 北京：人民体育出版社，2004.

[5] 编写组. 幼儿园教材——游戏［M］. 北京：人民体育出版社，1982.

[6] 季浏，王晓赞. 小学体育新课程教学法［M］. 北京：高等教育出版社，2003.

[7] Payne G，耿陪新，梁国立. 人类动作发展概论［M］. 北京：人民教育出版社，2008.

[8] 吴东明，王健. 体能训练［M］. 北京：高等教育出版社，2005.

[9] 王瑞元. 运动生理学［M］. 北京：人民体育出版社，2002.

[10] 编写组. 运动生理学［M］. 北京：人民体育出版社，1989.

[11] 李景莉. 运动员协调能力的竞技价值之探讨［J］. 中国体育科技，2003（12）：7－9.

[12] 王树明. 运动技能学习与控制［M］. 北京：高等教育出版社，2017.

[13] Carlson N R. 生理心理学——走进行为神经科学的世界［M］. 苏彦捷，译. 北京：中国轻工业出版社，2017.

第四章　体育教学

内容提要：体育教学方法的分类及其运用；体育课的基本结构，体育课的组织与教法，体育课密度和负荷的测算与调控方法；制订水平、学年、学期、单元、课时教学计划的方法与步骤。

第一节　体育教学方法

一、体育教学方法与分类

（一）体育教学方法的概念

体育教学方法是指在体育教学过程中，教师与学生为实现体育教学目标和完成体育教学任务而有计划采用的、可以产生教与学相互作用的、具有技术性的教学活动的总称。

（二）体育教学方法的分类

体育教学方法是多层次、多序列的。按照体育教学方法的功能，可将其划分为教学方略、教学方法和教学手段三个层次（表4－1）。

表4－1　体育教学方法层次

层次	功　　能	举　　例
教学方略	教学方法的组合，是教师运用教学方法和手段的组合进行教学的行为方式，主要体现在单元和课时教学的设计上	情景教学法 包括讲解、讨论、比赛等多种教学方法，以及模型演示、实地体验等多种教学手段
教学方法	教学方法的中位层次，也称为教学技术，是教师运用一种主要的手法进行教学的行为方式，主要体现在课中的某个教学步骤上	讲解法 主要运用各种形式的语言指导学生学习，达到教学要求的方法
教学手段	教学方法的下位层次，也称为教学工具，是教师运用一种主要手段来教学的行为方式	演示法（挂图） 提问教学法中的挂图使用，就是利用挂图来实现某个教学目标的方法

由于体育教学方法本身的复杂性、多样性和多层次性，体育教学方法有许多分类方式，有的从心理学角度分类，有的按教学活动的性质分类。不同的分类方式是从不同的角度或层面来分析教学方法的，各有利弊。目前流行的是按照体育教学方法的外部形态和这种形态下学生的认识活动规律对体育教学方法进行分类。据此，常用的体育教学方法分为以语言传递信息为主的体育教学方法、以直接感知为主的体育教学方法、以身体练习为主的体育教学方法、以情感体验为主的体育教学方法和以探究性活动为主的体育教学方法（表4-2）。

表4-2 比较常用的体育教学方法分类

以语言传递信息为主	以直接感知为主	以身体练习为主	以情感体验为主	以探究性活动为主
讲解法	动作示范法	分解练习法	运动游戏法	发现法
问答法	演示法	完整练习法	运动竞赛法	小群体教学法
讨论法	助力与阻力	领会教学法	情景教学法	
口令与指示	定向与领先	重复练习法		
口头评价	纠正错误动作与帮助法	变换练习法		
默念与自我暗示		循环练习法		
体语法				

二、基础教育阶段常用体育教学方法及基本要求

（一）以语言传递信息为主的体育教学方法

以语言传递信息为主的体育教学方法是指教师运用语言向学生传授体育知识、运动技能的教学方法。语言是人类交流最普通的工具，也是教育活动中最常见的行为活动。因此，语言法是体育教学中最重要的教学方法，也是教师和学生之间进行信息传递最重要的媒体。在体育教学过程中，常用的以语言传递信息为主的方法有讲解法、问答法、讨论法、口令指示、口头评价、默念与自我暗示和体语法等。

1. 讲解法

讲解法是指教师运用口头语言指导学生进行体育知识、运动技能学习的教学方法。讲解是为了帮助学生了解教学目标、动作（练习）名称、动作要领、动作方法、规则与要求等，是对学生进行思想教育、基本理论和基本技术教学的主要手段之一。好的讲解法不但能把道理说明白，还能将知识掌握、思想教育、发展智力和陶冶情操等有机地结合起来，成为学习的整体，上升为教学艺术。教师要运用好讲解法，必须深入钻研教材，了解教材的纵横关系，明确各类教材的共性和特性，区分各类教材的重点与难点，了解学生的实际水平，避免在讲解中出现重复和错误。运用讲解法应注意以下五个方面：

第一，讲解目的明确。体育教学中教师必须根据教学目标、教学内容、学生特点具体

选择讲解内容、讲解方式、讲解速度、讲解语气，抓住重点与难点，有目的、有针对性地讲解。通过讲解使学生明确学习的目的、任务，教材的作用和练习方法等，调动学生的积极性和主动性，从而培养学生独立思考的能力，让学习变为一种自觉行为。

第二，讲解内容正确，符合学生水平。基础教育阶段是学生学习文化科学知识的重要阶段，是求知欲最强的阶段。只有讲解内容正确，符合学生实际水平，才能使学生较快地理解动作要领和较好地掌握知识与技能。

第三，讲解通俗易懂，简明扼要。由于体育教学的时间、场所、任务所限，讲解不应长篇大论，要紧紧地抓住教材的重点与难点，明确讲解各类教材的共性和特性，尽量做到语言生动有趣、主次分明、重点突出、简洁实用。

第四，讲解深入浅出，富有启发性。在体育教学中采用生动有趣的语言讲解，能引导学生积极地思维，使看、听、想、练有机结合起来，进而深入理解动作要领及技术结构。

第五，讲解要注意时机和效果。在体育教学中应根据教学的具体情况和要求，灵活机动地进行讲解。要注意讲解的时机和效果，如内容是先讲后练还是先练后讲、讲解的地点和位置的选择等，尽可能做到精讲多练，讲练结合，选择合适的时机，这样才能取得良好的效果。

2. 问答法

问答法也称谈话法，是指教师和学生以口头语言问答的方式进行体育教学的方法。问答法不仅能够启发学生思维，培养学生的思考能力和语言表达能力，唤起和保持学生的注意力和兴趣，而且便于教师把握学生的学习进度和教学目标的达成度，从而调控教学过程。问答法在促进学生积极思维、提高自我评价能力等方面均具有积极的作用。

体育教学过程中的问答具有语言简短、回答快速、伴随练习思考以及着重在开始和结束部分使用的特点。运用问答法应注意以下四个方面：

第一，明确提问的目的。体育教学中应根据"启发思维"或"提醒注意"或"检查学习"等具体需要合理设置问题。

第二，问题设计要符合学生的知识与能力水平，难度适中。如果问题太难，学生会失去兴趣；如果问题过于简单，只有一个答案，学生不必进行思考就能回答，提问就失去了启发性意义。教学中应根据需要采用回顾性提问、归纳性提问、演绎性提问和价值判断式提问等。

第三，问题答案简短。体育教学主要是通过学生的身体练习增强体质，增进健康，如果教学大部分时间都用在思考问题和回答问题上，则会降低体育教学效果，不利于教学目标的达成。

第四，允许学生发表不同意见。要善于鼓励和引导学生充分发表自己的见解，以激发学生的学习积极性和创新思维，同时要敏感地抓住学生认识模糊或错误之处，及时纠正。

3. 讨论法

讨论法是指在教师指导下，学生以全班或小组为单位，围绕教材的中心问题各抒己见，通过讨论或辩论活动获得体育知识或辅助运动技能学习的一种教学方法。讨论法能促进全体学生积极参加学习活动，培养合作精神和参加集体思考的能力，同时还可以激发学生的学习兴趣。

体育教学中，由于受体育教学特点的制约，全体学生参加讨论比较困难，也比较低效，为了充分发挥课堂讨论的整体功能，在教学中要把握好讨论的时机，使课堂讨论成为培养学生自主探究能力的有效途径，体育教学中的讨论法往往伴随着小群体教学法来进行。运用讨论法应注意以下三个方面：

第一，针对教材的重点与难点展开讨论。教师要围绕教材的重点与难点，创设能引起学生认识上产生矛盾和冲突的问题，引发学生探究，通过讨论，启迪思维，培养探究能力。

第二，针对学生的疑惑展开讨论。在教学中，教师除了要精心设计问题，组织学生讨论，还要善于驾驭教学进程，根据学生的反馈信息，把握讨论的时机，灵活巧妙地引导学生讨论。

第三，针对学生不同的意见展开讨论。由于学生的思维水平和思维方式存在差异，对同一问题往往会产生不同的看法，因此，通过小组讨论，进而通过个人思考与实践，对动作要领会更加理解，逐步提高探究能力。

4. 口令与指示

口令有一定的形式和顺序，有确定的内容，是以命令的方式指导学生活动的一种语言方式，如队列队形练习、基本体操、队伍调动等都需要运用口令。指示是运用比较简明的语言，组织和指导学生活动的语言方式。指示，一是在组织教学中运用，如布置场地、收拾器材等；二是针对学生在练习过程中未意识到关键动作时，用简洁的语言进行提示。运用口令与指示应注意以下三个方面：

第一，口令与指示要果断有力，声音洪亮。学生活泼好动，精力不易集中，口令指示下达后，要让全体学生都听得到，短促简练，起到严格教学要求、强化动作要领、及时纠正动作的作用。

第二，口令与指示的节奏和语气。根据人数、队形、内容、对象等特点控制声音的大小、节奏的快慢等。节奏太快，学生听不清；节奏太慢，学生会因等待教师的口令指示而走神。教师应多用鼓舞和肯定的语气，少用责备的语气，营造轻松、愉快的课堂气氛。

第三，口令与指示的运用时机。学生的身体练习往往是在动态下进行的，体育教师发出口令指示时，要善于捕捉时机，引领学生顺利完成动作，以利于动作技能的形成。因此，口令指示的节奏、语音和语调应与动作的节奏、力量和幅度等相一致。

5. 口头评价

口头评价是指按照教学标准，对学生的行为表现、练习完成的情况以口头方式进行评价。例如，好、有进步、高点、再快点等适时的、恰如其分的口头评价，对激发学习兴趣、提高学习信心、鼓励进取精神、提高练习效果、抑制不良行为、维持课堂秩序等都有重要的作用。运用口头评价应注意以下三个方面：

第一，坚持以正面鼓励评价为主。在体育教学过程中，教师应有目的、有意识地注意观察学生的言行，及时发现学生的进步表现，并适当地进行口头表扬。

第二，否定的评价要注意分寸与口气。在进行否定评价时，不要采取讽刺、挖苦、打击的方式，而应该以诚恳而严肃的态度指出学生的不足之处，并提出改正的方法。

第三，指明努力方向，提供改进和提高的方法。教师口头评价的目的在于让学生及时知道动作结果以及动作过程中的优点与不足。教师运用口头评价时，在对于完成练习好的、行为表现好的学生进行表扬与肯定的同时，还应提出进一步的要求和标准；对于没能完成练习或表现出不良行为的学生，在及时指出问题的同时，应说明改进的具体方法，并提供更具体的帮助和指导。

6. 默念与自我暗示

默念是学生在实际练习前通过无声语言重现整个动作或局部动作过程，以提高练习效果的语言方式。自我暗示是学生在实际练习过程中默念指导语，自我调控练习过程的语言方式。两者都是与运动表象练习相结合的心理练习方法，是大脑对已有表象进行加工改造而创新形象的过程。运用默念与自我暗示应注意以下三个方面：

第一，在编排默念内容时应由多到少，由繁到简，逐步使动作概念达到精确状态。

第二，教学的中后期使用。学生通过练习的体会，技术概念会不断加深，形成较准确的运动表象，为采用默念与自我暗示提供必要的条件。

第三，教学准备充分。教师应在课前熟悉和掌握默念与自我暗示教学法的内容、环节、程序等。

7. 体语法

体态语言由表情、动作、眼神、手势和仪表等构成。体语法是指教师授课时除口头语言表达外，以手势、眼神、表情等体态语言作为指导学生练习的语言因素。运用体语法应注意以下四个方面：

第一，注重形象塑造。教师的体态语言不仅是教学方法和手段，也是教师的教学风格和能力的展现。教师的体态语言美，能使学生从尊敬教师的情感中产生强烈的效仿心理，激发学习体育的热情。

第二，注重规范把握。教师的体态语言教学应根据运动技术标准的要求，借助学生的先前经验，使用规范的身体语言促使学生更好地理解和把握技术要领，促进运动技能的形成。

第三，注重协调使用。教师不仅要注重体态语言类型的合理选择搭配，突出语言使用与教学内容需要的协调统一，而且要注重体态语言与有声语言相互联系、协调和配合，充分发挥有声语言信息传递快速的优势，以达到延伸、拓展和修正体态语言表达不足问题的目的，从而扩大教学信息量，增强学生的视听效果，促进教学质量的提高。

第四，注重表达方式。教师对体态语言的运用必须遵循学生的心理发展规律，讲究科学的表达方式，这是建立师生和谐关系，促进教学活动良性循环的重要途径。

(二) 以直接感知为主的体育教学方法

以直接感知为主的体育教学方法是指教师通过对实物或直观教具的演示，使学生利用视觉、听觉、触觉和本体感觉直接感知客观事物而获得知识的教学方法。直观法具有鲜明的具象性，正确运用直观法有助于学生把握动作形象、动作结构、动作过程、动作时空关系等，有助于建立正确的动作表象。体育教学中常用的直观法有动作示范法、演示法、助力与阻力、定向与领先、纠正错误动作与帮助法等。

1. 动作示范法

动作示范法是指教师（或教师指定学生）以自身完成的动作为范例，用以指导学生进行学习的方法。动作示范法是体育教学中最常用的直观方法，简便易行，能使学生快速了解所学动作的表象、顺序、技术要点和动作特征。优美的动作示范能激发学生的学习兴趣，增强学生的自信心。

（1）动作示范的示范面。

由于动作方向与路线的多变性，动作示范首先应注意示范面的问题。示范面是指学生观察示范的视角。示范面分为正面、背面、侧面和镜面。

正面示范：教师与学生相对站立进行示范就是正面示范。正面示范有利于展示教师正面动作的要领，如篮球运动的持球动作多用正面示范。

背面示范：教师背向学生站立进行示范就是背面示范。背面示范有利于展示教师背面动作或左右移动的动作，以及动作的方向、路线变化较为复杂的动作，以利于教师的领做和学生的模仿，如武术的少年拳套路教学就常采用背面示范。

侧面示范：教师侧向学生站立进行示范就是侧面示范。侧面示范有利于展示动作的侧面和按前后方向完成的动作，如篮球的前后滑步、跑步中的摆臂动作和腿的后蹬动作等。

镜面示范：教师面向学生站立进行与学生同方向的示范就是镜面示范。镜面示范的特点是学生和教师的动作两相对应，适用于简单动作的教学，便于教师领做、学生模仿。例如，做徒手操，开始时学生完成动作是左手侧上举，教师的示范动作与学生的动作相对应，则是右手侧上举；学生完成动作是向前走四拍，教师的示范动作与学生的动作相对应，则也是向前走四拍。

（2）动作示范法的要素。

第一，速度。为了帮助学生建立完整正确的动作表象，应根据具体情况，用不同的速度进行示范。一般用常规速度示范，但当学生初学某一动作或为突出显示动作结构的某些环节时，应采用慢速示范。

第二，距离。应根据完成动作示范的活动范围、学生人数和安全需要等，恰当地选择学生观察动作示范的距离。

第三，视线。学生视线与动作示范面越接近垂直，越有利于观察。当学生以横队形式观察示范动作时，越靠近横队两端的学生，其视角就越偏离垂直。因此，学生观察示范动作的队形不宜拉得太长。当学生较多时，应让学生排成若干列横队观看示范，并避免横队前列的学生遮挡后列学生的视线。

第四，视线干扰。应注意让学生背向或侧向阳光、风向，避免视线干扰，利于观察。

（3）体育教学对动作示范法的基本要求。

第一，动作示范要有明确的目的。根据体育教学的实际需要，选择动作示范的次数、示范的速度、示范的位置、示范的方向、示范与讲解结合的方式。如果是做认知示范，则示范的重点是使学生建立动作的整体形象，形成动作概念，示范时要正确、朴实，要引导学生注意动作的整体过程；如果是做学法示范，是告诉学生怎样学，则示范的重点是使学生了解动作完成的顺序、要领、关键、难点等，示范时要引导学生注意关键的动作环节的重点部分；如果是做错误示范，展示学生的错误动作，则示范的重点应使学生了解自己错误动作的外形特征，示范时既要突出错误的特征，又不能过分夸张，着重突出要纠正的错误所在。

第二，示范要正确、美观。正确是指示范要严格按动作技术的规格要求完成，以保证学生建立正确的动作表象；美观是指动作示范的生动完美，以保证动作示范引起学生的学练兴趣，消除畏难情绪。

第三，示范与讲解有机结合。将视觉、听觉和本体感觉有机结合，能使学生更好地感知动作，建立正确的动作表象，提高示范与讲解的效果。示范与讲解结合的方式有先讲解后示范、先示范后讲解、先讲解后示范再讲解、先示范后讲解再示范、边讲解边示范等。

2. 演示法

演示法是指教师在体育教学中通过展示各种实物、直观教具，显示练习动作的结构、过程、关键、时空特征，让学生通过观察获得感性运动认识的教学方法。这种方法对于体育教学中某些难以示范，但运动表象记忆又非常重要的动作教学来说，是一种不可或缺的教学方法，它与讲授法、谈话法等教学方法的结合使用可以收到很好的教学效果。

在体育教学中，较为多见的演示手段有人体模型、战术板、图片和图画等，由于直观教具与模型往往是静态的，所以能更长时间、更清楚地显示动作的结构、动作的关键等，具有示范不可替代的作用。另外，还可以使用幻灯、投影、录像等现代教学设备，以不同的速度、不同的角度来准确、完整、清晰地显现动作，有利于建立正确的动作表象，理解动作的内在联系，提高动作的教学效果。

3. 助力与阻力

助力与阻力是指借助于外力的帮助与阻碍，使学生通过触觉和肌肉本体感觉，体验正确的用力时机、大小、方向、时空特征，从而正确掌握动作的一种直观方法。例如，在学习跳远时，为了帮助学生体会跳远的起跳和腾空的动作，采用助跳板练习以加深对动作的体会和理解；在体操双杠练习支撑摆动，练习者向后摆动时，保护者用力托举练习者身体，使练习者体会向后摆动到标准位置的身体感觉、用力幅度等；在短跑教学中，采用在一定速度下控制性的拉力，给起跑者前进时一定的阻力，可使学生体会起动时蹬、摆动作的用力和幅度以及用力方向、用力顺序、用力程度等。

4. 定向与领先

定向是指以相对静态的具体视觉标志，如标志物、标志线、标志点，给学生指示动作的方向、幅度、轨迹、用力点等的直观方式。在实践中定向也常称为限制练习法、诱导练习法等。领先是指以相对动态、超前的视觉信号给学生以刺激与激励，以利于他们完成动作的直观方式。

在运用定向与领先方法时，要根据教学内容和对象特点合理设置视觉标志。例如，在练习蹲踞式跳远的腾空步时，在沙坑前设置一定高度的橡皮筋，要求学生练习时从橡皮筋上越过，在这种限制条件下使学生体会与掌握腾空步的正确动作，避免腾空高度过小的错误；在学习排球扣球时，学生不能在最高点击球，对此可在最高点悬一吊球，诱导学生跳到一定的高度后再击球。

5. 纠正错误动作与帮助法

纠正错误动作与帮助法是指体育教师为了纠正学生的错误动作所采用的教学方法。学生在学习和掌握各种运动技能的过程中，不可避免地会出现各种各样的错误动作，如果不及时纠正，就会使学生产生错误的动作定型，这不仅会影响学生掌握和提高技术技能，而且也不利于增强学生的体质，甚至会出现伤害事故。在体育教学中纠正错误动作和提供帮助，不仅是学生掌握运动技能的需要，也是避免运动损伤的需要。

纠正错误动作和进行帮助时必须分析产生错误的原因，才能选用适合的方法予以纠正和提供帮助。产生错误动作常见的原因有以下五个方面：

（1）师生关系紧张，教学内容安排不符合学生的实际，缺乏系统性，方法失当；学生学习目的性不明确，怕苦畏难，缺乏勇气与毅力等；学生完成动作不认真，敷衍了事。

（2）学生学习动作技术时概念模糊不清，完成动作的方法不符合运动生物力学原理。

（3）动作技能的负迁移效应。

（4）学生身体素质与运动能力欠缺。

（5）机体疲劳。

纠正错误动作与提供帮助的具体方法如下：

（1）动机激励。教师应不怕苦、不怕累、不怕脏，不怕严寒和酷暑，给学生做出表率，激发学生的学习动机。

（2）运用语言和直观方法，使学生建立正确的动作概念，加强讲解与示范，使学生明确正确与错误动作的主要差异，及时纠正错误动作。

（3）在学生因为恐惧和焦虑，或受运动技能负迁移影响而形成错误动作时，应变换练习内容，采用一些诱导性、转移性、辅助性练习，将学生从已经形成的错误动作中转移出来，在此基础上正确完成新的动作。

（4）发展学生的体能。

（5）根据错误动作的性质，可采用限制练习法、诱导练习法、自我暗示法和消退法等进行纠正。

纠正错误动作与提供帮助时应注意以下四个方面：

（1）在指出错误动作之前，要充分肯定学生的进步，增强学生改错的信心，切忌讽刺和挖苦学生。

（2）纠正主要的错误动作，有时主要的错误被纠正了，相关的错误也就消除了。

（3）合理使用各种方法纠正错误动作。

（4）体育教师要认真备课，了解学生情况，钻研教材教法，强化教学的基本功。同时，应加强教学的总结、交流工作，尽可能多地掌握预防和纠正错误动作的方法。

（三）以身体练习为主的体育教学方法

以身体练习为主的体育教学方法是指通过身体练习使学生掌握和巩固运动技能、进行身体锻炼的教学方法。在体育教学中，以身体练习为主的体育教学方法有分解练习法、完整练习法、领会教学法、重复练习法、变换练习法和循环练习法等。由于体育教学是以学生的身体练习为主要特征的，因此以身体练习为主的教学方法是体育教学的主要方法，是实现体育教学目标的主要途径。

1. 分解练习法

分解练习法是指将完整的动作分成若干段落，逐段进行教学的方法。它适用于"会"和"不会"之间有质的区别或运动技术难度较高而又可分解的运动项目教学。

分解练习法的优点在于把动作技术的难度相对降低，便于突出教学的重点和难点，有利于提高学生学习的信心；缺点是不利于学生对完整动作的领会，有可能形成对局部和分解动作的单独掌握，甚至妨碍完整动作的掌握。因此，采用分解练习法必须对动作技术进行合理的分解，并采用一定的教学步骤才能达到预期的教学效果。

动作技术的分解主要有以下几种方法：

（1）按动作技术的结构顺序分。例如，体操的"山羊分腿腾越"是由助跑踏跳、支撑、顶肩推手、缓冲落地等环节组成的，可按动作技术结构顺序先练习助跑踏跳，掌握助跑与踏跳的衔接，再让学生体会前脚掌发力、提臀收腹、直腿分立的动作要领，然后在器械上练习支撑提臀分腿及体会过器械的完整动作。

（2）按动作技术的结构反序分。例如，助跑投掷垒球是由准备、助跑和最后用力等环节组成的，可按动作技术结构反序先学习原地做挥臂投掷动作的练习，再学习上一步投掷的方法，然后做上几步侧身蹬地、转体、送髋、挥臂的投掷练习，最后学习助跑投掷动作。

（3）按学习难度分。例如，学习篮球原地单手肩上投篮，可按难度分为徒手模仿、持球模仿和持球投篮。按学习难度先练习徒手模仿蹬地、伸臂、屈腕和拨指的动作，然后在持球的情况下模仿和熟悉蹬地、伸臂、屈腕和拨指的动作，最后做真实的原地单手肩上投篮完整练习。

（4）按身体各部分的动作分。例如，健美操涉及的身体各部分的动作有下肢动作、上肢动作、上体姿势和头部动作，有些动作难度较大，如果整体学习会有困难，因此，可按身体各部分的动作来分解学习。

分解教学的顺序可以是多样的，基本顺序有分进式、递进式和连进式三种。

分进式教学步骤（图4-1）是将一个完整动作按时间的先后分成若干段落，各段落依次分开教授，最后再完整教授。

第四步A+B+C		
第一步A	第二步B	第三步C

图4-1 分进式教学步骤

递进式教学步骤（图4-2）是将一个完整动作按时间的先后分成若干段落，在分别教授第一、第二段落的基础上，将第一、第二段落组合起来进行教授，然后教授第三段落，第三段落学会后，再将第一、第二、第三段落组合起来教授，以此类推，直至最后完整教授。

图 4-2　递进式教学步骤

连进式教学步骤（图 4-3）是将一个完整动作按时间的先后分成若干段落，在教授第一段落的基础上，将第一段落与第二段落组合起来进行教授，以此类推，最后完整教授。

图 4-3　连进式教学步骤

进行分解教学时应注意以下几点：

（1）科学分解动作，要注意各段落间的联系，分开的段落应易于连接，并不破坏动作的结构。

（2）分解练习法要与完整练习法结合运用。一是学习前进行完整动作演示，使学生明确所划分的段落在完整动作中的地位和相互联系；二是分解动作的练习时间不宜过长，由于分解练习法的主要作用在于减少学生学习的困难，最终达到完整掌握动作的目的，所以学生基本掌握即可。

（3）切忌为分解而分解。当遇到动作技术相对简单或该技术难于分解时，可直接采用完整练习法，切忌将动作强行分解，降低教学效果。

2. 完整练习法

完整练习法是指从动作开始到结束，不分段落，完整、连续地进行学习和练习的方法。它适用于"会"和"不会"之间没有质的区别或运动技术难度不高而没有必要进行分解或根本不可分解的动作技能练习。

完整练习法的优点是教学中能保持动作结构的完整性，便于形成动作技术的整体概念和动作间的联系；缺点是用于应该分解而又不宜分解的动作（如体操运动中的翻转动作）时会给教学带来困难。因此，为了减少学习困难和便于掌握动作，进行完整教学时应注意以下几点：

（1）利用示范和演示来帮助学生建立动作表象。例如，让学生掌握动作的方向、路线、动作节奏、速度等要素，帮助学生对动作有个完整认识。

（2）抓住教学重点进行突破。例如，体操运动中的翻转动作虽无法分解，但其中的要素、扭动力、动作时机和动作要领还是可以进行分析的，比如前滚翻练习要求学生注意两腿迅速蹬地、滚动中抱紧双腿等，可以让学生有重点地进行练习，切忌一开始就苛求动作的细节。

（3）通过辅助与帮助降低难度。通过辅助器材的使用和利用教师的各种帮助降低动作难度，例如前滚翻教学，可利用斜面进行由高处向低处的前滚翻练习，或教师保护与帮助学生完成动作。

（4）有意降低动作质量要求。例如，健美操用口令替代音乐，降低节拍速度；篮球的近距离投篮和排球的近距离发球。应注意降低质量要求时不能形成错误动作。

（5）开发多样的辅助练习和诱导练习。结合助力与阻力、定向与领先和学生身心特点，开发针对性的辅助练习和诱导练习。

3. 领会教学法

领会教学法是因其在教学中侧重让学生对球类运动规律的掌握、体会和理解而命名的。1982 年，英国罗夫堡大学的两位教授（Bunker & Thorpe）在篮球教学中采用领会教学法代替传统的技术教学法，其指导思想是体现篮球运动的特征及战术意识，而不是把篮球技术本身作为教学的重点。领会教学法是体育教学方法指导思想的一项重大改革，它从强调动作技术转向培养学生的认知能力和兴趣。

领会教学法的教学过程主要包括六个部分：项目介绍—比赛概述—战术意识培养—瞬间决断能力的训练—技巧演示—动作完成。领会教学法是以"项目介绍"和"比赛概述"作为球类运动的开始，让学生了解该项目的特点和比赛规则，使学生一开始就对该运动项目有一个全面的了解；然后对学生进行"战术意识培养"，教师在介绍战术后，结合实战向学生演示一些临场复杂的情况和应付的方法，对学生进行"瞬间决断能力的训练"，培养学生全面观察情况、把握和判断时机以及应变的能力；最后学生根据所学的技术和战术，判断出"做什么"并选择最佳的行动方案。

领会教学法还有一个特点就是将过去的"从局部开始分解教学"改变为"从整体开始教学再到局部，再回到整体教学"。这个教学过程有利于学生从一开始就领会到项目（特别是集体性的球类项目）的基本概况，并较快地形成球类意识和战术概念。运用领会教学法时应注意以下三个方面：

（1）从项目整体特征入手，然后回到具体技能学习，最后回到整体的认识和训练中。

（2）强调从战术意识入手，把战术意识贯穿在各个教学环节中，以整体意识和战术为主导；突出主要的运动技术，忽略一些枝节性的运动技术。

（3）注重比赛的形式，并在实战中培养学生对项目的理解，教学往往从"尝试性比赛"开始，以"总结性比赛"结束。

4. 重复练习法

重复练习法是指在不改变身体练习的技术结构和运动负荷的表面参数的条件下进行反复练习的方法。它是学生学习技术、发展体能最基本的方法。

根据练习中是否有间歇，重复练习法又可分为连续重复练习法（或称为持续练习法）和间歇重复练习法。对于一些周期性的运动项目和发展耐力的身体练习，如短跑、中长跑等，通常采用连续重复练习法，练习技术的同时发展体能；对于一些非周期性的运动项目，如排球的连垫球练习等，可以赋予它周期性的特点，运用连续重复练习法，巩固提高垫球的技术。运用间歇重复练习法要根据教学的任务和学生的特点确定间歇的时间，例如发展速度和速度耐力的重复跑，在练习中不仅应对运动负荷的外部参数和技术提出要求，还应根据学生的身体条件，对练习与练习之间的休息形式和间歇的时间提出具体的要求。在体育教学中，间歇重复练习法的间歇时间应以学生的身体恢复为原则。

5. 变换练习法

变换练习法是指在变化条件下进行练习的一种方法。变换练习法中的条件是指身体练习的动作要素（身体姿势、动作时间、动作速度、动作幅度、动作力量、动作轨迹、动作频率等）、身体练习的组合、器械的高度与重量以及练习的环节等。变换练习不仅可以提高学生中枢神经系统的灵活性，刺激人体更快地适应，有效地提高体能，而且对提高学生的学习兴趣也有良好的作用。

根据练习中是否有间歇，变换练习法又可分为连续变换练习法和间歇变换练习法。连续变换练习法普遍适用于周期性的运动项目，如变速跑等。体育教学中可通过改变练习的器械和环境来提高学习效果，如把平时在练习场地内的耐力跑改成越野跑、把举哑铃变为双杠的屈臂撑等，激发学生的练习兴趣，减少枯燥感，提高练习效果。

6. 循环练习法

循环练习法是指根据练习任务和需要，教师预先选定若干练习手段作为练习的站（点），学生按规定顺序和练习要求依次逐站（点）进行练习的方法（见案例4-1）。也就是说，把若干单个身体练习内容按一定的要求科学地组合，然后让学生按一定的顺序进行练习。循环练习法是重复练习法和变换练习法的结合形式，是体育教学的一种组织形式。循环练习的方式有多种，主要是流水式和分组轮换式。

案例4-1　循环练习法

循环练习法的特点是有多个练习手段，练习过程循环，运动负荷量较大，练习的程序和要求可根据练习的任务、学生的特点、教学的条件进行设计。循环练习法在基础教育阶段体育教学中的优点在于：第一，可解决人数多、场地器材不足的矛盾，加大运动量和练习密度；第二，动作易行，能收到实效；第三，练习内容多样，利于激发学生的兴趣，调动学习锻炼的积极性，全面发展身体；第四，丰富教材内容，在改进某一技术的同时提高身体素质。

运用循环练习法应注意以下五个方面：

（1）选择身体练习，确定练习的运动负荷、练习站（点）的数量和循环顺序都服从教学任务、教学条件、学生的运动能力以及场地器材等实际情况，练习站不宜太多，也不宜太少，一般以 6 个左右为宜。例如，当改进和提高技术时，以 4～6 个练习站（点）为宜；当发展体能时，一般采用 8 个以上的练习站（点）进行练习。

（2）选择的练习方法和教材应是学生比较熟悉的，动作要简单，讲究实效，顺序搭配要合理。例如，选用一些复习教材或学生练习过的辅助性练习，只有学生熟悉这些练习，教学才较易组织，循环才能顺利进行。因此，循环练习法一般在学生掌握了重复练习法和变换练习法锻炼的内容之后选用。

（3）选择的练习应将发展基本活动能力、提高身体素质、培养心理品质、激发兴趣、促进学生交流的内容合理地搭配、组合在一起，以利于全面锻炼学生的身体。

（4）安排好运动负荷。循环练习的总负荷应适当，即各练习站（点）的负荷，以及练习站（点）与练习站（点）之间的休息时间应合理安排。一般可以从学生最大负荷能力的三分之一开始，再逐渐增加，但是不要超过学生最大负荷能力的三分之二。当站（点）的练习量较大时，强度应小一些；当强度较大时，练习量应小一些。各站（点）之间可安排适当的休息，各站（点）的运动负荷应大小间隔搭配。循环的次数也可根据教学任务、学生水平及其需求而定。

（5）严密组织。分组轮换式循环练习法中众多的学生同时做不同的练习，如果设计和组织不好，就容易发生教学事故。教师应加强体育骨干培养，强化安全措施，场地安排要便于教师巡回指导，同时各站（点）练习时间安排大体相等，避免学生从练习时间短的站（点）向练习时间长的站（点）扎堆。

（四）以情感体验为主的体育教学方法

以情感体验为主的体育教学方法是指教师在教学中创设一定的情境和比赛活动，使学生通过生动的运动实践，提高运动参与兴趣、陶冶情操、提高运动能力的教学方法。

在体育教学中，既要重视运动技能的传授，又要重视心理健康目标的达成，要努力使学生在体育活动过程中既掌握基本的运动技能，又发展心理品质。基础教育阶段的体育教学要根据不同学段学生的心智水平、体格发育水平和技能水平采用不同的主题教学、情境教学，充分发挥游戏活动的作用，使学生乐、学、练，在适宜意境中培养学生的思维与想象能力，激发学生参与体育活动的兴趣，用较短的时间达到最佳的教学效果。以情感体验为主的体育教学方法有运动游戏法、运动竞赛法、情景教学法等。

1. 运动游戏法

运动游戏法是指体育教师组织学生通过游戏活动来完成教学任务的一种教学方法。游戏通常有一定的情节和竞争成分，内容与形式多种多样。游戏中的竞争、合作等情节要素有助于培养学生的思考和判断力，陶冶情操，进行心理锻炼。因此，在体育教学中运动游戏法被广泛地采用。

运用运动游戏法应注意以下五个方面：

（1）游戏的内容与形式的选择要有明确的目的，并采取相应的规则和要求，才能取得较好的效果。

（2）要求学生严格遵守规则，同时鼓励学生在规则许可的范围内充分发挥自己的主动性和创造性去争取优胜。

（3）裁判应公平、公正、准确，监督并"处罚"不良行为，确保游戏顺利进行。

（4）布置好游戏场地与器材，加强组织工作，确保游戏过程安全有序。

（5）游戏结束时要做好讲评，指出优点与缺点，以激励性评价为主，使学生的自信心、自尊心、心理承受力、判断力得以提高。

2. 运动竞赛法

运动竞赛法是指通过组织学生比赛进行技能学习和练习的一种教学方法。体育教学中的比赛往往与游戏相似，但也有区别：一方面，游戏有竞争、合作、表现等多种类型，而比赛偏重于竞争；另一方面，游戏不限于某个项目，而比赛往往与某个运动项目有关。

比赛往往是实战，其特点是规则清楚，更具有竞争性，对学生的技战术、体能以及心理能力都有更高的要求。比赛是进行更高水平的检验，能更有效地发展学生的心智与体能，培养个性品格，因此，运动竞赛法在体育教学中具有重要的地位。教学中常采用尝试性比赛、限制性比赛、总结性比赛等具有明确教学目的的比赛形式。

运用运动竞赛法应注意以下四个方面：

（1）有明确的目的性。要依据教学目标、教材性质、教学过程的时机、学生的技能熟练程度和场地器材的条件等合理地运用比赛的方法。

（2）注重比赛的公平性。教学中的分组应使各队水平接近，使用的器材设施应基本一致，使学生在实力相近和条件相当的条件下竞争，这样的竞争才能激烈而富有悬念。但在学生技能不太熟练时，要通过对规则的改变、攻守双方实力调整等方法使比赛能更好地为教学服务。

（3）调控运动负荷。在运用运动竞赛法时，学生大多比较兴奋，运动负荷较易超量，体育教师要根据规则及其要求、教学内容、时间、场地大小等条件严格控制与调节学生的运动负荷，巧妙地进行比赛分组和轮换，使学生既有同等的比赛机会，又不至于过度疲劳。

（4）竞赛结束及时评价。比赛是对学生进行多方面教育的好机会，要在学生运动技能提高的同时对他们进行体育风尚教育。比赛结束时应及时地指出表现好的、应当倡导和发扬的方面，同时明确地指出不足的、今后要认真加以改进的地方。

3. 情景教学法

情景教学法是一种主要适应小学低、中年级学生，利用低年级学生热衷模仿、想象力丰富、形象思维占主导的特点，进行生动活泼和富有教育意义的教学方法。这种方法主要遵循情感变化的规律，在教学过程中设定一个"情景"，由一个"情景"来贯穿整个单元的教学过程，如"夏令营""唐僧取经""小八路送情报"等，让学生的学习和练习通过用情节串联起来的各种运动，并配合讲解（讲故事）、情景诱导、保护与帮助的方法来进行。

传统的体育教学往往比较注重知识和技能的传授与练习，忽视对学生态度、爱好和欣赏能力的培养，而这些方面在学生的成长过程中又具有非常重要的作用。情景教学法就是在现代教学理论的指导下，通过创设生动有趣的教学情景，以陶冶情操和欣赏活动为主的教学方法，使学生在有趣的活动中，既锻炼身体，又在不知不觉间完成学习任务。

在基础教育阶段，体育教学中可利用各种教学素材创设情景。常用的创设情景的途径有以下几种：

（1）语言故事法。教师通过声情并茂、妙趣横生的教学语言，描述故事活动情节、过程以及角色对话等，使学生如临其境，尽情参与。如遵守纪律的雁群、听指挥的鸭子、按顺序走的驼队等，通过丰富生动的语言、形象逼真的动作表情，使学生进入角色，养成自觉守纪的习惯。

（2）图示法。教学中可用图板标示活动路线、方向，用挂图显现动作形态、过程，利用景物烘托环境氛围，在场地上描画小河、房屋等。

（3）口诀法。根据学生的学习特点和认知水平，把技术动作要领编写成通俗易懂的歌谣口诀，使朗诵与意念相结合，学习与锻炼相结合，尽快领会动作要领。

（4）动作模仿法。把各种派生的角色通过形象的动作表现出来，如象行、马奔、兔跳、鸟飞，以及人物的举止形态和走、跑、跳、投、攀、爬等活动。在训练学生用前脚掌先着地跑时，可根据儿童善于模仿的特点，组织学生模拟南极企鹅走路，模拟草原儿童骑马和舞蹈表演；可以组织生活原型的活动，让学生乐学，如给自行车打气、搬运工人推板车、司机把握方向盘等。

（5）配音法。针对体育活动的单调乏味，运用声像工具和多媒体技术营造欢乐轻松的教学氛围，调动学生锻炼的积极性，让学生以最佳的心理状态进行各种活动，寓教于乐，提高学习的效果。例如，在教师讲解示范时播放轻音乐，在学生练习过程中播放轻快乐曲，不仅能增加课堂的愉悦气氛，还能减轻运动疲劳。

（6）拓展法。运用大自然中的景象创设一种娱乐的情景，能使学生在动中有趣、动中有情、动中有练，通过意境情绪的驱使进行积极主动的学习。如学习短跑时，创设"穿过小树林"的情景。

在情景教学过程中不仅要创设丰富的教学情景，而且要对各种情景选择合适的时机加以利用，使教学任务在教师预设的教学情景中较好地完成，切实达到学生愉快地锻炼、发展的目的。在体育教学中运用情景教学的时机主要有以下三个部分：

（1）课的开始部分。学生通过模仿各种劳动、运动、生物活动等，使身体由相对安静状态向运动状态过渡，在教师预设的教学情景中，吸引学生主动参与，为基本部分的教学打下良好的基础。

（2）课的基本部分。一是将情景作为处理教材的手段，在教学某项运动技术时，用特点相近的运动现象来说明学习中的某个问题，通过教师生动形象的语言，描述动作的情节、过程，使学生从中受到启发；二是将情景作为发展身体活动能力的手段，通过角色模仿和情景活动过程，激发学生的参与欲望，使学生有身临其境之感，调动学习的积极性，既锻炼了身体，又能对学生进行思想品德教育；三是将情景作为组织教学的手段，创设"开火车""划龙船""火速到达""安全转移"等情景，使教学环节、教材之间的衔接紧密和转换迅速，避免无意义的时间耗损。

（3）课的结束部分。为了尽快消除运动疲劳，使高度兴奋的精神状态得到适当抑制，使身体由紧张的运动状态逐渐过渡到相对静止状态，教师可运用情景教学法使学生的身心得到放松。

基础教育阶段体育教学中运用情景教学法应注意以下四个方面：

（1）活动前的情景诱导。兴趣是学习的动力，是创设好的教学情景的重要条件。教师在进行情景教学前，要让学生"进景"，使学生带着好奇心和求知欲投入课堂教学中，学生有了这样的心理调动，就能产生对"当前课题"的动机和爱好。

（2）活动中的情感激发。情景体验伴随着情感反应，教师在活动中要善于利用各种情景，通过学生相互加油、教师给予现场鼓励等方法激发并维持学生的参与热情。

（3）关注个体差异。学生在兴趣、知识水平、技能和体能方面的差异是客观存在的，教师应尊重学生在教学中的主体地位，建立平等的师生关系，要允许和鼓励学生提出各种问题，营造生动活泼的教学氛围。

（4）活动后的评价。要将学习和活动进行有机的结合，通过总结、讲解和讲评等方式对教学进行总结，向学生反馈技能学习及进步情况，同时通过总结对学生进行其他方面的教育。

（五）以探究性活动为主的体育教学方法

探究性学习是指学生在学科领域内或现实生活情境中选取某个问题作为突破点，通过质疑、发现问题，经调查研究、分析研讨，解决问题的探究学习活动。以探究性活动为主的体育教学方法有发现法和小群体教学法。

1. 发现法

发现法是指学生在学习体育的概念和原理时，教师只是给出一些事例和题目，让学生通过观察、思考、讨论、验证等途径独立地探究学习，自行发现并把握相应的原理和结论。

发现法的指导思想是以学生为主体，通过积极自主的活动，使学生在把握、熟悉和解决问题的同时，培养他们自觉主动地探究学习的态度和能力。发现法对激发学习兴趣、培养解决问题的能力、发展创造性思维品质和积极进取的精神具有重要作用。

发现法多用于可以引出多种假设、原理的学习内容，尤其是在学生形成概念、理论，找出现象间的关系时最为有效。但是运用这种方法花费时间较多，而且需要学生具有相当的知识经验和相应的思维水平，还需要逻辑严密的教材和素质较高的教师。对于太简单或太复杂的内容以及资料性的内容，不宜采用发现法。

发现法的基本过程如下：

（1）提出问题，创设题目情境，向学生提出要解决的课题。

（2）产生假设，学生利用有关材料，对提出的问题做出各种可能的假设。

（3）讨论交流，从理论上或实践上检验假设，学生如有不同观点可以展开争辩。

（4）得出结论，对结论做出补充、修改和总结。

2. 小群体教学法

小群体教学法是指通过体育教学中的集体因素和学生间交流的社会性作用来提高学生学习的主动性，并达到对学生社会性培养的教学方法。

小群体教学法的组织形式灵活，学生自找伙伴，自由组成人数相近的小群体，自定学习目标，充分发挥小群体的自主性，自觉完成学习任务，体验练习乐趣。小群体教学法的基本特征：规模小，人数少；目标一致，整合性强；群体成员面对面互动；互动的经常性和群体的持久性；互动是平等、深入、全面的。

小群体教学法一般在单元的开始都有一个分组和形成集体的过程，在这个过程中，重要的是使小组具有一定的凝聚力和各自的学习目标。在单元的前半部分，一般是以教师指导性较强的小组学习形式为主，以学习活动为主；在单元的后半部分，一般是以学生自主性较强的小组学习形式为主，主要为学生练习和交流活动，此时教师起指导和顾问的作用；在单元结束时，一般有小组间比赛、小组总结和全班总结。

以探究性活动为主的体育教学方法的特点在于在探索、熟悉、解决问题的过程中学生的独立性得到充分发挥，进而能培养和发展学生的探索能力和创新能力。在这类方法中，教师有意识地让学生有较大的活动自由，有时还要使自己作为成员参与到学生的探究活动中，教师的指导要更加周到、有效和更有预见性。

运用以探究性活动为主的体育教学方法应注意以下三个方面：

（1）合理设定研究课题和过程。首先，教师要依据教学要求、教学内容的特点和学生知识、能力水平的实际，把教材中的某一知识或题目确定为学生进行探究的课题；其次，教师依据教材结构的特点和学生的实际，确定是把一个题目单独作为一个发现过程，还是把一个题目分解成几个发现过程。如果教材难度大，学生基础较差，自学能力较弱，则应该把课题分解细致，减少知识容量，缩短发现过程的时间，让学生在力所能及的范围内开展探究性活动。随着学生发现能力的提升，发现过程的跨度应逐步增大，知识量也应增多，让学生在更高水平上锻炼独立思考的能力和创造能力。

（2）严密组织教学，积极引导学生的发现活动。学生的探究、发现并不是一种自发的为所欲为的活动，而是在教师的严密组织和积极引导下进行的。学生在发现的过程中可能会碰到各种问题和困难，需要教师随时帮助、启发和引导，使思维活动不断深化，减少发现过程中的曲折，以尽可能少的时间获取最好的学习效果。

（3）创设有利于学生进行探究发现的情境。学生在教师的指导下进行探究性活动时需要各种条件，除了在活动场所、教学设备、教学时间等方面给学生创造良好的物质条件，更重要的是要通过师生的努力，创造一种互尊互爱、好学深思、奋发向上的心理环境，使学生乐于开展深入的讨论，交流心得体会，也敢于发表不同见解，提高探究发现的效率。

第二节　体育课堂教学

一、体育课的结构

（一）体育课的结构与体育新课改

体育课的结构是指一堂课的教学内容安排、教学组织、教法步骤的合理顺序以及各个环节的时间分配。体育课的结构受体育学科特点、教学内容、教学方法、教学对象以及教学条件等因素的制约，不同类型的体育课的结构不同，同一类型的体育课在不同水平、不同条件下其结构也有变化。

20世纪50年代初，受苏联体育教学理论的影响，我国体育课的结构采用四个部分的结构形式：开始部分、准备部分、基本部分和结束部分。70年代末，我国引入了其他国家的体育教学理论。同一时期，苏联体育教学专家与学者也提出了新的见解，认为对体育课的结构应从总体结构和细微结构两方面进一步研究，既要符合人体活动能力变化的规律，又要研究身体练习对机体影响的"后作用"规律，以及教与学相互作用的连续性，并在此基础上提出体育课的三段结构：准备部分、基本部分和结束部分。70年代后期，我国体育教学课基本上采用"三段式"教学结构，长期以来大多数体育教师也都习惯于"三段式"教学结构。

传统"三段式"教学结构注重运动技能传授，以运动技术教学为主，对技术教学内容的安排非常细致、精益求精，运动技术的正确和错误有明确的划分。要求教师示范正确，学生掌握正确的技术动作，教学纪律严格，教学过程中学生紧紧围绕教师的活动，基本处于听讲和练习状态。现代教学论所提倡的学生相互交流、讨论、提问、思考等活动在教学中较少出现，学生的主动性和主体性没有得到很好的体现，难以实现运动参与、心理健康、社会适应等教学目标。但是"三段式"教学结构的练习密度大，技术练习效果好，教学组织严密顺畅，教学外观有序，教师必须认真钻研技术细节，具有严谨的教学态度才能完成。"三段式"教学结构对发展我国体育教学、提高教学质量、规范教师教学起到了极其重要的作用，也是体育教师必须学习掌握的一种教学基础结构。

"三段式"教学结构在现代体育教学中暴露出了一些问题，为提高体育课的教学质量，使之适应现代素质教育的要求，必须更新体育教师的教学观念，对体育课的结构进行改革。

1. 以学生身心活动变化规律为依据的结构

以学生身心活动变化规律为依据的阶段划分方法比较常见的是"六阶段"教学结构，这六个阶段是引起动机阶段、满足运动愿望阶段、适当降低强度并保持活跃情绪阶段、发展运动能力阶段、身心恢复与调整阶段、小结和布置作业阶段。这种阶段划分方法随着教学的需要可增可减，其最大特点就是不受各阶段时间分配的严格控制，具有较大的灵活性。

2. 按学习内容练习顺序安排的结构

按学习内容练习顺序安排的结构类似于程序教学方法，根据人体机能活动规律和动作技能形成规律进行安排，由运动负荷和合理休息交替出现，侧重学生的心理活动与情绪的调节，充分调动学生的活动积极性。

体育课的各种结构模式是在学校体育教学实践中逐渐形成的，是体育教师不断探索的结果。在教学中可根据实际需要对体育课的结构进行创新，灵活地运用各种结构模式，不必拘泥于某种一成不变的课程结构模式。

（二）"三段式"教学结构的特征

"三段式"教学结构是依据体育教学中学生的机能活动变化规律、心理活动变化规律以及教学过程的一般规律提出的。

在体育教学中，学生机能活动变化可分为三个阶段（图4—4）：在上升阶段，人体由相对安静状态进入工作状态，工作能力逐渐提高，该阶段在体育课的结构中称为准备部分；在稳定阶段，工作能力稳定在一个相对较高的波浪形变化不大的阶段，该阶段在体育课的结构中称为基本部分；在下降恢复阶段，工作能力逐渐下降，该阶段在体育课的结构中称为结束部分。

上升阶段　　　　稳定阶段　　　　下降恢复阶段

图4—4　人体工作能力变化规律

在体育教学中，学生心理活动变化与体育课及各部分的具体教法、内容的安排有直接关系。研究表明：在45分钟的体育课中，学生的注意高峰出现在15分钟处，有两次情绪高峰，第一次出现在4～18分钟，第二次出现在36～40分钟，意志高峰出现在20～30分钟。根据心理变化特点，在学生的注意和情绪高峰时安排学习新知识、新技术，在学生的意志高峰时安排身体练习，会取得良好的教学效果。

体育教学过程要符合学生的认识发展规律、动作技能形成规律和教与学辩证统一规律等。合理的准备活动能使学生较快进入工作状态，防止伤害事故的发生；合理的保护和帮助能使学生克服恐惧心理，尽快掌握技术动作，并防止伤害事故的发生。根据体育教学过程的特点，将体育课的基本结构划分为准备部分、基本部分和结束部分，即"三段式"教学结构，见表4—3。

表4—3　体育课的"三段式"教学结构

部分	目标	内容	组织形式	时间
准备部分	①快速组织上课； ②学生明确内容与目的； ③做好学习心理、生理准备	①教学常规； ②一般准备活动； ③专门准备活动	集体形式	8～12分钟，根据学生、教材、气候等因素调节
基本部分	①学习、复习、考核； ②掌握"三基"； ③发展体能； ④体育品德与健康行为培养	①课程标准、教学计划中选定的内容； ②素质练习； ③学习内容的专门练习、诱导练习、辅助练习等	形式多样，随教学目标、教材性质、学生特点、客观条件而定	28～32分钟

部分	目标	内容	组织形式	时间
结束部分	①恢复安静状态；②结束教学活动	①放松练习；②小结、布置作业、收还器材	集体形式	3~5分钟

准备部分的目标是迅速地将学生组织起来，集中学生精神和注意力，明确学习内容与教学目标；组织全体学生充分做好准备活动，让身体的主要肌肉群、关节、韧带得到充分活动，使各器官系统机能迅速地进入工作状态，帮助学生以饱满的精神和适宜的身体状态去参加活动。准备部分的教学内容包括教学常规、一般准备活动和专门准备活动。教学常规是指每节课开始时进行的一些基本活动，主要包括全班整队、检查人数、宣布学习内容、提出教学目标与要求、检查服装、安排见习、队列队形练习等。一般准备活动是指激活机体基本活动能力的各种肢体活动。通常采用各种走、跑、跳、投练习，各种徒手操或持轻器械练习，传统项目基本动作，游戏，舞蹈等。专门准备活动是指其动作性质和结构与教学内容密切相关或相似的身体练习。通常采用模仿练习、诱导练习和辅助练习等。准备部分的时间较短，组织形式一般为集体形式，既可以定位练习，也可以行进间练习，队形应根据具体情况加以变化。

基本部分的目标是学习、复习、考核课程标准和教学计划规定的内容，使学生掌握科学锻炼身体的知识、技能和方法，发展体能，增强体质，增进健康，培养良好的道德品质和行为习惯。基本部分的内容包括《标准》建议的教学内容，结合本地区、本校实际情况选用的特色内容，根据学习内容的需要选定的辅助练习、诱导练习等。基本部分的组织形式一般采用分组轮换与分组不轮换。基本部分应处理好以下问题：

（1）将新的、较复杂或难度较大的、发展速度和灵敏性的教学内容放在基本部分的前部，使学生具有饱满的精力去完成较复杂、较难的学习任务。

（2）根据体育课的目标和主要教学内容的性质与学生的特点，安排一些必要的辅助练习、诱导练习、转移性练习和体能练习，如在进行难度大或强度大的练习之前做一些相应的准备练习和辅助练习。

（3）根据教学目标、教学内容性质、学生特点和场地器材设备等，设计和安排练习密度、生理负荷和心理负荷。采用有效的组织教法措施，调控练习的次数、强度与休息时间，合理交替进行，力求基本部分的练习密度、生理与心理负荷适宜。

（4）根据学生人数、场地、器材条件和身体练习的需要，决定以全班或分组或个人的形式进行练习。如果学生人数多，场地器材少，一般采用分组轮换。

结束部分的目标是有组织地结束教学活动，使学生身体逐渐恢复到相对安静状态，对教学情况进行小结，布置课外作业，宣布下次课的内容等。结束部分的教学内容根据基本部分教学内容的性质和运动负荷的大小，选用动作结构简单，节奏缓和、轻快的身体练习，如活动性游戏、徒手操、舞蹈、慢跑等。结束部分一般采用集体形式进行，也可分组进行整理放松活动，然后集中全班进行小结。

二、体育课的组织

（一）概念

体育课的组织是指为了保证体育课的顺利进行，提高体育课的教学效率，所采取的各种保障措施与手段。

体育课在室外进行，学生活动范围大，人际交往频繁，易受外界因素影响，体育课的组织相比其他课程更为复杂。合理的组织能建立良好的师生关系，调动学生的主动性与积极性，合理使用场地器材，防止伤害事故，使课堂教学严密紧凑。

（二）组织内容

体育课的组织内容主要包括课堂常规、学生队伍的安排与调动、场地器材的布置等。

1. 课堂常规

课堂常规是每堂课都应遵守和执行的规定，良好的常规有利于规范师生的行为。课堂常规一般是基本、简单、易于做到的，内容简明扼要，具有强制性、灵活性、一贯性和教育性的特点。

教师和学生都应做到：穿着便于运动的服装；课前到达指定地点；准备场地器材；爱护公物；下课及时收回器材。

学生在此基础上还应做到：遵守教学秩序，有事事先请假；课堂学习中服从教师指挥；认真完成课后作业。

教师在此基础上还应做到：做好各种教学计划；课前认真备课，写好教案；上课检查学生人数、着装；对学生提出安全要求；结束教学时要认真小结；课后及时了解学生的意见、情况，做好课后总结。

2. 学生队伍的安排与调动

体育课中合理的队伍安排与调动不仅显示出严密的组织性，而且通过队伍调动可以丰富教学内容，形成正确的身体姿势，创造良好的教学环境。

（1）队伍的安排。

教学中学生队伍的安排应便于学生看、听教师的示范讲解，便于教师观察、帮助、指导学生，便于学生互相帮助；考虑背风沙、强光等影响教学的自然因素；体现安全、卫生；有利于提高教学密度。

案例 4-2 队伍安排不当

在学习排球传球技术时，由开始两排学生背向阳光站队观察教师讲解示范变为前后两人对传练习，由于只考虑前一步的位置，没有考虑后续变化，在传球练习时就会有一排学生面对阳光练习，看不清对面来球，影响教学效果（图 4-5）。

改进：集合讲解时，学生侧对阳光站队。

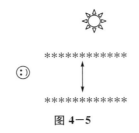

图 4—5

案例 4—3　队伍安排不当

在铅球教学的过程中，教师站在队伍侧前方指挥观察学生练习，当教师的注意力集中在较远的学生身上时，较近的学生可能将铅球掷向教师，发生安全事故（图 4—6）。

改进：教师站在队伍后面指挥。

图 4—6

案例 4—4　队伍安排不当

在学生做蹲踞式起跑练习，班级人数较多的情况下，安排两人一组按口令起跑，在有限的教学时间内，学生的练习次数相对较少，练习密度小，不利于动作的掌握（图 4—7）。

改进：学生按横队站，多人一组进行练习，并要求前后两人相互帮助（图 4—8）。

图 4—7　　　　　　　　　　图 4—8

（2）队伍的调动。

教学中学生队伍应根据教学目标、内容、场地器材进行合理调动，节省时间；应总体考虑，减少不必要的调动；调动队伍时教师要用口令指挥，提高指挥能力和调控能力，使学生明确调动队伍的作用，积极配合，步调一致。

在一节以铅球和短跑为教学内容的课中，教师的教学内容顺序为整队集合、慢跑、准备操、专门准备活动、分组练习。准备操集合队形的位置可以在投掷区，也可以在跑道上，由于下一个内容是短跑的专门练习，为减少队伍调动，当慢跑完成时，应将队伍集合在跑道上进行准备操的练习，以便节约时间，提高教学效率（图 4—9）。

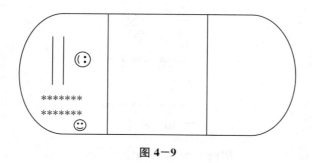

图 4-9

3. 场地器材的布置

场地器材是体育课所必需的物质保证。做好场地器材的准备不仅能充分利用器材，提高使用率，而且有利于队伍调动，合理安排课的密度，增加学生的练习次数，调动学生的学习积极性，也便于教师课堂指挥。布置场地器材时应注意：场地器材的布置符合锻炼安全卫生的要求，课前认真检查，防止安全事故发生；场地器材布局合理，可移动器材尽量靠近固定器材；场地器材的布置有利于队伍调动，增加练习密度和调节生理负荷；场地器材的布置便于教师对课的调控和对学生的辅导。

在一节以铅球和技巧为教学内容的课中，学生在练习铅球时，可将技巧垫放在投掷区的后面，在学生练习铅球的空隙，安排垫上运动，如仰卧起坐、背起等，提高课的练习密度，有利于学生身体的锻炼（图 4-10）。

图 4-10

在一节以篮球和技巧为教学内容的课中，为了充分利用场地器材，准备部分可设计游戏，将球、垫子都运用到游戏活动中，垫子放在球场端线附近，游戏结束后可快速将垫子撤离球场，以便节约时间，提高练习效率（图 4-11）。

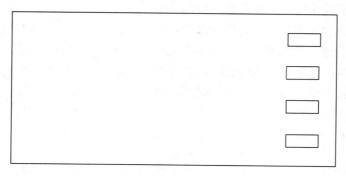

图 4-11

（三）体育教学的组织形式

体育教学的组织形式是指为了实现体育课的教学目标，根据教材内容特点、学生具体情况、教学环境而合理采用的教学方式。科学合理的教学组织形式是发挥教师的主导作用和学生的主观能动性、提升教学效果的基本保证。

1. 班级教学组织形式

（1）自然班分组教学。

以自然班为教学单位，即男女混合班上课。自然班教学的优点是形式固定，组织方便，学生之间相互了解，便于激发学生的学习兴趣和表现欲，活跃课堂气氛；缺点是由于性别差异和体能差异而必须区别对待。

在理想状态下，一个自然班人数以不超过 40 人为宜。目前我国自然班人数一般为50 人，但是由于各种原因，部分地区的学校自然班人数超过 60 人，因此，体育教师有效地实施课堂教学较为困难。然而，就我国基础教育的现状而言，体育课采用自然编班仍将是主流，关键在于体育教师如何开动脑筋，克服困难，想出办法，进行创造性的教学。例如，在一个自然班进行体育教学时，可采用分组的教学组织形式。

（2）合班分组教学。

将同年级几个班重新编班分组，由若干体育教师分别进行教学，可以按性别、体质健康水平、体育基础水平、专项能力爱好来分组。合班分组教学的优点是能够根据学生的不同情况制定教学目标，选择教学内容，安排与调控运动负荷，充分调动学生的学习积极性和锻炼的自觉性；缺点是给课程安排增加难度，教师人数少、场地器材不足的学校难以实行。

2. 课内教学组织形式

课内教学组织形式一般包括全班集体教学和班内分组教学。全班集体教学是指全班同学在教师的统一指挥下，同时或依次完成练习的教学组织形式。其优点是便于统一调动指挥，全面照顾学生，有较高的练习密度；缺点是不利于区别对待、个别辅导。全班集体教学一般在场地器材条件充足的情况下使用，适用于队列、广播操、准备活动、诱导练习、武术、舞蹈、游泳、体能练习等。班内分组教学是根据课的教学目标和要求将全班学生分成若干小组分别进行练习的教学组织形式。班内分组教学是一种必要的教学组织形式，能体现因材施教、区别对待的教学原则，便于发挥学生骨干的作用。

目前，随着体育教学改革的不断深入，体育教学中也呈现出多样化的分组方式。

（1）随机分组。随机分组是分组教学的基本形式，是按照某种特定的方法将学生分成若干组。例如，用报数的方法将全班分成若干小组。随机分组具有一定的公平性，常在竞赛、游戏时采用。这种方法简单迅速，但不能考虑学生在爱好、能力上的差异，无法很好地体现因材施教的教学原则。

（2）同质分组。同质分组是指分组后同一个小组内的学生在体能和运动技能上大致相同。同质分组的方法在教学中常常自觉或不自觉地得到运用，例如，在田径跳高教学中，教师设置不同高度让学生选择练习，每个学生可以选择自己最适合的高度进行练习，这时的分组形式即为同质分组；在篮球练习中，常常会很自然地形成水平相近的学生在一起比赛。

同质分组能增强活动的竞争性，符合学生好强争胜的性格，提高学生参与活动的兴趣，但是同质分组易在学生中形成等级观念和弱势人群的自卑感等。因此，教师应让学生了解实施这一教学组织形式的原因，以免学生产生自卑感和降低学习的信心，或者产生骄傲和自满情绪。

（3）异质分组。异质分组是指分组后同一个小组内的学生在体能和运动技能方面均存在差异。异质分组不同于随机分组，是特意将不同的体能和运动技能水平的学生分在一组，或者根据某种特别的需要进行"异质"分组，从而缩小组间差距，以利于开展游戏和竞赛活动。例如，在进行接力跑游戏前，教师把跑得较快和跑得较慢的学生合理地分配在各个小组里，此时形成的小组就是典型的异质分组。

（4）合作型分组。合作型分组是将具有不同特点的学生分到同一个小组，小组集体共同完成教学任务。合作学习是课程和教学领域非常强调的一种学习方法。体育教学中学生合作学习（如接力跑、双人操、搬运重物、传递等）的机会比其他课程多，无论是在游戏活动还是在竞赛活动中，合作都是获得成功的重要因素之一。

体育教学中学生合作练习的意义远远超出活动本身。合作学习既能锻炼学生的体能和技能，更能提高学生练习的兴趣和热情，培养学生的合作意识和集体主义精神，有助于学习目标的达成。

（5）帮教型分组。帮教型分组是将运动技能水平有较大差异的学生分到一组，使水平高的学生直接对其他学生形成帮助，以达到帮、带的目的。在合作型分组中，参与者之间的关系是平等的，是一种互为依赖的关系，但有时根据教学的需要，可以组织部分学生直接对其他学生进行帮助，这就形成了帮教型分组。采用帮教型分组的形式比教师一个人对众多的学生进行指导所达到的教学效果更好。

由于在帮教型分组中，学生之间所处的地位是不平等的，容易导致帮助者产生优越感，被帮助者产生自卑感，因此，教师要使学生认识到，人与人之间是平等的，每个人都有帮助集体成员和接受帮助的责任和义务。

（6）友伴型分组。让学生自主选择分组进行活动时，大多数学生会选择与自己关系较为密切的同学在一起进行练习，这就是友伴型分组。从社会学角度来看，这是自然现象，人总喜欢与自己熟悉的人、亲近的人聚在一起。关系密切的同伴在一起练习，心理轻松，能得到友情支持。因此，在体育教学中采用友伴型分组，可以提高学生的学习热情，有助于使每一个学生都体验到体育活动的乐趣。

在体育教学中，应根据不同学段学生的特点、不同的教学内容、不同的目标，选用适宜的分组形式或结合几种分组形式来开展教学。

体育教学中分组练习一般可分为分组不轮换和分组轮换两种形式。分组不轮换是把学生分成若干组，在教师统一指导下，按内容安排的顺序依次进行学习的一种教学组织形式。而分组轮换可以让学生练习到不同的教学内容，提高学生的练习兴趣；节约体育器材，提高器材的使用率；有效地缩短学生等待练习的时间，提高学生的练习密度。

分组轮换一般可采用两组一次等时轮换、两组一次不等时轮换、三组两次等时轮换、四组三次不等时轮换、先合（分）组、后分（合）组用几种形式。

　　两组一次等时轮换是在学生人数不多，新授内容比较困难，复习内容也比较复杂的情况下采用；三组两次等时轮换是在学生人数较多，器材较少，新授内容比较容易，复习内容比较简单的情况下采用；四组三次不等时轮换是在新授内容比较难，不易在短时间内学会，器材相对较少，需时间充足才能保证练习次数，复习内容比较容易，学生已基本掌握的情况下采用。在基本部分的前半部，一、二组在一起学习新内容，三、四组分别复习旧内容，到一定时间，三、四组互相交换；在基本部分的后半部，三、四组在一起学习新内容，一、二组分别复习旧内容，到一定时间，一、二组互相交换（图4—12）。

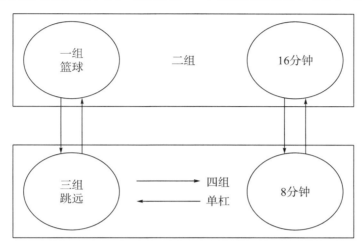

图 4—12

　　分组不轮换是让所有学生学习同一教学内容，以便在较短的时间内掌握技术动作，有利于动作定型。例如，全班分4组先练习技巧，再进行跳远练习，各组练习的顺序一样，同步进行，便于教师指导，运动负荷较为合理。但采取这种形式需要具备较充足的场地和器材，否则会影响体育课的密度与运动负荷。

　　运用分组教学时应注意：在班级人数少、场地器材条件充足的情况下，尽量不采用分组轮换的形式；分组轮换时，教师应重点指导学习新内容的小组，兼顾复习旧内容的小组，如果都是复习旧内容，应侧重于难度较大或带有危险性的内容，如投掷、单双杠等；在安排内容顺序和运动负荷时要先照顾体能和基础水平差的组和女生组；培养体育骨干，协助教学组织和队伍调动，要求全体学生守纪律，服从指挥，保障迅速有序地进行轮换。

三、体育课的密度与负荷

（一）体育课的密度

　　体育课的密度又称一般密度或综合密度，是指课中各项教学活动合理运用的时间与上课的总时间的比例，以及各项活动之间的时间比例。

　　体育教学活动可分为教师指导、组织措施、学生练习、观察与休息、互相保护与帮助等。课中某项活动合理运用的时间与上课的总时间的比例称为专项密度，如教师指导密度、组织措施密度、学生练习密度等。体育课的密度安排是否合理直接影响教学目标的达成度。

1. 体育课密度的安排与调控

（1）认真备课，周密设计。应根据教学目标、内容性质、学生特点及场地器材等情况进行全面考虑，合理安排各项活动的内容和时间。

（2）提高组织水平。教学组织形式要根据人数、内容、场地器材选择相应的分组形式，减少整队、调动队伍、布置场地器材的时间，使学生获得更多的练习时间。

（3）改进教法。教学做到精讲多练，边讲边练，采用练习密度较高的方法。为配合主要内容的练习，适宜安排辅助练习、诱导练习和身体素质练习等。这样既可以加快学生掌握动作的进度，又可以增加练习密度与负荷。

（4）加强学生思想、纪律教育，使学生明确学习目的，自觉积极地参与教学过程。

2. 体育课密度的测定与评价方法

（1）测定的准备工作。研究教案，了解体育课的目标、内容和组织教法；明确测定人员的分工与职责，一般2~3人为一组，1人计时，1人记录，1人分析；准备好测定体育课密度的记录表（表4-4）、秒表等必要用具；了解全班学生情况，选定班里中等水平的学生为测试对象。

表4-4　体育课一般密度测量记录表

部分	顺序	教学活动	分类					活动结束时间	活动持续时间	备注
			指导	练习	组织	自学互助	休息			
准备部分										
基本部分										
结束部分										

学校_____　　班级_____　　任课教师_____　受测者_____

性别_____　日期_____　　气候_____　测定者_____　记录者_____

（2）测定数据的统计整理。体育课结束后将所测得的数据进行统计和整理，逐项填入体育课的综合密度统计表（表4-5），然后对体育课的综合密度进行分析，并计算各项活动所用时间与上课总时间的比例，计算各项活动之间所用时间的比例。

表 4-5 体育课综合密度统计表

部分	顺序	教学活动	指导	练习	组织	自学互助	休息	活动结束时间	活动持续时间	备注
准备部分	1	整队检查人数着装			√			1.00	1.00	
	2	宣布教学内容目标	√					1.30	0.30	
	3	队形队列练习		√				2.40	1.10	
	4	纠正错误	√					3.20	0.40	
	5	准备操		√				5.40	2.20	
基本部分	15	原地蹬摆 20 次		√		√		13.40	1.00	
	16	观察分析对方原地蹬摆						14.50	1.00	
	29	布置场地器材			√			25.40	0.40	
	30	示范讲解完整动作	√					26.30	0.50	
	31	跳远（第一次）		√				27.20	0.50	
	32	等待休息					√	28.50	1.30	
	33	跳远（第二次）		√				29.40	0.50	
	34	等待休息					√	31.30	1.50	
结束部分	48	放松练习		√				42.00	2.00	
	49	自我小结评价						43.30	1.30	
	50	教师评讲	√			√		44.30	1.00	
	51	组织下课			√			45.00	0.30	

学校_____ 班级_____ 任课教师_____ 受测者_____

性别_____ 日期_____ 气候_____ 测定者_____ 记录者_____

统计时先把各项活动的时间相加，如教师的讲解、示范、个别指导等，运用时间共500 秒，将一节课的时间划分为秒，即 45×60＝2700 秒，计算某项所用时间与上课总时间的比例，即某项所用时间与全课总时间的百分比例，如教师指导密度为 $\frac{500}{2700}\times100\%=18.5\%$。

对密度的分析首先是对综合密度测定结果的分析，指出不合理运用时间的原因；其次是对各专项密度的分析，如学生做练习的时间是多少，比例是否合适，学生自学、讨论、相互观察帮助的时间比例是否合适等，总结意见，提出合理改进建议。在分析体育课的密度时，应根据教学的目标、教材内容的性质、学生的特点、场地器材设备和气候条件等来进行。

（二）体育课的负荷

体育课的负荷包括生理负荷和心理负荷。体育课的负荷是评价体育课的效果与质量的重要指标。

1. 体育课的生理负荷

体育课的生理负荷是指学生在体育课中从事身体练习时所承担的练习量与强度对机体的刺激程度。生理负荷是练习过程中学生身体机能产生一系列变化的主要原因之一。

体育课的生理负荷的安排根据学生身心特征和体育教学过程的规律，一般应逐渐加大。一堂体育课中应有不同负荷强度的合理交替，当体育课将要结束时，应逐渐降低生理负荷，促使学生的身体快速恢复到相对安静状态。

安排体育课的生理负荷时应注意以下四个方面：

（1）生理负荷的量与强度的安排应符合学生的身心发育水平。

（2）根据课型和教学组织形式的要求安排生理负荷。

（3）考虑教材内容的性质、结构、难易程度、练习强度及气候环境等条件来安排生理负荷。

（4）依照负荷强度大小适当安排间歇时间，使练习与休息交替进行，结合有效的练习手段促进学生体能的提高。

体育教师不仅要在课前认真备课，周密地设计体育课的生理负荷，而且要观察和分析体育课中学生生理负荷的变化情况，及时采用合理的措施进行调控，使体育课的生理负荷达到预定的要求。

合理调控体育课生理负荷的常用方法如下：

（1）改变练习的某些基本要素，如姿势、速度、速率、幅度、力量、角度、节奏等。

（2）改变练习的顺序与组合，练习与休息合理交替。

（3）改变练习内容的性质，如将原来的 50 米中速跑改为 50 米快速跑。

（4）改变练习的重复次数，即改变练习的密度。

（5）改变练习的限制条件，如活动范围、器材的重量、附加条件（助力或阻力、加难或减难）等。

（6）改变体育课的组织教法与形式，如分组练习的轮换与不轮换等。

（7）调整体育课中各项活动的时间比例，如教师指导、组织措施、休息等。

体育课中常用的生理负荷监测方法有学生自我感觉法、观察法和生理测定法。学生自我感觉法是依据学生在运动中的主观感觉对负荷进行判定的方法。观察法是教师对学生在运动中的表现进行观察，根据经验对负荷进行判定的方法。生理测定法是测量与评价生理负荷的客观方法，主要利用科学仪器测量心率、血压、吸气量、呼吸频率、肺活量、吸氧量、尿蛋白、血成分（白细胞、红细胞、血小板）、体温、视觉、心电图、肌电图等生理、生化指标，来判断和分析生理负荷的大小。在一堂体育课中按时间间隔多次测定学生的脉搏次数，以便掌握和分析心率变化的情况，判断分析生理负荷是否合理。测定心率时应注意以下要求：

（1）了解教学过程，分工明确。认真做好测前准备工作，确定一人摸脉搏，一人记录，选定测定对象，向被测者说明目的，要求其配合将测定工作做好。

（2）选择测定的时机。课前 2 分钟测出相对安静的心率；课开始后的测定一般采用定时测（2 分钟为宜）和练习前后相结合的方法，尽量不打断学生的练习；课刚结束时测定一次；课后 2 分钟或 4 分钟时测定，观察心率恢复情况，每次测定时间为 10 秒。

（3）每次测定后，及时报告测定时间、内容、心率，并准确记录在心率测定记录表中（表4—6）。

表4—6 心率测定记录表

课的部分	测定时间	练习内容	脉搏次数	备注

学校_____ 班级_____ 任课教师_____ 受测者_____
性别_____ 日期_____ 气候_____ 测定者_____ 记录者_____

（4）将所测得的心率数据换算成每分钟心率，然后绘制成心率变化曲线图（图4—13），并计算心率平均值，即将课中每次测得的心率相加，除以测定次数得出平均心率数。

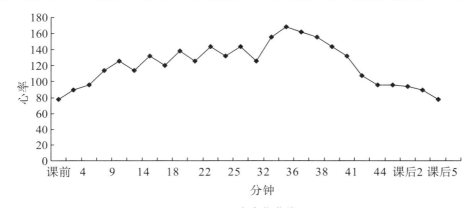

图4—13 心率变化曲线图

评价体育课生理负荷的具体内容如下：

（1）体育课的平均心率是否合理，是否有利于增进学生身心健康（平均心率参照标准，小学生为120～130次/分钟，初中生为120～140次/分钟）。

（2）心率曲线变化趋势是否有助于学生学习和掌握体育知识技能。

（3）体育课中练习前后心率的变化范围以及休息间歇是否合理。

（4）体育课后心率恢复情况，学生反馈的信息。

（5）分析生理负荷不当的原因，提出改进方法。

2. 体育课的心理负荷

体育课的心理负荷是指在体育课中学生心理上所承受的各种刺激量度。

体育课中学生不仅要承受一定的生理负荷，而且要承受一定的心理负荷。学生需要完成具有一定强度、难度、数量的身体练习，同时涉及对抗、胜负、奖罚、人际关系、集体配合等方面的体验，神经系统产生一定的应激反应，具体表现为学生的注意、情绪、意志等方面的变化。教师应根据体育课的教学目标及实际情况，合理安排体育课的心理负荷，并注意调节体育课中学生心理负荷的节奏，这对实现教学目标、促进学生身心健康发展具有重要的意义。

体育课中学生的心理活动变化规律一般表现为：注意高峰出现在课的 15 分钟（45 分钟一堂课）；情绪高峰分别出现在 4～18 分钟和 36～40 分钟；意志高峰出现在 20～30 分钟。体育课中学生的心理活动变化规律与生理活动变化规律所出现的工作状态相一致。

对体育课中学生心理负荷的调控应注意以下四个方面：

（1）根据心理负荷变化规律安排教学内容。在学生的注意和情绪高峰安排学习各种知识、方法与动作技能的内容，在意志高峰进行身体锻炼或教学比赛，这样有利于取得更好的锻炼、学习和教育效果。

（2）使学生保持适宜的情绪状态。适宜的情绪状态对提高感知、理解、记忆、意志和注意力，减轻心理能量消耗等都是有益的，教师应以自己的言行引导学生的情绪。另外，体育课中要适当安排一些易于提高学习情绪的练习，以适当的语言指示活跃课堂气氛。

（3）注意练习与休息的合理交替。练习与休息的合理交替不仅是调节生理负荷的方法，也是调节心理负荷的方法。学生在进行大强度的练习后，体力、注意力下降，情绪也会降低，可结合讲解、纠正错误、互相观察、小结等方式让学生的体力和心理得到较好的恢复与调整，缓解心理疲劳。

（4）调控教学内容的难度与进度。合理的教学内容与教学进度有利于学生心理负荷交替变化，消耗体能大的活动要付出更大的努力，容易疲劳，内容过难、过多也易造成心理疲劳。因此，体育课内容与进程的安排应符合学生的体育基础与心理负荷能力。

体育课心理负荷的测定常常采用问卷法、图示反馈测定法、自我评估法和教育观察法。教育观察法是目前较为常用的方法，在体育课测试过程中测试人员观察受测试者的注意力、情绪和意志的外部表现，根据五级心理负荷测试参照标准给予评分。自我评估法是学生对自身在体育课中所承受的心理负荷的感受和行为表现作出评价的一种测定方法，由测试人员预先制定有关体育课的心理负荷自我评估量表，课后发给学生进行填答，回收进行统计整理，然后将结果与教育观察法得出的结果进行比较、综合和分析。

体育课心理负荷的分析与评价主要包括：体育课中学生的心理负荷变化是否合理；学生的注意力、情绪和意志的变化是否与体育课的内容安排相符合；影响学生在体育课中心理负荷变化的原因；对课的心理负荷进行综合评价，并提出对心理负荷安排的看法与建议。

由于影响体育课中学生心理负荷的因素很多，因此，在分析与评价体育课心理负荷时，不仅要考虑外界各种客观因素的影响，还要考虑学生的主观因素。

此外，由于学生心理活动的波动性很大，且学生之间心理活动存在很大差异，因此，对体育课心理负荷的评价应经反复测定后，方可得出评价结论。

第三节　体育教学设计

一、体育教学设计的含义

体育教学设计是指根据教学目标和教学条件，对某一教学过程进行各方面最优化的研究和计划工作。

二、体育教学设计的内容

体育教学设计的主要内容如下：

（1）对学生学习需要和发展需要的分析。进行体育教学设计首先要认真分析体育教学系统的环境，其中最重要的就是对学生的学习需要和发展需要进行分析。只有在客观分析学生学习需要和发展需要的基础上，才能提出合理的体育教学目标并进行科学的体育教学设计。

（2）对学习内容的分析。体育教学设计要对学生需要学习哪些知识和技能、要达到什么程度和水平、体育教学过程中可以形成何种能力等进行分析，学习需要的分析与学习内容的分析密切相关。

（3）对学生的分析。教师对学生当前具备的知识、体能与技能的了解程度是教学成败的关键，体育教学设计必须分析学生进入学习前的现实水平，其中主要的因素包括学生的身心特点、体能与技能水平。

（4）体育教学目标的设计。明确的教学目标是制定体育教学策略和选择体育教学媒体的导向，同时也是体育教学评价的依据。

（5）教学策略的设计。教学策略的设计是体育教学设计的核心和重点，主要研究课程的类型和结构、教学的顺序和节奏、教与学的活动、教与学的方法、教与学的形式、教与学的时空安排、教学活动实现对策等。

（6）教学媒体的设计。现代科技的迅猛发展为体育教学提供了越来越多的教学媒体，教师应该根据体育教学的需要选择恰当的体育教学媒体。

（7）教学过程的设计。体育教学过程的设计可采用流程图的形式，简要地表达各个要素之间的相互关系，直观地表示体育教学过程。

（8）教学设计的评价。在上述基础上还必须对体育教学设计的成果进行评价和修订。

三、体育教学工作计划

体育教学工作计划（宏观设计）是根据国家颁布的体育教学指导性文件，参照学校所选用的体育教科书，结合本校实际情况制定的体育教学指导方案和教学过程实施方案。制定切实可行的体育教学工作计划有助于教师全面主动地考虑和安排教学工作，使教学工作有明确的目标，充分发挥教师的主导作用，正确处理教材、课次之间的关系。运用体育教学工作计划便于检查教学工作，及时发现问题、解决问题，提高教师的业务水平，从而不断地提高体育教学工作质量。

体育教学工作计划一般包括超学段体育教学工作计划、水平体育教学工作计划、学年体育教学工作计划、学期体育教学工作计划、单元教学工作计划和课时计划。

（一）超学段体育教学工作计划

超学段体育教学过程是学生从小学到大学毕业所接受的国家规定的体育教学过程，这一过程纵贯九年义务教育（基础教育）、高中（或中专）教育和高等教育三个阶段，是体育课程的整个教学过程。超学段体育教学工作计划是整个体育教学过程的指导方案，一般是由国家教育行政部门制定的，当前我国中小学阶段各学科的课程标准就属于超学段教学计划的组成部分。

《标准》体现了国家对各学段学生在体育知识与技能、过程与方法、情感态度与价值观方面的基本要求，规定了体育课程的性质、目标、内容框架，提出了教学建议和评价建议，对教材、教学和评价具有重要的指导意义，是教材、教学和评价的出发点与归宿。

体育与健康课程标准根据素质教育的要求和体育课程的目标，从"身体—心理—社会适应"三维健康观及体育的特点出发，充分考虑世界体育课程发展的趋势并吸取了我国体育课程建设的经验教训，将体育与健康课程学习的内容划分为运动参与、运动技能、身体健康、心理健康和社会适应五个学习领域，根据各个领域的特点并结合体育活动内容构建了相互关联的内容体系。

体育与健康课程标准没有采用按年级划分学习阶段的方式，而是根据学生身心发展的规律和体育学习的特点，将1～12年级的体育与健康课程学习划分为六级水平，并按照不同的学习领域设置相应的水平目标。水平一至水平五的水平目标分别对应小学1～2年级、3～4年级、5～6年级、初中和高中阶段学生预期达到的学习结果。课程标准在各学习领域的学习内容中都设立了一个水平六，作为10～12年级学生学习体育与健康课程的发展性目标。同样，其他各学段的学生也可以将高一级的水平目标作为本阶段的发展性目标。

（二）水平体育教学工作计划

水平体育教学工作计划是根据国家颁布的《标准》和体育教材，结合学校的实际情况，针对某一个学习水平的体育教学工作而进行的体育教学的总体设计，其设计方案就是水平体育教学工作计划。

1. 制定水平体育教学工作计划的基本要求

（1）认真学习《标准》，掌握课程标准的设计思路，把握学习领域和学习水平的划分依据，加大课程内容的选择性（灵活性）的要求，根据学生的发展性要求建立评价体系的课程评价观。

（2）掌握本校具体情况。了解本校学生的身心特点、体育基础及体育兴趣爱好，对学校的体育教学资源也有足够的了解，同时考虑学校或当地的体育传统。

（3）合理搭配体育教学内容。课程标准只是规定了学习内容选取的原则和范围，具体学习内容要由各地、各校根据体育与健康课程标准的精神和要求以及各方面的实际情况自行决定。教学内容的选择上要注意逐步增多运动项目的学习，在1～9年级，学生需要进行全面锻炼，以促进基本活动能力的全面发展。因此，学生要学习的内容比较多，加之这个阶段的学生天性好动，多接触一些运动项目有利于学生对体育的全面了解，对运动的广泛兴趣。水平体育教学工作计划就是将选定的教学内容合理地分配到各学习水平中，考虑项目的逻辑性、连续性、统一性和学生的可接受性。

2. 制定水平体育教学工作计划的步骤与方法

制定水平体育教学工作计划的步骤与方法如下（见案例4-5）：

（1）根据课程标准，确定该水平的体育教学目标。

（2）根据该水平不同领域的学习目标，确定该水平的教学内容。由于五个学习领域构成了体育与健康课程的内容体系，相互联系、相互影响，某一学习领域不能脱离其他学习领域而独立存在，一个教学内容的学习并不是只为一个目标服务，而是可以通过合理的教学实施过程达成多方面的教学目标，只是在每次课的教学实践中，可根据需要有所侧重。因此，在选择教学内容时，应该主要从运动技能的目标着手。

（3）将该水平的教学内容合理地分配到每个学期中。

案例4-5　水平体育教学工作计划示例

××学校　水平二　体育教学计划　　年　　月　　日

教学目标：

1. 运动参与：具有积极参与体育活动的态度和行为，乐于学习和展示简单的运动动作。

2. 运动技能：获得运动基础知识，说出所做简单运动动作的术语。学习和应用运动技能，会做简单的组合动作，达到该水平目标时，学生将能够：做出多项球类运动中的简单组合动作；做出体操的简单组合动作；做出武术的简单组合动作；做出舞蹈或韵律活动中的简单组合动作；做出地域性运动项目中的简单组合动作；安全地进行体育活动，知道如何在运动中避免危险。

3. 身体健康：形成正确的身体姿势，基本保持正确的身体姿势；发展体能，发展灵敏、协调和平衡能力；具有关注身体和健康的意识，描述身体特征。

4. 心理健康：了解体育活动对心理健康的作用，认识身心发展的关系，体验体育活动中的心理感受；正确理解体育活动与自尊、自信的关系，在体育活动中具有展示自我的愿望和行为；学会通过体育活动等方法调控情绪，观察并说出同伴在体育活动中的情绪表现；形成克服困难的坚强意志品质，在一定的困难条件下进行体育活动。

5. 社会适应：建立和谐的人际关系，具有良好的合作精神和体育道德，在体育活动中表现出合作行为。

编号	教师用书中选编自选、自编教材	水平二学段	
		三年级	四年级
1	体育与健康常识	体育与健康常识	体育与健康常识
2	各种跑的练习	在自然或运动场及图形上的走、跑，各种快速、耐力的走、跑	搬抬、越障碍的走、跑，各种快速、耐力的走、跑
3	攀登	攀爬各种障碍	攀爬各种障碍
4	各种跳的练习	越过远度跳跃游戏，跳短绳、长绳	越过高度跳跃游戏，跳短绳、长绳
5	掷垒球	掷纸团与游戏	掷垒球
6	小篮球	组合动作及竞赛游戏	组合动作及竞赛游戏
7	小足球	单个与组合动作及游戏	单个与组合动作及游戏
8	技巧	柔韧系列（叉、桥、环），仿生游戏，滚翻系列，跪跳起，支撑与倒立	
9	支撑跳跃		柔韧系列（叉、桥、环），跳箱跳上跳下，俯腾越，跪跳下，分腿腾越
10	传统武术	基本功、基本动作、武术操、小组合、五步拳	基本功、基本动作、武术操、小组合、少年拳
11	民族地方项目	民族民间舞蹈《祖国祖国多美丽》	民族民间舞蹈《维吾尔族舞动作组合》《雀尕飞》
12	基本体操	第二套儿童广播体操（一）《雏鹰起飞》	音伴《队列队形及身体动作组合练习》《游戏动作组合练习》，团体操
13	游戏	《小支撑面上的游戏》《叠罗汉》《人桥的故事》等	《我来当裁判》《两人大拖鞋》等

（三）学年体育教学工作计划

学年体育教学工作计划也称年度体育教学工作计划，是以年级为时间单位，依据国家课程标准，结合学校实际和学生年龄特点，对全年教学内容和考核项目的规划。

学年体育教学工作计划是把各水平教学计划中选定的教学内容、学年授课周数、每周授课时数和各教材的课时比例，合理地分配到两个学期中去，根据教材的性质、特点确定测试体能和动作技能的项目。

1. 制定学年体育教学工作计划的基本要求

（1）认真学习《标准》，明确教学指导思想，根据教学计划确立教学目标。

（2）深入研究教学内容的性质和特点，分配两个学期的教学内容。一是对所确定的教材进行深入研究，根据教材的性质、特点、难易程度和目标的特定要求，合理地把本学段的教学内容分配到两个学期中，做到目标明确，分量适宜；二是从全面增强学生体质的角度出发，在安排两个学期的教材内容时，要注意不同性质教材内容的搭配，防止同类教材内容过于集中在某一学期；三是教材内容的安排顺序与搭配要由易到难、由简到繁，并处理好教材内容的纵向关系（即某一教材内容本身的系统性）和横向关系（即各项教材内容之间的关系）。

（3）深入研究各年级学生的基本情况。制定学年体育教学工作计划时，教师应对各年级学生的情况尽可能多地了解。一年级小学生在学前阶段（幼儿园）已经初步掌握了一些简单的队列队形动作方法，以及踏步、走、跑、跳、投、攀爬等自然动作和活动性游戏等，但对体育知识的概念还不甚理解。在安排教学内容时，要考虑学生的认知能力和动作发展的基础。当学生逐渐对体育课的活动过程、学习与练习方式等有一定的了解后，才能初步建立起体育课堂常规意识和习惯。在学生的体能、社会适应能力和群体观念得到提高后，还要对某些需要进一步加强和改进的问题进行分析研究。这些都是制定学年体育教学工作计划的有效资源和依据。

（4）深入了解和分析学校的实际情况，适当考虑学校的传统项目和地区差异。

2. 制定学年体育教学工作计划的步骤与方法

制定学年体育教学工作计划的步骤与方法如下（见案例 4－6）：

（1）确定学年体育教学目标。在认真学习和钻研《标准》的基础上，针对本年级教材内容的特点和学生的年龄特征，结合学校的实际情况，确定本学年的体育教学目标。

（2）确定本学年的教材内容和教学的总时数。全年授课时数是根据学校教学计划（按学校教学的周数）来确定的。例如，全年教学时间是 38 周，体育课每周 3 学时，留两周作为机动时间，那么，全年教学时数就可以确定为 36 周，共 108 学时。

（3）确定本学年的考核项目与标准。根据《标准》并结合本校的实际情况来确定考核项目与标准。

（4）确定各类教材内容的教学时数。根据学年体育教学目标的要求以及各教材在实现目标中的重要程度，结合本校的实际情况，确定各类教材内容的时数比重，并计算出各类教材内容的教学时数。计算方法是某类教材内容的时数为全年教学时数乘以该类教材内容的百分比（时数比重）。

案例 4－6　学年体育教学工作计划示例

×× 学校　三年级（水平二）学年体育教学工作计划

年　　　月　　　日

教学目标	1. 运动参与：培养积极参与体育活动的态度和行为，乐于学习和展示简单的运动动作； 2. 运动技能：学习掌握一些简单技术动作，获得运动基础知识，能说出所做简单运动动作的术语，并能安全地进行体育活动，知道如何在运动中避免危险； 3. 身体健康：形成正确的身体姿势，基本保持正确的身体姿势，发展灵敏、协调和平衡能力，具有关注身体和健康的意识； 4. 心理健康：认识身心发展的关系，体验体育活动中的心理感受，通过体育活动培养学生的自尊、自信，克服困难的坚强意志品质，在体育活动中具有展示自我的愿望和行为，学会通过体育活动等方法调控情绪，并能在一定的困难条件下进行体育活动； 5. 社会适应：建立和谐的人际关系，具有良好的合作精神和体育道德，在体育活动中表现出合作行为

教材内容	比重	各项教材学时	第一学期		第二学期	
			教材内容	时数	教材内容	时数
体育与健康常识	10	12	体育与健康常识	6	体育与健康常识	6

各种跑练习	10	12	各种快速的走、跑，耐力的走、跑	6	在自然或运动场及图形上的走、跑，耐力的走、跑	6
攀登	4	4	攀爬各种障碍	2	攀爬各种障碍	2
各种跳练习	6	6	跳短绳、长绳	3	越过一定远度的跳跃游戏	3
掷垒球	4	4	掷纸团与游戏	2	掷垒球	2
小篮球	15	16	组合动作及竞赛游戏	8	组合动作及竞赛游戏	8
小足球	12	14	单个与组合动作及游戏	7	单个与组合动作及游戏	7
技巧	4	4	柔韧系列（叉、桥、环），仿生游戏，滚翻系列，跪跳起	2	韧系列（叉、桥、环），支撑与倒立	2
传统武术	5	6	基本功、基本动作、武术操、小组合	3	基本功、基本动作、武术操、五步拳	3
民族地方项目	8	8			民族民间舞蹈《祖国祖国多美丽》	8
基本体操	8	8	第二套儿童广播体操（一）《雏鹰起飞》	8		
游戏	14	14	《小支撑面上的游戏》《叠罗汉》《看谁姿态棒》等	7	《人桥的故事》《选出做得最好的》等	7
总计	100%	108		54		54
建议测试项目	测试标准另订		1. 1分钟跳短绳 2. 二套儿童广播体操 3. 30米快速跑		1. 定跳远 2. 篮球 3. 五步拳	

（四）学期体育教学工作计划

学期体育教学工作计划也称学期教学进度，是把全年体育教学工作计划中所选定的一学期的各项教材内容时数按一定要求合理地分配到每次课内的一种教学工作计划，是教师编写教案的主要依据。学期教学进度安排是否得当，在很大程度上直接影响着教学效果。

1. 制定学期体育教学工作计划的基本要求

（1）教材内容的安排要有利于学生身体的全面发展。注意把不同项目、不同性质和影响身体不同部位的教材内容相互搭配，如跳远和技巧的搭配、动力性教材跳远与静力性教材技巧的配合，体现动静结合。需要注意的是基础教育阶段采用静力性练习时，如果以发展柔韧素质为目的是适宜的，如果以发展最大力量为目的则不宜采用或应谨慎使用，原因是发展最大力量的练习往往需要憋气，少儿不宜采用，否则可能对呼吸系统和心血管系统造成重大不良影响。

（2）教材内容的安排要考虑学生的身体承受能力。要注意新旧教材内容的难度，以及不同强度教材内容的互相搭配。

（3）教材内容的安排应注意系统性与连贯性，处理好教材内容的先后顺序。例如，跳远教材应排在加速跑教材之后。动作技术有干扰的教材，注意不在同一次课出现。例如，武术和体操，由于两者对练习者身体姿态的要求有所不同，容易相互影响，产生错误动作。

（4）各项教材内容的安排应考虑季节性。例如，游泳宜安排在夏季，长跑宜安排在冬季，单双杠最好安排在春秋两季进行。

（5）合理确定各项教材内容的排列方式。排列方式有连续排列、间隔排列以及连续排列和间隔排列相结合三种形式，应根据教材内容的特点、季节气候、场地设备、学生现实水平和全面锻炼身体的需要而定。

2．制定学期体育教学工作计划的步骤与方法

制定学期体育教学工作计划的步骤与方法如下（见案例4-7）：

（1）确定学期教学目标。在学年教学目标的基础上，根据本学期的教学内容与学生的现实水平确定本学期的教学目标。

（2）将全年教学工作计划中某个学期的教材内容和教学时数抄录到进度表的相应栏目内。

（3）根据全年教学工作计划中所选定的本学期各项教材内容的时数，计算出各项教材内容在本学期出现的次数。

（4）根据制定学期体育教学工作计划的基本要求，将本学期的考核项目和重点教材内容按出现的课次系统地安排到每次课中去，首先应安排考核项目、重点教材内容以及对季节性要求较高的教材内容。

（5）根据制定学期体育教学工作计划的基本要求，将本学期的其他教材内容按出现的次数系统地搭配与安排到每次课中去。在制定学期教学计划时，还可安排机动课（一般2~4课时），以便应对各种原因导致的停课或对薄弱环节进行适当的弥补和调整。

（6）在初步制定学期体育教学工作计划后，应根据教学工作计划的基本要求进行全面的检查与调整，力求计划更切合实际。

案例4-7 学期体育教学工作计划示例

××学校 三年级（水平二） 2011—2012年度 第一学期体育教学计划

年 月 日

教学目标：

1．运动参与：培养积极参与体育活动的态度和行为，乐于学习和展示简单的运动动作。

2．运动技能：学习和掌握短跑、跳绳、投掷、篮球、足球、技巧、武术的一些简单技术动作，学习和掌握第二套儿童广播体操——《雏鹰起飞》，获得运动基础知识，能说出所做简单运动动作的术语，并能安全地进行体育活动，知道如何在运动中避免危险。

3．身体健康：形成正确的身体姿势，基本保持正确的身体姿势，发展灵敏、协调和平衡能力，具有关注身体和健康的意识。

4．心理健康：认识身心发展的关系，体验体育活动中的心理感受，通过体育活动培养学生的自尊、自信以及克服困难的坚强意志品质，在体育活动中具有展示自我的愿望和行为，学会通过体育活动等方法调控情绪，并能在一定的困难条件下进行体育活动。

5．社会适应：建立和谐的人际关系，具有良好的合作精神和体育道德，在体育活动中表现出合作行为。

教材内容	课次数	时数
1	6	6
2	6	12
3	2	4
4	3	6
5	2	4
6	8	16
7	7	14
8	2	4
9	3	6
10	8	16
11	7	14

（表格为按月、周、课次排列的教学进度计划，月份分为九月、十月、十一月、十二月、一月，周次1周至19周，课次数1～54，第19周为机动。表中○内数字为各教材内容课次，△内数字为考核课次。）

注：○中的数字为该教材的内容课次，△中的数字为考核课次。教材内容栏所对应的 1 为体育与健康常识；2 为各种快速的走、跑，耐力的走、跑；3 为攀爬各种障碍，仿生游戏，长绳、短绳；4 为跳短绳；5 为郝垒球（纸团）与游戏；6 为篮球组合动作及竞赛游戏；7 为足球单个与组合动作及游戏；8 为柔韧系列（叉、桥、环），仿生游戏，滚翻系列，跪翻系列，跪跳起；9 为基本功、基本动作、武术操，小组合；10 为第二套儿童广播体操《雏鹰起飞》；11 为"小支撑面上的游戏"、"叠罗汉"、"看谁姿态棒"。

（五）单元教学工作计划

单元教学工作计划是指把某个年级某项主要教材内容，按照学期教学工作计划中确定的课次顺序，安排出每次课的目标、要求、重点、难点以及教与学手段的教学工作计划。

单元教学工作计划是学期教学工作计划的深化和具体化，保证了教学有目的、有步骤、系统地进行，也是教师制定课时计划的直接依据。

1. 制定单元教学工作计划的基本要求

（1）认真钻研课程标准和教材，把握住该项教材内容和不同年级的衔接与联系、教材内容的技术结构、教材内容的重点与难点以及要解决的主要问题。

（2）全面掌握学生的情况，分析学生的体育基础、身体基本活动能力、兴趣爱好、身体素质等，使计划的安排有的放矢。

（3）教学手段的选择针对性要强，实效性要好，趣味性要浓，要充分利用学校的场地器材。

（4）单元计划中所确定的课次，必须与教学进度所规定的课次相符合，否则计划难以实现。

2. 制定单元教学工作计划的步骤与方法

制定单元教学工作计划的步骤与方法如下（见案例 4-8）：

（1）在钻研教材、全面掌握学生情况的基础上，确定某项教材内容的教学目标、教学重点和要求。

（2）根据某项教材内容的教学目标和要求以及课次，确定每次课的教学目标和要求。

（3）根据每次课的教学目标和要求，确定每次课的教学重点。

（4）根据每次课的教学目标、要求、重点，结合学生的特点和学校的教学条件，选择每次课的主要教与学手段。

（5）根据全年教学工作计划，并结合本校实际情况，确定考核方法。

案例 4-8　单元教学工作计划示例

小学三年级投掷与游戏单元教学计划

_____学校　　年级：三年级　　学生数：____人　　授课人：____

1. 学情分析

小学三年级学生活泼好动，擅长于直观形象思维，对游戏特别感兴趣，有着极强的求知欲和表现欲，想象力丰富，喜欢创编与自我尝试。投掷是三年级学生在生活中喜欢的活动内容。通过先体验练习后引导，再讲解示范等练习手段，在突出学生主体地位的同时，关注学生的个性需求。通过投掷垒球（或轻物件）可以有效地促进学生投掷动作模式的发展和掌握上手投掷的基本方法，从而促进学生协调性的发展和快速动作操作技能的提高。游戏活动可以有效地促进学生交流合作能力和团队竞争的意识，有助于学生的运动参与。

2．教材分析

学生在水平一的基础上已掌握了上手投掷的方法，并熟悉了投掷的有关体育活动，本学期学习原地侧向投掷垒球，为以后进一步学习投掷技能奠定基础。通过学习原地侧向投掷垒球的动作，重点培养学生正确的投掷姿势和转体挥臂的动作要点。学习原地侧向投掷轻物，不仅要掌握正确的投掷姿势和转体挥臂的动作要领，而且要投得远。教材中又特意安排了"投轻物过障碍"游戏竞赛活动，不但能巩固原地侧向投掷轻物的方法，而且要求学生在投远时要向前上方投，并有一定的高度，以提高学生的投远能力。

3．教学目标

（1）运动参与：通过创设活跃、欢乐的课堂气氛，使学生在自主、合作的学习活动中体会投掷的乐趣，乐于学习原地侧向投掷动作。

（2）运动技能：通过教师的引导式教学，使学生在游戏和自我练习中提高投掷轻物的动作方法。

（3）身体健康：在游戏和练习活动中，发展上肢力量及身体的协调性，提高投掷能力，并感受和体验参与集体体育活动的乐趣。

（4）心理健康：通过体育活动培养学生的自尊、自信以及克服困难的坚强意志品质，在体育活动中具有展示自我的愿望和行为。

（5）社会适应：培养学生良好的合作精神和体育道德，在体育活动中表现出合作行为。

教材名称	投掷垒球与游戏	总课次数	4	
教学目标	\multicolumn{4}{l}{1．培养学生积极参与投掷游戏； 2．学生掌握合理的支撑姿势、超越器械技术、躯干扭转、挥臂投掷动作和随前动作的缓冲动作方法，同时发展体能； 3．学生乐于参与集体和小组游戏活动，在体育活动中具有展示自我的愿望和行为、合作能力与规则意识}			
重点	\multicolumn{4}{l}{异侧上步（交叉步）同时投掷臂后引—快速挥臂上手投掷}			
难点	\multicolumn{4}{l}{异侧上步同时投掷臂后引—躯干组块扭转—挥臂投掷的协同}			
课次	内容	课时教学目标	重点与难点	组织与教法
1	（1）原地侧向投掷垒球（轻物件）； （2）游戏（单足跳接力）	（1）学生理解侧向站立投掷轻物的方法； （2）学生掌握挥臂上手投掷方法； （3）学生能够主动观察、探究投掷方法，积极练习和参与游戏活动	重点：身体后倾，手臂后引； 难点：直立向后移重心—挥臂上手投掷的连贯协调	（1）学生体会怎样把垒球投得更远； （2）教师示范侧向站立投掷； （3）分组练习； （4）游戏

2	（1）侧向站立上两步（交叉步）投掷垒球； （2）游戏（斗鸡）	（1）学生建立侧向站立上两步投掷垒球的动作概念； （2）学生掌握侧向站立上两步投掷垒球的动作方法； （3）学生积极练习和参与游戏活动	重点：交叉步动作； 难点：交叉步稳定支撑和投掷动作的紧密衔接	（1）观察交叉步的完成过程； （2）在教师的带领下完成侧向站立上两步投掷动作的徒手模仿练习； （3）分组进行侧向站立上两步投掷垒球； （4）游戏
3	（1）正面站立上三步（上一步—交叉步）投掷垒球； （2）游戏（跳大绳）	（1）学生建立正面站立上三步（上一步—交叉步）投掷动作的概念； （2）学生掌握正面站立上三步（上一步—交叉步）投掷垒球的方法； （3）学生积极练习和参与游戏活动	重点：上一步—交叉步动作与引臂动作； 难点：交叉步稳定支撑—躯干组块转动—向后引臂—上手投掷动作的紧密衔接	（1）观察正面上三步（上一步—交叉步）的完成过程； （2）在教师的带领下完成上一步—交叉步投掷动作的徒手模仿练习； （3）分组进行上一步—交叉步上手投掷垒球； （4）游戏
4	（1）正面站立上三步（上一步—交叉步）投掷垒球； （2）考核	（1）学生积极参与垒球投远考核，争取表现出最好成绩； （2）在规则允许的范围内，调整与控制自己的投掷动作（准备姿势、速度、力量、角度、幅度等）； （3）学生相互鼓励	重点：上一步—交叉步动作与引臂动作； 难点：交叉步稳定支撑—躯干组块转动—向后引臂—上手投掷动作的紧密衔接	（1）讲解考核方法与要求； （2）示范完整动作； （3）学生练习； （4）考核（定性评价和定量评价相结合）

（六）课时计划

课时计划又称教案，是根据学期教学工作计划和单元教学工作计划，针对班级具体情况而编写的每次课的具体执行计划，是教师上课的直接依据。编写教案是教师的基本功，认真编写教案对提高教学质量和教师的业务水平都具有十分重要的意义。

1. 制定课时计划的基本要求

制定课时计划要在明确体育与健康课程的教学理念、深入分析教材和学情的基础上进行。

（1）坚持"健康第一"教育理念。以发展学生体育核心素养为引领，重视育体与育心、体育与健康教育相融合，充分体现健身育人本质特征，引导学生形成健康与安全的意识及良好的生活方式，促进学生身心健康、体魄强健、全面发展。

（2）教材分析。说明本课所选内容所属的水平段、哪个单元的哪节课，单元的主要安排，本课内容在教材及单元中所处的地位，学练此内容在体现和落实新课程标准精神方面的价值和作用。

（3）学情分析。针对所执教班级（水平段）学生的身心特点、对本教材可能的理解程度以及现有基础等进行分析说明，主要包括学生的身心特点、知识技能储备、学习能力及基本素养等方面。

2. 制定课时计划的步骤与方法

制定课时计划的步骤与方法如下（见案例 4-9）：

（1）确定课时教学目标。教学目标是教学活动所预期的结果。教学目标统领课程的内容和实施过程，目标的达成度是评价教学效果的标准。教案中的教学目标一般采用预期的、可观察的、可测量的外显行为的描述方法。课时教学目标包括知识目标、技术技能目标、心理目标、体能目标、体育素养目标等。

（2）分析教学重点和难点。教学重点是根据这堂课的教学目标，学生必须着重学练和掌握的内容；教学难点是指学生难理解或学习有困难的地方。重点和难点在多数情况下是分开的，在较少的情况下重点和难点是重合的（某个内容和技术教学点既是重点又是难点）。

（3）拟定教法和学法。拟定教法是指教师根据本节课学习内容的特点和教学目标的要求，预计采用的教学方法和手段。拟定学法是指教师根据所学内容的特点和难易程度，预计学生所宜采用的学习方法。

（4）安排课的内容，设计组织教法与学练法。在安排课的内容时，首先考虑基本部分的内容，如果一节课安排两个以上的内容，则应先确定先后次序，然后找出各项内容的重点和难点、动作要领以及学习的方法。课的组织教法与学练法的设计应根据本课教学目标、教学内容、学生情况及场地器材等条件而定，包括采取哪种分组教学形式，各项内容如何安排，教师如何组织活动，学生如何活动，怎样运用教法和学练法，如何组织学生练习，怎样充分利用场地器材使学生尽快地达到既能掌握知识、技术、技能，又发展体能和培养品德。

（5）合理安排课堂各部分的时间、练习时间及练习次数等。

（6）预计课的生理负荷和练习密度。为了加强教学的科学性，教师应根据教学内容、学生情况及场地器材等条件，预计出本课的练习密度和平均心率以及脉搏心率曲线。

（7）计划课所需要的场地、器材和用具。

（8）课后小结。

案例 4-9　小学三年级课时计划示例
原地投掷纸团与游戏

1. 教育理念

坚持"健康第一"教育理念，发展学生体育核心素养，育体与育心、体育与健康教育相融合，体现健身育人本质特征，引导学生形成健康与安全的意识及良好的生活方式，促进学生身心健康、体魄强健、全面发展。

2. 教学内容

原地投掷垒球与游戏。

3. 教材分析

田径运动中的投掷项目对锻炼和发展学生的上肢力量、爆发力、协调性等都起着十分重要的作用。本课通过对投掷的学习，采用游戏化的手段，调动学生的积极性，激发练习兴趣，让学生初步体会投掷的动作，体验上手快速投掷的动作要领，掌握正确的方法，提高投掷能力。

4．学情分析

小学生活泼好动，模仿能力和对新鲜事物的好奇心较强，但注意力不集中，容易疲劳。因此，在本课时教学内容的设计中，根据小学生的心理和生理特征，采用以游戏练习为主线，注重引导、启发，鼓励学生根据自身的能力去学习上手投掷垒球。

5．教学目标分析

（1）认知目标：通过游戏，初步了解和掌握原地投掷纸团的一些方法，并在游戏过程中学会与他人合作。

（2）技能目标：经历游戏活动的过程，掌握原地投掷纸团的基本动作，发展投掷能力，体验投掷活动的运动乐趣和方法。

（3）情感目标：培养良好的合作精神。

6．教学重点和难点

教学重点：使学生理解原地投掷纸团的动作要领和方法。

教学难点：蹬地、转体、挥臂引球动作的协调性、连贯性。

7．学法及学法

教法：采用激励法，以激发学生的学习兴趣，使学生积极主动地去学习，另外还可采用示范法、讲解法。

学法：主要采用尝试学习法、对比学习法和小组合作学习法。首先让学生在尝试练习中发现问题（怎样才能将垒球投得更远），然后请投得好的和投得不好的同学进行示范，让学生在对比中悟出上手投掷的动作要领，最后通过"小组合作"和"个人练习"相结合的学习方法，提高学生的投掷能力，从而促进学生主动积极地参与练习，提高学生学习的自主性。

8. 教学流程设计

部分	时间	授课内容	组织教法
准备部分 12分钟	2分钟	一、课堂常规 1. 体育委员整队集合，报告人数 2. 检查服装，师生问好 3. 宣布本课内容、任务，安排见习生，提出安全要求	组织： ☆：老师　△：体育委员　＊：学生 要求：精神饱满、快、静、齐
	3分钟	二、热身跑 围绕篮球场慢跑1圈	组织： 教法：教师带领学生慢跑1圈 要求：慢跑，整齐
	4分钟	三、徒手操（4×8拍） 1. 头颈运动　2. 扩胸运动 3. 振臂运动　4. 腰部运动 5. 体前屈　6. 正压腿 7. 侧压腿　8. 手腕踝关节运动 	组织：（体操队形） 教法： 1. 老师示范领做，学生跟着做 2. 老师镜面示范，学生跟着做 要求： 1. 成体操队形站立 2. 跟随口令做，动作舒展大方 3. 队形保持整齐、安静 4. 积极认真
	3分钟	四、专门准备活动 1. 肩绕环 2. 大臂绕环 3. 纵跳 4. 基本手型练习	组织：体操队形 教法：老师镜面示范，学生跟着老师一起做 要求：认真观察，认真练习

部分	时间	授课内容	组织教法
基本部分30分钟	20分钟	一、原地投掷垒球 （一）教师完整示范动作方法 动作图示： （二）学习徒手挥臂动作 动作要领：身体侧对投掷方向，两脚左右开立比肩稍宽，右手向右侧引臂至与肩平，左臂自然屈于胸前；右腿弯曲，身体重心落于右腿，左腿自然伸直，上体略向右倾斜；由腿蹬地、转髋、挺胸，身体左转，重心前移，上体向前鞭打将纸团经肩上快速投出 （三）学习徒手原地投掷垒球完整动作	组织： * * * * * * * * * * * * ☆ * * * * * * * * * * * * 教法： 1. 教师示范，学生观察 2. 全班集体观察 要求：认真仔细观察 组织： ☆ * 教法： 1. 教师示范讲解徒手挥臂动作 2. 教师在口令指挥下带领学生练习 3. 教师口令指挥学生练习，观察并纠正学生的错误动作 4. 全班集体练习 要求：按老师口令进行练习 组织： * * * * * * ↕ ↕ ↕ ↕ ↕ ↕ * * * * * * ☆ * * * * * * ↕ ↕ ↕ ↕ ↕ ↕ * * * * * * 教法： 1. 教师示范讲解徒手原地投掷完整动作 2. 教师在口令指挥下带领学生练习 3. 学生两人一组在教师口令指挥下练习，一人做一人观察，并纠正对方错误动作，教师同时巡回指导 要求： 1. 按徒手的动作方法完成投掷动作 2. 仔细观察对方的动作，发现问题进行纠正

部分	时间	授课内容	组织教法
基本部分30分钟	10分钟	（四）原地投掷垒球完整动作 易犯错误： 1. 投掷臂后引时伸不直 2. 从肩侧甩出 3. 上下肢不协调 纠正方法： 1. 反复做侧向站立，投掷臂向后充分引伸 2. 右臂后引时稍高于肩，便于投掷时转肩翻肘；徒手做引"满弓"的模仿练习，体会以胸带肩投掷 3. 强化投掷顺序：蹬地—转髋—转体—挥臂—出手	组织： 教法： 1. 教师示范讲解徒手原地投掷纸团完整动作 2. 教师指挥学生逐排练习，教师纠正错误动作 要求：认真练习
		（五）学生分组自主练习	组织： 教法：教师巡回指导帮助 要求：认真练习
		（六）学生展示总结	组织：集合队形 教法：让做得好的学生示范，引导学生讨论怎样才能投得远，然后教师总结 要求： 1. 认真观察 2. 积极思考并参与讨论
		二、游戏 名称：炸碉堡 方法：画一条投掷线，在线前10米处并排画4个直径为0.75米的圆圈作为"碉堡"。把学生分成四队，将垒球当成"手榴弹"，投向敌人的"碉堡"，击中目标一次得一分，各队每人依次投掷后，按积分的多少排列名次 规则：不得越线或踩线投掷，否则犯规并减该队一分	组织： 教法： 1. 教师讲解并示范 2. 学生练习 要求：每人一次，不能重复投

续表

部分	时间	授课内容	组织教法
结束部分	3分钟	1. 放松练习 2. 总结本次课教与学的完成情况 3. 安排组织收还器材 4. 师生再见	组织：体操队形，集合队形 要求：按照老师的指示整理动作，尽量放松
场地器材	篮球场，垒球若干	40%左右	
		135次/分	
小结			

参考文献：

［1］中华人民共和国教育部. 体育（与健康）课程标准［M］. 北京：北京师范大学出版社，2001.

［2］中华人民共和国教育部. 普通高中体育与健康课程标准（实验）［M］. 北京：人民教育出版社，2003.

［3］肖威. 我国中小学体育教材发展回顾与思考［EB/OL］. ［2009－01－01］. http://blog. sina. com. cn/s/blog_4babdb710100cmhk. html.

［4］季浏. 体育（与健康）课程标准解读［M］. 武汉：湖北教育出版社，2002.

［5］季浏. 走进课堂：体育与健康新课程案例与评析［M］. 北京：高等教育出版社，2003.

［6］毛振明. 体育教学论［M］. 北京：高等教育出版社，2005.

［7］季浏. 体育与健康课程与教学论［M］. 杭州：浙江教育出版社，2003.

［8］龚正伟. 体育教学论［M］. 北京：北京体育大学出版社，2004.

［9］李祥. 学校体育学［M］. 北京：高等教育出版社，2003.

［10］潘绍伟，于可红. 学校体育学［M］. 北京：高等教育出版社，2005.

［11］周登嵩. 学校体育学［M］. 北京：人民体育出版社，2004.

第五章　体育与健康课程评价

内容提要：体育与健康课程评价主要包括学生体育学习评价、教师教学评价和课程建设评价。通过评价，可以了解学生体育学习的现实状态与目标状态的差距、教师的教学情况和体育与健康课程建设的情况。评价是为了有效地促进学生学习、改进教师教学和促进课程建设。

第一节　体育与健康课程学习评价

体育与健康课程学习评价主要是针对学生从事体育学习的具体情况而对其学习进程和效果所作的一种评判，包括学习进程诊断和学习结果评定。课程学习评价是新课改的重点和难点。

一、体育与健康课程学习评价的目的

体育与健康课程学习评价的目的包括：了解学生的学习情况、行为表现，以及达成学习目标的程度；分析和研究学生学习中存在的不足，为改进教学提供依据；为学生提供展示自己能力、水平、个性的机会，促进个体发展；培养学生自我认识、自我教育的能力。

二、体育与健康课程学习评价的特点

以往在教学中过于注重体能和运动技能评价，以学生具体的体育成绩进行评定。《基础教育课程改革纲要（试行）》中明确指出："评价不仅要关心学生的学业成绩，而且要发现和发展学生各方面的潜能，了解学生发展中的需求，帮助学生认识自我，建立自信。"《标准》所倡导的评价体系的主要特征如下：

（1）学习评价内容的转变。《标准》增加和完善了学习评价内容，评价内容包括体能、知识与技能、学习态度、情绪表现与合作精神。

（2）学习评价方法的转变。以往过分注重定量评价和终结性评价，《标准》倡导不仅注重结果性评价，而且重视过程性评价；不仅注重定量评价，而且重视定性评价；不仅注重绝对性评价，而且重视相对性评价，重视学生的个体差异，强调对所学知识、技术和技能的了解与运用，重视参与性、健身性及娱乐性的统一。在对体育与健康的知识学习进行

142

评价时，不太强调单纯的记忆，比较强调对所学知识的理解与运用。

（3）学习评价形式的转变。以往的体育学习成绩评价形式只是采用单一的教师对学生的外部评价，即教师对照身体素质、运动技能、运动能力的评价标准，对学生进行测试和打分，而《标准》倡导在对学生学习成绩进行评定时，既要有教师从外部对学生进行的评定，还要有学生对自己的学习情况进行的评价，以及学生之间的相互评价。

三、体育与健康课程学习评价的内容

学习成绩评定的内容应与课程目标一致，尤其要与学习领域的水平目标一致，这样才能更好地促进学生的全面发展。体育与健康课程学习评价的内容主要包括体能、知识与技能、学习态度、情意表现与合作精神及健康行为等方面，见表5－1。

表5－1　学生体育课学习成绩评价（5分制）

学习领域	分值	评分内容	评分方法
运动技能	2.0	不同水平段对运动技能的评价	测验、观察、技评等
运动参与	1.0	出勤、积极态度、爱好	观察、问卷、问答
身体健康	1.0	体能、健康行为	测验、观察、记录、问答
心理健康和社会适应	1.0	自信度、成功体验度、意志力、遵守规则度、合作表现、爱护器材等	观察、记录、问答

注：不同学段（水平）各项分值可根据教学评价需要有所侧重和调整。

（一）体能评价

体能评价应根据学生的体能发展目标与内容框架，参照《国家学生体质健康标准》，结合学生个体基础与进步幅度进行成绩评定。

（二）知识与技能评价

知识评价主要包括学生对体育与健康的认识、对体育与健康知识和方法的掌握与运用等。

技能评价主要包括基本运动技能的掌握与运用、规定动作的展示、在教学比赛中学生对基本运动技能的运用、特长技能展示等。

（三）学习态度评价

学习态度评价主要包括学生参与体育活动的态度、对问题思考的程度、练习的积极程度以及对教师指导的接受情况等。

（四）情意表现与合作精神评价

体育教师可以根据实际情况将学生在心理健康和社会适应能力方面的表现列为评价内容，如理解与尊重他人、人际交往能力、合作精神、小组学习中的责任感、规则意识、对体育比赛结果的态度等。

（五）健康行为评价

健康行为评价主要包括生活习惯、个人卫生和公共卫生等。

四、体育与健康课程学习评价的方法

（一）学习评价方法

1. 定性评价与定量评价相结合

定量评价适合对体能和运动技能的评价，但很难评价学生的体育学习态度、锻炼习惯、意志品质、自信心和自尊心、合作意识、健康行为等，而这些方面往往对学生未来的体育与健康方面的可持续发展具有重要作用。如果仅采用定量评价，则不能反映学生的体育与健康活动的全貌，最终只能导致体育与健康学习评价由于片面而陷入困境。因此，要将定性评价与定量评价结合起来。

强调定性评价并不是要舍弃定量评价。定性评价内在地包含着定量评价，而且定性评价是为了更真实地反映学生的学习情况。在教学中，体能和运动技能的评价可以采用定量评价与定性评价相结合的方法。在学习态度与行为、情意表现与合作精神方面，宜以定性评价为主。

2. 终结性评价与过程性评价相结合

终结性评价是在教学活动结束时进行的一次性评价，如期末的考核、考试等，目的是考查学生是否达到了相应的教学目标。终结性评价注重的是结果，主要是为了判定最终的学习成绩。

过程性评价是在教学过程中，对学生学习的各个方面的即时评价，有助于了解学生学习的进展和存在的问题，以便及时反馈和调整。过程性评价通常在课堂教学过程中和单元学习结束后进行。学习态度、情意表现、合作精神、健康行为、创新能力、发现问题和解决问题的能力等都可以作为过程性评价内容。过程性评价具有全面、及时、灵活等特点。

3. 绝对评价、相对评价和个体内差评价相结合

绝对评价是把测试的原始成绩与客观的对应标准进行比较，评价个体或群体是否达到了某一标准，是否达到了预期的目标，而不是对群体中的个体水平进行评价。也就是说，在被评价对象的集合之外确定一个标准，这种标准被称为客观标准，在评价时要把评价对象与客观标准进行比较。

相对评价是判断被评价者在某一群体中成绩的优劣，也就是在评价对象的集合中选取一个或若干个作为基准进行比较，或者是用某种方法分级排序。

个体内差评价是比较个人或群体在不同时间的成绩差别，评价所参照的标准是同一个

体或群体以前的状态，并以此来判断某一个体或群体在经历某一教学过程之后的进步幅度。这种评价方式也称个体评价，其实质是对某一个体或群体在某一时段内的进步幅度的评价。

这三种评价方式各有优劣。绝对性评价有助于学生了解自己目前所处的实际水平及其与课程要求之间的差距，但制定起来比较困难，且无法兼顾学生的个体差异；相对评价能有效激发学生之间的竞争意识，但不能衡量出学生的实际发展水平；个体内差评价照顾了学生的个体差异，只侧重于强调学生自身比较。如果单一使用任何一种评价方式，都难以科学、合理地评价学生的学习情况，因此，应将多种评价方式结合起来使用，即评价方式的多元化。体育与健康课程学习评价方式的多元化不仅能提高评价的信度和效度，而且能更好地发挥评价的激励功能。

4. 评价主体的多元化

体育与健康课程学习评价不仅需要教师参与，而且需要学生进行自我评定与相互评定。体育教师要积极地组织、科学地指导学生对自己的体育与健康课程的学习进行评定，以及在小组范围内进行互相评定。这样可以使学生既能发现自己的进步，体验成功带来的快乐，又能了解自己的不足，以便改进学习方式。

（二）教师对学生学习的评价

1. 终结性评价

终结性评价一般是在学期、学年或某项教学活动结束时，为判断学习效果而进行的评价。终结性评价不仅是对学生学习效果的评定，也是对教师阶段性教学质量的检验。终结性评价主要是对学生的体育成绩进行评定，实践中各校可根据自身情况具体操作。

基础教育阶段的学生生长发育迅速，不同学段的学生在身体、心理上都存在较大的差异，因此，体育课程标准将小学阶段的学生划分为三个水平段、初中定为一个水平段，分别提出了不同的教学目标。对不同水平段的学生进行体育学习评价时，应根据其身心特点以及课程目标的要求来制定不同的评价标准。

小学 1～2 年级（水平一）的学生刚脱离幼儿期不久，身体、心理均处于极不稳定的阶段，体育课程学习成绩评定最好不要设置实质性的考核项目，教师应通过多种游戏活动让学生体验参加体育活动的乐趣。

在体育活动中，教师可以观察学生能否做一些简单的体操动作，能否描述自己在体育活动中的感受，是否具有与同伴合作游戏的愿望。学习成绩评定适宜采用评语制，用鼓励性语言激励学生的体育兴趣，见表 5-2。

表 5-2　水平一（小学 1~2 年级）学生体育课学习成绩评价表

学习领域	评价目标	优秀	良好	及格	综合评定
运动技能	能做一些基本的技术动作，有较好的模仿能力				
运动参与	乐于、积极参加各种体育活动，表现出对体育课学习的兴趣				优秀 良好 及格
身体健康	在各项体育活动中表现出良好的身体素质和运动能力				
心理健康和社会适应	敢于表现自己，愿意与他人一起参加体育活动和游戏				
教师寄语：（示例） 　　×××同学，你在×××活动中，表现非常优秀，既能积极参加活动，又能友好地与同伴相处，还能大胆地在同学们面前展示自己学习的动作，老师为你的进步感到骄傲。但是，有一点你要注意……将来你一定会成为健康、活泼的好少年。		学生愿望：			

　　小学 3~4 年级（水平二）是形成体育态度的关键时期，基于先前的体育经验，以及随着年龄的增长，学生的体能、运动技能、社会认知水平也不断提高，对体育课有了更进一步的了解和感受，可以形成较为稳定的体育兴趣和态度。学习成绩的评定主要观察学生是否乐于参与体育活动，能否完成简单组合动作，能否体现出身体的协调性和平衡能力，在体育活动中能否表现出良好的合作行为等。学习成绩的评定应尊重学生的自评与互评，为了更好地激发和提高学生学习体育课程的积极性，促使学生改进学习方法，尽可能收集学生的进步、变化等方面的资料，并对学生进行评语式评定，见表 5-3。

表 5-3　水平二（小学 3~4 年级）学生体育课学习成绩评价表

学习领域	优 秀	良 好	及 格	各项得分	综合评定
运动技能	1.0	0.75	0.5		
运动参与	1.5	1.25	1.0		优秀 良好 及格
身体健康	1.0	0.75	0.5		
心理健康和社会适应	1.5	1.25	1.0		
教师寄语：（示例） 　　×××同学，你在本学期×××学习中，表现得特别认真，在大家玩的时候你却在一旁反复地练习，难怪在考评中你完成得这么出色，得到同学们的赞赏。老师希望你多和同学们在一起活动，让大家与你一起进步。		合计			
		学生自评：			

　　小学 5~6 年级（水平三）的学生经过先前的体育学习，在体能水平、运动技能水平、社会认知水平等方面均有了显著提高，对体育的认识有了一定的个性色彩。考核项目的设置要有利于多数学生的运动参与、兴趣、爱好和接受能力，少选或不选竞技性较强的项目。各校在体育课程考核项目上要有所侧重，考核项目要有利于学生的发展，有利于学生

的身体安全健康，为进入初中阶段的学习打下良好基础。学习成绩评定应在前述三种评价的基础上，采用评语与等级并重的方法，见表5－4。

表5－4　水平三（小学5～6年级）学生体育课学习成绩评价表

学习领域	优秀	良好	及格	各项得分	综合评定
运动技能	1.5	1.25	1.0		优秀 良好 及格
运动参与	1.5	1.25	1.0		
身体健康	1.0	0.75	0.5		
心理健康和社会适应	1.0	0.75	0.5		
				合计	
教师寄语：（示例） 　　×××同学，你在篮球学习中表现得很出色和勇敢，但有一点遗憾是你在×××课学习中勇气还不够，希望在以后的体育课中你能拿出勇气来，老师相信你一定行。			学生自评：		

2. 过程性评价

《标准》强调，"突破注重终结性评价而忽视过程性评价状况，强化评价的激励、发展功能而淡化其甄别、选拔功能"，"教师教学评价既可用于对某一课堂的即时性评价，也可用于进行阶段性课程或整个课程的评价，教学评价应该特别注意对学生在学习过程中的反应和学习前后变化的评价"。根据《标准》的理念，在教学实践中，要积极探索并逐步开展过程性评价，以利于更好地促进学生的学习。过程性评价也称形成性评价，是指在教学过程中为使学习效果更好而对学生学习的各个方面进行的即时评价。

过程性评价要坚持以下原则：

（1）表现性原则。评价依据为学生在活动中的各种外显的行为表现，评价伴随着表现产生。在评价过程中为学生提供表现的舞台，让学生勇于表现自己，善于表现自己，乐于表现自己。

（2）差异性原则。根据不同的学生、不同的主题活动，评价的内容及手段不同，评价旨在推进活动进程，促进学生的自我发现与发展。

（3）诊断性原则。通过评价及时发现问题、分析问题，制订解决问题、克服困难的措施。

（4）适时性原则。评价适时进行，评价信息及时反馈。

过程性评价的内容包括学生的学习态度、情意表现、合作精神、健康行为、创新能力和学习效果等方面。

学习态度：是否喜爱体育活动及其程度，是否积极主动地参与体育课外活动。

情意表现：在体育活动中表现出的自信心和意志力以及创新精神。

合作精神：集体荣誉感，互相帮助，互相尊重，良好的合作精神和体育道德。

健康行为：体育锻炼的安全意识，生活习惯，遵守作息制度的情况，个人卫生和公共卫生。

创新能力和学习效果：课堂上是否积极踊跃地发言、展示动作，学习方式以及动作技能的准确性与稳定性。

教师对学生进行过程性评价主要有以下方法：

（1）语言评价法。

在教学活动过程中，教师要随时捕捉评价信息，并及时地用简洁、艺术的语言对学生进行评价。常用的方式有两种：一是口头评语。"漂亮，几乎和体操健将一样美""虽然你失败了，但有进步，老师还是要表扬你"等是教师最常用、学生乐意听的教学口语。教师运用口头评语时要掌握好评价时机，抓住学生在活动过程中出现的典型细节，如学生完成动作较好时教师及时给予肯定性评价，学生练习受挫时教师及时给予鼓励性评价，学生思想出现偏差时教师及时评价给予纠正，与学生共商改进策略，提出期望。二是书面评语。在一个单元或一个学期结束时，教师根据学生的个别差异，对每个学生给出书面评语。体育课程的书面评语应侧重于学生的学习态度、进步幅度、情意表现和合作精神等方面。

（2）行为观察法。

在日常教学活动中，教师通过细致、敏锐的观察，发现学生中一些典型事例，并做好记录，包括逸事记录，作为评价依据。常用的方式有两种：一是运用活页资料，将学生在学习活动过程中产生的各种评价信息以活页资料的形式进行保存，一方面为形成性评价提供依据，另一方面为阶段性评价积累资料，同时通过活页资料清晰显示学生成长进步的足迹。二是收集档案资料，可收集学生在学习过程中的各种作业，如提问表、活动过程记录表、教学日志等。活动记录与教学日志是师生交流的一个窗口，通过对记录和日志的批注分析，掌握学生的成长情况，让学生得到及时的肯定与指导。

（3）教师体语法。

在教学活动过程中，教师通过一些特殊的体态，如微笑、鼓掌、眼神的认可、点头等动作，对学生的表现给予及时的评价。通过体语对学生进行暗示，不以直白的形式进行评价，以委婉的方式暗示学生的不足之处，保护学生的自尊。

（4）访谈法。

教师与学生可进行单独、小组或全班谈话，以了解学生的自我认识、进步情况以及对教师的意见。访谈中要肯定学生的进步，使学生有成功感，要注意创设访谈氛围。例如，让学生了解评价的内容与标准，在评价过程中，师生就评价内容与标准进行讨论，体现出学生在评价中的主体性。

访谈评价分为座谈会和个别访谈两种形式。座谈会是指课后组织全体或部分学生代表以座谈或聊天的形式充分交流师生在学习中的感受，从而依据学生的切身感受对学生做出评价。例如，组织某方面突出的学生在班级或年级举办小讲座，介绍学习经验。个别访谈是指课后与典型学生个别谈话，了解学生的想法并做出相应的评价。访谈评价侧重一个"谈"字，教师不管采用哪种形式进行访谈评价，都要注意多让学生谈，多了解情况，多用鼓励性评价，发挥评价的激励作用，注重解决学生学习过程中遇到的实际问题。

（5）测验法。

教师针对所要评价的内容，设定相应的测试场景，对学生进行小型的测验。教师可通过创设访谈、实验、查找资料、分析资料等实践活动，让学生在具体情境中展示自己的能力，比较集中地提供评价信息；也可通过各种表格或问卷，对学生活动中的行为进行定性或定量的分析与评价。

（6）家长意见反馈法。

通过与家长的交流，让家长了解学生在活动中的态度和能力等，关注学生的成长。

过程性评价应注意以下四个方面：

（1）不要将过程性评价和终结性评价对立。过去只采用终结性评价的确存在不足，但不能对终结性评价持全盘否定的态度，甚至过激地主张用过程性评价取代终结性评价。两种评价是从不同的角度来衡量学生的体育学习，各有优势和用途，既不会相互排斥，也不能相互取代。对目前体育教学评价中存在的问题，要实事求是地进行分析，改进评价方法。

（2）不应把过程性评价排除在学习效果的评价之外。例如，用体育成长记录或体育学习档案作为评价工具时，可以把学生经常一起比赛的同伴名单放入袋中，小组比赛的体验、战术的运用情况等也可以放进去，这些经验和体验显示了学生在运动参与过程中的学习状况和发展进程。

（3）正确区分评价方法和评价工具。适合作为过程性评价的工具很多，如体育学习体验日志、课堂学习评价表、口头评价、学生之间的欣赏和鼓励、教师的语言和非语言激励和暗示、小组成员的建议和意见等。

（4）不宜过分夸大过程性评价的功能。过程性评价既有优势，也有局限。如果过于强调过程性评价或过程性评价的分量过重，很容易导致过程性评价频繁琐碎，学生和教师不堪其扰，这样的结果只会把教学和评价引入歧途。

对学生体育学习成绩的评价，各校可以根据《标准》的精神自行制定标准，见表5－5和表5－6。

表 5-5　小学生体育学习成绩评价标准（一）

领域	项目	1~2年级 优秀	1~2年级 良好	1~2年级 及格	3~4年级 优秀	3~4年级 良好	3~4年级 及格	5~6年级 优秀	5~6年级 良好	5~6年级 及格
	形成正确身体姿势	知道身体正确姿势	注意正确身体姿势	能说出正确身体姿势	较好保持正确身体姿势	基本保持正确身体姿势	在教师帮助下保持正确身体姿势	有意识地运用体育活动改善身体姿势	经常运用体育活动保持身体姿势	能够运用体育活动保持身体姿势
	50米（男、女）（秒）	9.9, 10.5	11.8, 12.5	12.6, 13.2	9.1, 9.5	10.5, 11.1	11.2, 11.8	8.5, 8.9	9.9, 10.3	10.5, 11.0
	25米×2（男、女）（秒）	11.4, 11.9	12.5, 13.0	14.6, 15.1	10.3, 10.3	12.2, 12.2	13.0, 13.0	9.8, 10.2	10.9, 11.2	12.4, 13.0
	立定跳远（男、女）（厘米）	149, 138	130, 120	107, 99	170, 160	153, 141	129, 119	189, 177	170, 157	146, 134
身体健康	跳绳（男、女）（次/分）	90, 90	60, 60	30, 30	110, 115	80, 85	40, 45	120, 125	90, 95	45, 50
	仰卧起坐（男、女）（次/分）	20, 20	15, 15	5, 5	40, 40	34, 34	21, 21	43, 43	35, 35	22, 22
	掷垒球（男、女）（米）	15, 15	10, 10	5, 5	20, 20	15, 15	10, 10	25, 25	20, 20	15, 15
	柔韧（男、女）（厘米）	12, 16	7, 11	2, 6	11, 15	6, 10	2, 5	10, 14	5, 9	2, 6
	灵敏（男、女）（厘米）	39, 38	31, 31	24, 23	45, 40	38, 35	30, 30	50, 44	44, 38	38, 33
	平衡（男、女）（秒）	20, 20	15, 15	10, 10	25, 25	20, 20	15, 15	30, 30	25, 25	20, 20
	肺活量（男、女）（毫升）	1800, 1700	1300, 1200	1000, 900	2200, 2100	1600, 1500	1300, 1200	2800, 2500	1900, 1700	1600, 1500

表5-6 小学生体育学习成绩评价标准（二）

领域	项目	1～2年级 优秀	良好	及格	3～4年级 优秀	良好	及格	5～6年级 优秀	良好	及格
运动参与	态度、行为	积极参加活动	参加活动较好	对活动表现出兴趣	积极展示所学动作	敢于展示所学动作	乐于学习，做动展示	能完整展示并评价同伴	较好展示并帮助同伴	主动观察、学习
运动技能	运动基础知识	了解课堂常规	清楚自己的站位	能找到自己的站位	较完整地说出所学动作术语	能说出所学动作术语	说出简单术语	较完整地说出所学动作术语、常识	能说出所学动作术语、常识	了解简单项目术语、常识
	学习应用	能做出简单技术动作	在教师帮助下能做出简单技术动作	敢于做简单技术动作	较好完成组合动作	在教师帮助下能做出简单组合动作	认真做简单组合技术动作	较好掌握所学技术动作	掌握所学技术动作	初步掌握所学技术动作
心理健康	体育安全	活动中注意避让同伴	活动中知道避让同伴	知道碰撞有危险	能按照简单规则活动	能按照简单规则活动	了解运动规则	知道安全方法，主动避免危险	知道安全及避免危险的方法	了解危险的避免方法
	了解与感受	能够描述成功与失败的体验	简单描述成功与失败的体验		敢于展示自我，敢于同比自己强的同伴比试	能展示自我，能克服困难完成任务		敢于做未曾完成的任务	在教师指导，帮助下敢于做未曾完成任务	
	健康水平	在陌生的环境中正常活动	与同班同学和睦相处		展现自我，勇于向困难挑战	对体育活动有较高热情		敢于向困难和自我挑战	积极参加活动、较勇敢	
社会适应	人际关系	具有良好的合作精神，关心、尊重他人	基本了解个人与集体的关系		完全融合于集体中，有合作行为	能够与他人合作完成活动		关心、帮助弱者，具有良好的体育道德	表现出比较好的体育合作精神	

151

（三）学生对学习的评价

新课程评价体系中，要求对学生的学习评价既要有教师的评价，也要重视学生的自我评价和相互评价。教师应当积极引导与鼓励学生进行自我评价和相互评价，并加大学生自我评价与相互评价的比重，目的是促进学生的发展，充分发挥评价的激励作用，鼓励学生展示自我，以提高学生的健康意识，促进学生健康成长，见表5-7。

表5-7　学生自我评价的内容与目标

评价内容	目　　标
学习目标	根据所学内容制订自己的学习目标
参与程度	对运动的兴趣、态度
拼搏精神	学习锻炼中的意志、运动表现、风度等的情绪体验
学习效果	知识掌握：对某项运动的开展情况、健身功效、技术要领、练习方法等方面的认识和评价
	运动技术的掌握运用：运动技术的掌握程度和熟练运用程度
	身体形态及机能：对自己的身高、体重、体型、心率、肺活量、血压等指标的认识和评价

1. 学生自我评价

自我评价包括学生个体对自身外貌、能力、行为、品质、需要、动机、目标等方面的分析与认识以及所持的态度。可以通过学生的反馈信息优化教学过程。

学生要正确地进行自我评价，必须具备自我评价能力。自我评价能力是指人顺利地进行自我评价所必须具备的心理特征。作为体育能力的一个方面，自我评价能力应该包括：对体育知识、运动技术的掌握情况的评价能力，对身体机能的评价能力，对个性心理及情感的评价能力，对社会适应的评价能力。教师在教学中应有意识地培养学生的自我评价能力。

学生的自我评价能力必须以一定的知识和技术为基础，并通过反复实践才能形成。在体育教学过程中培养学生自我评价的过程如下：

（1）让学生了解自我评价的相关知识。教师在指导学生自我评价之前，首先要使学生明确自我评价的目的与意义、评价的内容、评价的标准，使学生对自我评价有全面的认识。

（2）让学生掌握自我评价的技术和方法。体育教学中学生自我评价常用的方法有自省、自评、自我反馈和自我暗示等。

自省就是自行省察、自我反省。自省是自我意识能动性的表现。通过自省发现自身学习过程中存在的问题及原因，从而改进学习策略，提高学习效率。

自评就是学生作为评价主体和评价对象，依据一定的标准对自己的期望、品德、发展状况、学习行为与结果及个性特征进行判断与评估，是学生自我认识、自我分析、自我提高的过程（见案例5-1）。

案例 5-1 引导学生进行自我评价范例
（以一个篮球为主要项目的教学单元为例）

在分别对以下所列五个方面的学习目标具体化后，变成了可以操作的自我评价目标。

1. 知识的掌握。（1）篮球运动的起源与发展；（2）篮球运动的价值；（3）篮球运动的比赛规则；（4）运球、传接球、投篮的技术要领；（5）进攻与防守战术的基本要求。

2. 运动技术的掌握。（1）运球、传接球、投篮的熟练程度；（2）小组比赛时运球、传接球、投篮技术的运用情况；（3）能否在恰当的时机与同伴进行战术配合。

3. 课中自己的心率、呼吸，课后自己的心率、血压等指标。

4. 情感体验。（1）对篮球运动的兴趣、态度；（2）学习及锻炼中的意志；（3）在运动中的表现、风度。

5. 社会适应力。（1）学习和比赛中能否无视性别、技术的差别共同学习；（2）能否遵守规则服从裁判，在没有裁判的情况下自己犯规能够申告；（3）能否在教师的指示下自动组织好练习；（4）运用篮球独立进行身体锻炼。

评价前，教师把上述评价内容写在黑板上，然后宣布如下指导语："经过一个单元的学习，每位同学都取得了不同程度的进步，下面大家对1、2、4、5四个方面的内容进行自我评价（3在每次课中都做过定量评价），最后做一个总评。评价的目的是发现自己在学习中取得的进步和存在的不足……"对于1，可让学生进行定量评价，评价自己通过本单元的学习后掌握了多少知识点，掌握程度如何；对于2、4、5，可用定性的方法逐条进行评价。最后要对自己进行总评，并做好记录。

学生自我评价对其成长与发展具有重要作用。首先，自我评价是学生个体成长和发展中的一条主线，其他的评价最终要与学生的自我评价相结合，才会促进学生的主动发展，学生最终要靠自我评价来完善自己、发展自己，进而促进自我实现；其次，学生的自我评价有利于激发学习动力，养成良好的行为习惯，并对自己的行为不断地进行检查和调整，形成自我反思、自我调整的有效机制，主动地自我规划；最后，学生的自我评价有利于学生和教师共同承担评价的责任，使评价成为学生自己的事，帮助学生成为终身学习者。

自我反馈是指在教师的引导下，通过学生的自我检查和自我认识，寻找错误的原因，对学习中的成败利钝做出判断，主动地调整自己的学习。学生的自我反馈也是一种自知到自控的过程，是一种学习和思考的过程。这不仅培养了学生自我尝试、自寻规律、与同学探讨的学习能力，而且有利于学生养成良好的学习习惯，克服对教师、家长的依赖性，逐步掌握科学的学习方法，提高学习水平。

自我暗示是指通过主观想象某种特殊的人与事物的存在来进行自我刺激，达到改变行为和主观经验的目的。教师可以引导学生进行自我肯定的练习。

学生自我评价常用的手段有目标回顾、学习卡片和成绩对比等。

（1）目标回顾。通过教师将体育课在学年、学期和单元的教学目标具体化，让学生明确教学目标的要求，并转换成可以自我评价的过程。

（2）学习卡片。可以采用成长记录袋（学习档案袋）、体育学习日记等方式。

①成长记录袋（学习档案袋）。成长记录袋是从国外引进的一种新兴评价方式，是根据教育教学目标，有意识地将各科有关学生表现的作品及其他证据收集起来，通过合理地

解析，反映学生在学习与发展过程中的优势与不足，反映学生在达到目标的过程中付出的努力与进步，并通过学生的反思与改进，激励学生取得更高的成就（见案例5-2）。

案例5-2　小学生成长记录袋范例

小学生成长记录袋的内容主要包括：

1. 平时测验的体育成绩。
2. 教师的特别表扬。由学生记载、收集，存入成长记录袋。
3. 学生自己的学习体验。
4. 同学之间的相互评价。
5. 学生体质健康标准测试成绩。
6. 平时课堂上或运动会上自己的精彩照片。
7. 学生认为需要收集的其他资料。

上述这些内容既有学生学习态度与社会适应方面的评价，又有运动技能学习和体能测试方面的评价，基本涵盖了新课程标准的各个学习领域，是学生平时体育学习过程中的"轨迹"，能有效地促进学生的全面发展。

建议学期结束时，召开班级成长记录袋交流会，组织学生自我反思与互评，然后根据每个成长记录袋中收集的资料和学生的表现对学生做出学期评定，形成完整的成长记录袋资料。每名学生一个学段（两年）用一个成长记录袋为宜。

基础教育阶段的学生正处在生长发育的高峰期，身体状况对他们的健康成长具有重要影响。体育活动是促进学生身体发展和健康的重要手段，这个阶段对体育与健康课程学习成绩的评价直接影响着学生对体育运动的参与态度和今后的发展。因此，学生体育与健康课程学习成绩的评定应该重视建立学生成长记录袋，记录袋可以收录体能和运动技能的发展、学生学习态度和行为的变化等方面的有关资料。成长记录袋既有助于促进学生的自主学习，也有助于教师、家长更好地了解和指导学生对体育与健康课程的学习。

②体育学习日记。体育学习日记是指学生将每次重要课的学习体验以日记的形式记录下来。教师在对学习日记进行评价时，应着重评价学生在体育课中的学习态度和情感变化等方面（见案例5-3）。

案例5-3　学生体育学习日记范例

××镇中心小学　六（2）班　季××

上个星期五，一年一度的广播操比赛开始了，我很期待。我希望我们班能获得冠军，因为以往每次广播操比赛我们都没得到冠军，这一次我们一定要为班级争口气。

比赛开始了，我很紧张，不过我们是六年级，比赛也是最后一次。我们观看了很久，终于，我们要上场了。我鼓起勇气，走上了场。只要有勇气，没有做不成的事。

过了一会儿，比赛结束了，我更紧张，因为要颁奖了，同学们都非常兴奋。六年级要发奖状了，体育老师一开口，我就惊呆了，没想到冠军居然是我们班。

我们班得了冠军，我很高兴，因为这是我们班广播操比赛第一次拿冠军，我们终于为班级争了一口气。

（3）成绩对比。

通过体育成绩测试，学生对自己的运动技能、体能等进行比较客观的分析与评价，能够培养和发展自我评价能力。

学生在进行身体机能、身体素质的自我评价时，可利用一些手头工具测出身高、体重、心率、肺活量、血压等指标值；通过学习脉搏测量法，测量心率的变化；心肺功能可通过测量 800 米、1500 米、12 分钟跑的成绩来评定；而一些身体素质，如下肢爆发力等，可通过立定跳远的成绩来评价。学生掌握这些评价方法之后，就能在日常锻炼中加以运用。

通过成绩对比，肯定学生所取得的进步，增强学生的成就动机，激发学生学习、锻炼的积极性。

2. 学生相互评价

体育学习过程中的互评是同伴之间对教学进展和行为表现等进行的一种阶段性评价，是过程性评价的一个方面（见案例 5－4）。学生相互评价可以提高学生的主体地位，将评价变成主动参与、自我反思、自我教育、自我发展的过程。

案例 5－4　小学体育教学中学生相互评价范例

1. 学习目标

（1）能够基本掌握评价的方法。

（2）进行评价工作的分工，完成观察、比较、讨论、分析、记载等工作。

（3）相互配合，能够对自己与同伴的学练情况给出合适的评价。

2. 学习内容

对生活中突发事件模拟场景与支撑跳跃技能运用动作的创编进行互评。

3. 教学场景

教师：刚才各组已经开始进行动作组合设计了，下面对各组设计的动作组合做一个互评，主要评价动作的质量、适用性和实效性等方面。老师只是作一个提示，各小组可以自行完善互评指标体系。在互评时要做好分工，明确各人的工作职责，并明确配合方法及成绩记载要求。下面请各小组组织实施。

各小组由小组长进行互评分工。

【第二小组学练现场】

组长 A：我们应该从哪些方面来评价呢？

学生 B：老师刚才说了动作的质量、适用性、实效性，我看还要加上合作情况。

学生 C：还要看他们用的是不是支撑跳跃的动作，其他的体操动作可不能算。

组长 A：我看最好还要加上模拟场景的逼真程度，这样评价就可以从六个方面进行：①是否采用支撑跳跃的动作；②动作的质量；③模拟场景的逼真程度；④适用性，即在该种场景下，采用的动作是不是可行；⑤实效性，即在这种场景下动作的效果如何；⑥合作意识。对这六个方面的每一方面设"五颗星"。这样行不行？

（小组成员认同并集体通过）

组长 A：下面进行一下分工，B、C 负责①、②方面的评价，D、E 负责④、⑤方面的评价，F、G 负责③、⑥方面的评价。各小组要认真观察、讨论、分析，得出评价的结果，H 负责评价成绩的综合和总评，并代表小组宣布评价结果。下面按分工开始对第三小组进行评价。

【第三小组学练现场】

组长 A：第三小组同学注意，下面我们将对你们的动作组合进行评价，请开始吧。

（第三小组设计的是失火现场利用屈体腾越跳过障碍逃生演示，第二小组进行评价）

第二小组代表 H：通过我们小组讨论，一致认为第三小组的动作组合创编设计效果如下：

对第三小组的评价结果

是否为支撑跳跃	动作质量	模拟场景逼真程度	适用性	实效性	合作意识	总 评
★★★★★	★★★☆☆	★★★★☆	★★★★☆	★★★★☆	★★★★☆	★★★★☆
点评词	屈体腾越动作与模拟场景主题匹配值较高，适用性较强。但由于动作质量不高，直接导致了动作效果体现不足。因此，在下一阶段要进一步提高动作质量，并希望屈体腾越动作运用到生活的其他领域。					

【评析】

本设计为小组与小组间进行的动作组合创编的互评操作。此互评过程有以下特点：一是学生把握了互评的基本方法，知道什么是互评、怎样开展互评；二是学生明晰了互评的基本内容，通过教师的指导与组内的讨论，明确了哪些应该评、主要评什么；三是师生研制了互评的评价标准，确定了以"贴五星"的形式开展小组间的定性评价；四是学生掌握了互评操作的基本方法，各小组在小组长的带领下，明确各自分工和配合方式，以及在观察、比较、分析中记录成绩和现场宣讲成绩等一系列操作程序。由于师生明确了互评目标、内容与方法，才能使小组间互评过程具有较好的可操作性，才能反映出小组间互评的实效性与达成度，才能使小组间互评工作开展得富有成效、有声有色。

就评价而言，不足之处在于：一是侧重是否运用支撑跳跃及动作完成质量，侧重模拟场景逼真程度和动作的适用性、实效性等技能与效果，而对小组学生在完成学习过程中的学习态度、情意表现等评价不足；二是互评既是小组间相互帮助与指导的过程，也是"照镜子"来强化组内练习效果的过程，因此，还应该将小组的互评与自评结合使用，以发挥评价对促进发展的作用。

资料来源：上海市晋元高级中学　邵荣（课程专家/团队）

相互评价主要包括个体对同伴的评价、个体对小组的评价、小组对个体的评价、小组对小组的评价等。相互评价的内容主要包括同伴的学习目标、参与程度、情意表现与合作精神、健康行为及学习效果等。相互评价的主要方法有互评、互议和讨论交流等，主要手段有观察、互评记录、谈互评随感等。

学生相互评价的实践操作过程如下：

（1）相互评价的组织与引导。通过相互评价的知识培训，引导学生正确、准确、公正、公平地进行相互评价。应当在学生具有一定的评价能力后进行相互评价，否则可能出现标准不清、判别不准、轻视马虎、敷衍了事、不公正、不客观等问题。因此，相互评价前需要对学生进行心理上的准备、标准上的学习、操作技能的掌握和操作方法的培训。培训工作主要包括：让学生明确相互评价的重要意义，通过心理诱导、思想教育，促使学生达到认真主动、自觉自律、关心同伴、相互尊重的行为习惯；学习、掌握评价方法和手段，从评价方法教学入手，组织学生学习评价标准，引导学生学会独立思考与判断，发表个人见解。

例如，前期开展学法诱导，教师采用示范与讲解、多媒体演示、图片资料等方式，提供评价参考标准，组织学生就某主题内容进行评价演示，发放互评记录表，在体育学习过程中的适当时机让学生根据标准，针对同伴学习过程中的学习态度与行为、技能水平等进行相互评价预演操作，记录分值、等级或评语，与教师的评判相比照，并适时引领学生掌握相互评价操作、学会记录相互评价成绩和撰写相互评价记录。

（2）相互评价的指导与促进。指导学生针对教学中的相互评价内容，根据事先培训的统一标准，采用相应的评价方法进行相互评价，尽量做到客观、公正、准确。

（3）相互评价的操作与调控。根据学生相互评价过程中的行为表现，及时调适评价分组、评价内容和评价方式。

（4）相互评价信息资料分析研究。对学生相互评价的效果进行总结和分析，为调整以后教学设计方案提供依据。

学生相互评价是教学评价中的一个难点。学生相互评价时常会出现从众心理、伙伴群体效应、权威效应、自我效应等问题，因此，运用学生相互评价应注意以下五个方面：

（1）将学生的相互评价作为一种教育性、集体性、养成性的评价，不宜将其作为正式的评价，更不宜作为学习成绩的评价。

（2）端正学生评价态度，保证评价的公正性。要通过教育，加强学生对相互评价的认识，克服相互评价过程中的不良心理动机、功利性因素以及操作马虎了事、相互评价答非所问等行为，保证相互评价质量。

（3）相互评价内容科学。相互评价的内容应主要围绕学习的相互帮助、问题学习讨论进行，不涉及人格评价。

（4）将自评与互评配合运用。自评与互评是促进学生应用评价信息来管理自我学习、促进他人进步的有效方法，同时自评与互评是相伴相生、相互促进的。建议在组织学生参与学习评价时，要重点培养学生的自评能力，并将自评与互评配合运用。

（5）明确相互评价在学习评价中的权重。在体育学习评价中，相互评价虽然值得大力提倡，但也绝不能过分夸大其作用，更不能把相互评价作为唯一的形式。建议在开展相互评价时，要研究和确定相互评价在多元评价体系中的权重。

第二节　体育教师教学评价

教师教学评价是教育评价的重要组成部分。教师教学评价是以教师的教学为主线，以促进教师专业发展为目标，在客观收集信息资料的基础上，对与教师教学活动以及与教学活动密切相关的因素进行价值判断。

在新课改深入推行的过程中，教师教学评价的观念、价值取向、内容、标准和评价方法发生了深刻的变革。教师教学评价在当前教育改革中备受关注。

一、教师教学评价的目的

教师教学评价体系主要以提高教学效能为主要目的。以往，教师教学评价的目的偏重于"鉴定"和"分等"，属于一种奖惩性评价。评价结果主要用作判断教师是否具备奖励或惩罚的条件。当前，素质教育观指导下的体育教师教学评价侧重于体育教师素质的发展，目的是为体育教师提供必要的信息反馈，使其及时发现问题，总结经验，不断改进、优化教育教学行为。

教师教学评价的目的如下：

（1）掌握教师教学现状。通过教师教学评价，了解教师的教学情况和能力，鉴定体育教师是否履行了职责，是否达到了预定的教学要求。

（2）促进教师的专业发展。通过教师教学评价，判断教师教学中存在的不足，并分析原因，将结果以科学、恰当、具有建设性的方式反馈给被评价的教师，促进其专业的进一步发展。

（3）全面提高教师综合素质。在教师教学评价中，通过自评与互评结合，不仅可以充分展示教师个性化的工作和成果，而且可以提高教师对自己教学行为的分析与反思能力，有效地激励教师主动适应现代教育发展的需要，促进教师专业素养、业务能力的提高。

二、我国传统体育教师教学评价存在的问题

我国教师教学评价的理论与实践起步较晚。1985 年，《中共中央关于教育体制改革的决定》指出："要逐步建立系统的教育评价和监督制度。"1993 年颁布的《中华人民共和国教师法》第二十四条规定："教师考核结果是受聘任教、晋升工资、实施奖惩的依据。"《基础教育课程改革纲要（试行）》指出："建立促进教师不断提高的评价体系，强调教师对自己教学行为的分析与反思，建立以教师自评为主，校长、教师、学生、家长共同参与的评价制度，使教师从多种渠道获得信息，不断提高教学水平。"

（一）评价功能甄别化

长期以来，我国传统的教师教学评价多以奖惩为目的，注重评价的鉴定和甄别功能，忽视评价的激励与反馈功能。此外，传统的体育教师教学评价在奖惩过程中还存在较为严重的论资排辈和平均主义现象。职称的评定、工资的发放、福利待遇等都追求资历和平均，对工作成绩突出、工作任务重的体育教师缺乏实质性的鼓励措施。

（二）评价方式终结化

传统的教师教学评价基本上采用终结性评价，忽视体育教师的发展。在每年年终时先由教师个人递交年终工作总结，然后由领导做出评价。评价的依据主要是学生的考试成绩或达标成绩，以及体育教师个人在一年内的工作成绩，该工作成绩也只是定期通过一次或几次教学活动来认定。这样的评价忽视了体育教师教学水平的提高过程，不能以动态、发展的眼光来看待体育教师教学水平的提高，是一种典型的终结性行政评价。

（三）评价方法数量化

采用全面量化、细化、"科学"化的评价标准进行评价。例如，体育公开教学课采用等级评分法、质量评价标准、标准积分法、加权法等进行评价，使教师教学评价滑向"科学"评价的误区。为了应付评价，教师一味追求评价体系中的数量，如完成听课次数、凑齐业务学习笔记数量等。

（四）评价内容简单化

传统的评价内容往往流于形式，忽视评价的实质，主要表现在以下两个方面：

（1）重视教师外在的工作表现，忽视学生的学习气氛。过去对体育教师的评价内容大多侧重教师的表现，如教学态度、教学手段和方法的应用、教学组织能力、教学语言的运用、教学中的应变能力等，而忽视对学生学习活动和课堂气氛的关注。

（2）重视学生的学习成绩和达标率，忽视学生的学习态度与积极性。教师评价追求高达标率、高分数，将教师的教育教学效果简化为学生的体育测试分数和达标率。体育教学注重的是学生如何提高达标项目或考试项目的水平，如何使学生更好地掌握与考试（或达标）相应的学习内容，造成"考什么，教什么"的现象，无暇顾及学生的学习兴趣和需要。

（五）评价主体单一化

长期以来，教师评价主要由教导处或年级组长对体育教师的教学进行评价，不太注重教师的自我评价和学生对教师的评价，评价主体单一化。

三、教师教学评价的内容

（一）体育教师专业素质的评价

体育教师专业素质的评价实际上是对教师的发展潜力的评价。教师的专业素质主要包括师德师风、教学能力和教育科研能力。

1. 师德师风评价

师德师风主要包括教师的价值观和人生观、社会意识和教育观念、师德素养以及对学生的态度等。在对教师进行评价时，应把师德师风放在首位。

2. 教学能力评价

（1）理解能力评价。

体育教师的理解能力主要是指体育教师对专业基础知识、体育与健康课程目标和内容的认识与理解。一个教师对体育与健康课程目标体系的理解程度决定了他的工作方向。由于体育与健康课程强调以"健康第一"为指导思想，课程目标也是指向学生整体健康水平的提高，因此，对体育教师的评价应看他在课程设计、教学方案和计划的制订、教学内容的选取、教学评价等方面是否充分体现了"健康第一"的指导思想，是否在教学过程中贯彻和落实了这一指导思想，是否促进了学生身心健康的发展。

（2）教学实践能力评价。

教学实践能力是体育教师自身综合能力的最终体现，主要包括：体育教师对现代教育理论、教学方法的掌握以及实际运用的情况；掌握从事体育与健康课程教学必需的基本技能的情况，如教学设计、讲解、示范、指导、观察、组织教学和评价等能力；创造性教学的能力，如运用现代化的教育技术的能力、开发和运用体育与健康课程资源的能力等。体育教师能力评价应突出"教会学生终身体育学习"的能力，新课程标准要求培养学生的终身体育能力，"教学生学会体育"已不适应社会发展需求，"教学生会学体育"才是体育与健康课程教学的终极目标，这对教师的教学实践能力提出了更高的要求。

（3）教学管理能力评价。

体育教师的教学管理能力主要体现在善于疏导学生，掌握学生的心理、情感特征，激发和保持学生的运动兴趣，保持良好的师生关系等方面。

3. 教育科研能力评价

体育教师的教育科研能力主要包括：根据教育发展的情况主动学习，不断充实和提高自身的能力；能够发现和提出与本课程内容有关的课题，并写出有一定内容和见解的科研论文；能够针对与实施本课程内容有关的问题进行调查研究，并写出调查分析报告；能够创编出有新意的教学活动方式、游戏或运动方法；等等。

（二）课堂教学评价

课堂教学评价是对体育教师的教学过程与教学效果进行的评价，其目的不是简单地评价体育教师教学活动的结果或表现为评定教师的优劣，而是通过注重发展性的评价促进教学工作的不断改进。在课堂教学评价中，一方面要对整个教学过程的展开进行评价，另一方面要注重对教学活动的有效性，即教学活动对实现教学目标的有效程度进行评价。因此，对于体育课堂教学的评价，不仅要注重对体育教师的教学行为的评价，而且要注重对学生在学习过程中的表现以及学习前后发生的变化进行评价。

以往，评委们根据评价标准（见表5-8）对体育教师的教学进行评价，传统的评价侧重于评价教师的教学行为，缺乏对学生学习行为表现的评价，体现的是"以教师的教为中心"的模式，而不太重视学生的学习需求。

表5-8　传统的评价

评价内容	评价标准
课堂教学设计说明	1. 整体思路清晰 2. 教材搭配合理
上课的教案	1. 教学目标明确、全面 2. 绘图美观，数据准确，文字清楚 3. 整体设计合理
示范动作	示范动作准确
专业术语	专业术语使用准确、恰当

评价内容	评价标准
课堂语言及普通话	1. 使用普通话 2. 语言清晰
口令及指挥能力	1. 口令洪亮、准确 2. 指挥正确
思想教育	1. 有思想教育的因素和过程 2. 表扬及时，没有错误批评 3. 说教方法和形式不单调、死板、落后 4. 遵守教育原则
艺术因素	1. 服饰、动作、图形的艺术性强 2. 音乐选择具有实效性、思想性和针对性 3. 动作编排的艺术性强

新课程标准的实施推动了教学评价观念的变革，迎来了体育教学评价的多元化，对体育教师的课堂教学的评价应体现以下五个方面：

（1）学生的体育学习兴趣。体育学习兴趣是否得到激发主要体现在学生是否喜欢体育课和主动参加体育活动的程度，只有学生主动参与的体育课才是好课。

（2）学生的主体地位。学生的主体地位是否得到体现，应该看学生在体育课上或整个体育学习过程中是否主动地学习，教师是否了解学生的不同需求，了解学生的差异，因材施教。如果学生的主体地位没有得到体现，就不算是好课。

（3）体育教学目标的实现。对体育教师的教学评价要看他在课程设计、教学方案和计划的制订、教学内容的选择、教学评价等方面是否围绕着教学目标的达成。

（4）体育教师的课堂教学实践能力。强调学生的主体地位并非忽视或否认教师的主导作用，教师的导是围绕学生这一主体的学展开的。对体育教师的教学评价要看教师的主导作用发挥得如何。

（5）课堂教学的创新程度。

新课改的深入推行打破了传统的仅以教师为主要评价对象的框框，虽然评价的仍是教师的教学情况，但关注的是学生的学习行为（见表5－9），评价指标与课堂教学紧密结合，符合实际、简便易行。

表5－9 课堂教学评价量表

评价内容	评价等级				
	优	良	中	及格	不及格
全面了解学生的体能运动知识和技能程度	了解	较了解	一般	不太了解	不了解
设置课堂学习目标	合理	较合理	一般	不太合理	不合理
编写教案	实用	较实用	一般	不太实用	不实用
采用的课堂教学组织形式	合理	较合理	一般	不太合理	不合理
课堂上学生的情绪表现	活跃	较活跃	一般	不太活跃	不活跃

评价内容	评价等级				
	优	良	中	及格	不及格
课堂上学生自主学习机会	多	较多	一般	不太多	没有
课堂上师生互动的情况	充分	较充分	一般	不太充分	不充分
课堂上学生达成目标的情况	好	较好	一般	不太好	不好
运用多种教学方法的熟练程度	熟练	较熟练	一般	不太熟练	不熟练
利用开发课程资源的情况	好	较好	一般	不太好	不好
学生的学习态度	积极	较积极	一般	不太积极	不积极

四、中小学体育教师教学评价的方法和手段

(一) 以发展性评价为主

发展性评价主要根据教师现有的工作表现，确定体育教师个人的发展方向，定期制定个人发展的目标，并依据评价提供的信息激发体育教师自我完善的需求，明确继续发展和终身发展的目标；为体育教师提供自我发展的机会，提高教师履行工作职责的能力和水平，从而促进教师的未来发展。发展性评价具有以下特征：

（1）评价方向面向体育教师的未来发展。

传统的奖惩性评价是面向过去的评价，主要是关注教师过去一段时间内的表现，对过去所做工作的总结和鉴定。这种评价主要鉴定体育教师履行的工作职责，为体育教师的奖惩提供事实依据。

发展性评价是一种新型的面向未来的评价，不仅注重体育教师现有的发展特点和水平，而且对体育教师在工作中的情感、态度以及未来的发展需求进行完整的、综合的评定；不仅是对体育教师的现有价值的肯定，更是对其潜在价值的肯定。在实施发展性评价的过程中，教师能够充分了解学校对他们的期望，学校根据教师工作表现的评价结果，确定教师个人的发展需求，制定教师的个人发展目标，并向他们提供一定的指导、培训或自我发展的机会，从而促进教师教学水平的提高，推动学校的发展。

（2）强调评价的激励功能。

发展性评价坚持"人既是发展的第一主角，又是发展的终极目标"的立场，以促进体育教师的发展为目的，评价和激励教师的教学行为，注意激发体育教师的内部动机，这是对传统体育教师评价的一种扬弃。

（3）终结性评价与形成性评价相结合。

以往的教师评价是以奖惩为目的的终结性评价，一般是通过一次或几次教学活动来认定教师的教学水平。评价结果带有区分性或终结性，忽视了提高过程，不能以动态、发展的眼光看待教师教学水平的提高。

形成性评价是一种引导性、改进性的评价。评价报告不是判决，而是记录体育教师在工作中取得的成绩和存在的不足。这种评价的主要目的是强调对教师教学过程的评价，注重动态监控，既关注原有的教学水平，也关注其提高的过程，并指明今后努力的方向。这就需要加强对教学过程的评价，依据评价结果改进教学过程，发挥好评价的预测、诊断、反馈、导向、激励的整体功能。

（二）评价主体的多元化

以往的体育教师评价主要是采用由领导、同行和学生对体育教师进行"他评"的方法，教师没有参与到教学评价的过程中，虽然这种评价看似很客观，但研究表明其存在一定的局限性和片面性。

发展性评价注重体育教师自身对评价的积极参与，不仅让体育教师参与评价过程，而且在评价项目或指标方面也拥有发言权。评价者不再是权威，而是改进和提高教学水平的促进者。这种评价重在提高体育教师的主体意识，确立其主体地位，正确认识自我，把握自身今后发展的方向。因此，发展性评价强调评价主体的多元化，将教师自评与领导评价、同行评价、学生评价有机结合起来（图5—1）。

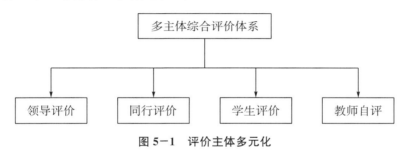

图5—1　评价主体多元化

1. 领导、同行评价

（1）领导评价。领导评价一般是指教育行政领导、学校领导（校长、教导主任、教研组长等）对体育教师进行的评价。领导评价是体育教师评价中对教师促进作用最大的一种外部机制。

领导评价必须明确教育评价的目的主要是导向、激励、改进教师的工作。通过评价过程的反馈、调控作用，促进每个教师不断总结、不断改进自己的工作，调动广大教师的工作积极性和创造性，同时也促进学校的领导不断加强对教师队伍的管理和建设，最终达到全面提高学校教师的素质及教育教学质量的目的。

领导对体育教师的评价主要依据教师的教育价值观、预期的教育目标、社会的反馈、课堂教学效果、学生的反馈等。主要以评价教师的专业素质为主，包括师德师风、知识结构和水平、工作能力及水平、管理学生群体的能力、教育教学工作研究和教育科研能力、工作业绩等。

（2）同行评价。体育教师评价是一项专业性非常强的工作，尤其涉及对体育教师学科水平、教学技能等方面的评价时，通常需要借助同行的评价，才能保证体育教师评价具有一定的效度（见表5—10）。同行评价的优势在于评价者对教学内容、学科思想非常熟悉，可以对教学计划、教学内容、教学结构提出中肯的意见，也可以交流工作经验，促进教学水平的提高。

表 5-10　体育教师评价量表范例

类指标	分值	项指标	分值	指标	分值	他评	自评
专业素质	60	职业道德	20	喜欢体育教师职业的程度	5		
				喜欢学生的程度	5		
				对平时教学工作的投入程度	5		
				与同事的合作程度	5		
		教学能力	30	对《标准》的理解程度	3		
				设计体育与健康课程的能力	5		
				激发学生学习主动性、积极性的手段	5		
				指导学生学习和掌握知识技能的方法	5		
				运用现代教育技术手段的熟练程度	3		
				利用与开发体育与健康课程资源的情况	3		
				学习掌握和运用现代教育理论、体育理论、健康理论的能力	3		
				了解体育与健康课程改革的程度	3		
		教育科研能力	10	发现和提出与学校体育与健康教育有关的课题以及进行研究设计的能力	5		
				进行教学研究、撰写科学研究论文的能力	5		
课堂教学	40	教师的教	16	全面了解学生的体能、运动知识和技能程度	2		
				设置课堂学习目标	2		
				运用多种教学方法的熟练程度	4		
				课堂教学组织	4		
				开发利用课程资源的情况	2		
				教态仪表	2		
		学生的学	24	课堂上学生达成目标的情况	4		
				课堂上学生的情绪表现	4		
				课堂上学生自主学习的机会	4		
				课堂上师生互动的情况	4		
				学生的学习态度	4		
				健康行为	4		

注：学校校长、教导主任采用此表，可就教师专业素质进行评分，教研组长、同行、教师自己可就专业素质和课堂教学进行综合评分。

（3）领导、同行评价的一般操作方法。领导、同行评价主要采用指标评价、互评、互议、学习同行优点、指出同行不足等方法，具体的手段有问卷调查、日常教学观摩与评议、教学课评优活动、教学研究活动、说课活动、教学总结等。

（4）领导、同行评价应注意的问题。第一，倡导民主，打破管理无过错的传统观念。领导的评价往往具有比较权威的意见，但不能说明其评价永远是正确的，当其评价有偏差时，应根据评价标准和评价原则提出公正客观的意见。第二，注重评价标准的生成性和灵活性。有些评价标准是对教师进行量化的，但实际操作中应结合教师的实际工作情况进行具体的定性的评价，使评价更加科学合理。第三，评价结果的解释与应用。对评价结果中有争议的问题可以提出来由评价双方或评价小组进行讨论，形成一致的意见，并将评价结果及时反馈给被评教师。

2. 学生评价

20 世纪 80 年代初，我国部分学校开始引入学生评价教学活动。学生是学习的主体，是教学活动的直接对象，学生对教师有最全面的接触和最深切的了解，对教师的敬业精神、业务水平、教学行为及教学效果感受最为深刻。学生评价有助于提高教师的教学水平，也有助于提高学生的评价能力。

（1）学生评价的一般操作方法。

根据学生的认知能力，设定相应的评价体系，对体育教师进行科学、客观、准确的评价。学生通过参与评价的过程，不断提高认识和评价他人的能力。在评价方法上主要采用评课、反馈、建议、要求等，评价手段主要是学习卡片上的对话、问卷表（见表 5-11）、课中的提问和反馈等。

表 5-11　体育教师课程教学质量考核问卷（学生用）

学生评价体育教师课程教学质量问卷调查

同学们：

　　为了深入了解体育教师的教育教学状况，及时反馈教育教学信息，加强教学管理，提高教师素质，学校决定对体育教师教育教学情况向学生进行问卷调查。请你如实填写，谢谢你的合作。

　　以下各题只选一个答案，请在你选中的答案后的括号里打"√"。

　　一、被调查的教师姓名：＿＿＿＿＿＿＿

　　二、教育教学情况调查：

　　1. 你喜欢上体育课吗？

　　A 非常喜欢（　　）　　　　　B 一般（　　）　　　　C 不喜欢（　　）

　　2. 该教师是否关爱学生？

　　A 十分关爱（　　）　　　　　B 关爱（　　）　　　　C 不关爱（　　）

　　3. 喜欢参加体育游戏或比赛吗？

　　A 非常喜欢（　　）　　　　　B 一般（　　）　　　　C 不喜欢（　　）

　　4. 你认为平时上体育课练习的时间多吗？

　　A 多（　　）　　　　　　　　B 一般（　　）　　　　C 少（　　）

　　5. 在日常学习和生活中，你能保持正确的身体姿势吗？

　　A 能（　　）　　　　　　　　B 不确定（　　）　　　C 不能（　　）

　　6. 老师在体育课中有必要教运动技术吗？

　　A 有（　　）　　　　　　　　B 可能有（　　）　　　C 没有（　　）

7. 你能和同学合作完成体育活动的任务吗？

A 能（　　　） 　　　　B 不确定（　　　） 　　　　C 不能（　　　）

8. 你会在体育课堂中展示自己的动作吗？

A 能（　　　） 　　　　B 不确定（　　　） 　　　　C 不能（　　　）

9. 你觉得上体育课的时间比其他课？

A 短（　　　） 　　　　B 一样（　　　） 　　　　C 长（　　　）

10. 如果知道不上体育课，你感到高兴吗？

A 不高兴（　　　） 　　　　B 一般（　　　） 　　　　C 高兴（　　　）

在评价中应做到定性与定量的结合。体育教师的情感、信念、教学特色和八小时以外的教育教学工作都难以量化，应借助准确的定性描述来进行评价。如果全部以量化代替教师评价，将会伤害到体育教师的感情，这有违教师评价的初衷。因此，应将定性与定量评价有机地结合起来。

（2）学生评价应注意的问题。

①引导学生端正评价态度。让学生认识到师生可以互相评价，双方处于平等地位，互相关注和鼓励更能激发教与学的积极性。

②使学生明白评价的目的、意义。

③学生评价的结果应及时反馈和科学运用。

3. 教师自评

以往，教学评价采用的是一种自上而下的评价模式，主要是政府评价学校，学校领导评价各教研室，各教研室评价教师，教师评价学生。在体育教师评价中，体育教师本人没有发言权。

当前，教师自评也是教师评价的重要组成部分，是评价对象依据评价原则，对照评价标准，主动对自己的工作表现做出评价的活动。自我评价是一个批判反思的过程，更是一个自我提高的过程。自我评价对提高教师素质具有重要作用，是实施教师终身教育、促进教师专业发展的根本措施之一。

（1）教师自评有助于教师自我发展。

自我实现的需要是人格形成与发展、扩充与成熟的内驱力。自我正常的发展必须满足两个条件：无条件的尊重和自尊。体育教师自我评价首先需要体育教师具有一定的自我认识能力，充分认识到自己的能力缺陷以及工作中存在的问题；然后需要有一定的自我分析能力，分析存在的不足和问题的原因；最后找到实现自我提高的途径。在自我评价过程中，体育教师要认识自己、教育自己、提高自己，经过不断地自我激励、自我诊断、自我调整，最终得到自我提高，这一周而复始的活动就是教师的自我发展、自我实现的过程，这种活动的成功将极大地增强教师的自信与自尊。

（2）教师自评有助于教师创新精神的培养。

创新精神源于对自身教学实践的反思。教师在教学工作中应结合自己的工作实践，回顾自己的教育教学过程，对自己的教育行为展开批判反思，不断改进和创新。自我评价在培养体育教师的创新精神过程中发挥着极其重要的作用。

（3）教师自评是促进教师自我发展的根本动力。

现代心理学研究表明，内部动机比外部动机具有更持久的作用和更大的激励作用。无论是领导评价、同行评价，还是学生评价，要对体育教师的行为产生作用，都需要经过体育教师自评机制才能达到提高教师素质的目的。教师自评是促进教师自我发展的根本动力。

（4）教师自评的一般操作方法。

教师自评贯穿于教师专业成长的整个过程。教师自评主要采用自省、自评和自我总结的方法，在评价手段上主要采用目标回顾、阅览学生的学习卡片、对比学生的前后变化、听取学生意见等。

（5）教师自评应注意的问题。

①树立正确的自我评价观。明确自我评价的最终目的是通过自我评价促进自身发展，而不是与奖惩挂钩。不抬高自己，正视自己的不足。

②明确自我评价的标准。要有明确的评价目标、评价内容和评价标准，有针对性地收集、分析有关自己教学的资料。

③处理好自我评价与他人评价之间的关系。在鼓励教师进行自我评价的同时，还应重视和充分发挥学生、家长和同事对教师的评价作用，做到自评和他评相结合。当各种评价作出的结果不一致时，教师一方面要以积极的心态正确地对待学生和家长的评价，另一方面要坚持正确的教育理念和教育方法，重新审视自我评价。

第三节　体育课程建设评价

一、正确认识体育课程建设评价

体育课程建设评价是根据学校教育目标和体育与健康课程目标，分别对国家、地方、学校开发和实施体育与健康课程的情况进行的评价。

体育与健康课程建设评价的目的如下：

（1）了解和掌握体育与健康课程开发与执行的具体情况。

（2）及时总结体育与健康课程开发实施过程中的经验，发现存在的问题与不足。

（3）通过反馈及时调整体育与健康课程的内容，改进体育教学与教学管理，不断提高教学质量，实现体育与健康课程的目标。

二、体育与健康课程建设评价的内容与实施建议

对于体育与健康课程建设应从国家、地方、学校三级管理的层面进行评价。

（一）国家管理

国家教育主管部门颁布体育与健康课程标准，确保学生达到统一的基本的体育学业要求，制定体育与健康课程实施过程的指导意见，制定并颁布体育与健康课程评价制度，制定体育与健康课程三级管理的政策，制定体育与健康教科书或教材开发管理的政策。

（二）地方管理

各省、市、自治区依据国家制定的体育与健康课程标准以及相关政策，制定地方实施意见；负责监督与评估本地方学校执行和实施体育与健康课程标准的状况，以确保已颁布的体育与健康课程标准能够全面落实；指导学校制定实施体育与健康课程标准的具体方案。

（三）学校管理

根据教育部制定的体育与健康课程标准和本省（自治区、直辖市）的实施意见，结合本地、本校的实际，制定本校体育与健康课程实施方案；依据国家制定的教材编审的要求，选择审查通过的教材，并以此作为本校体育与健康课程教材的重要依据；及时了解和分析反映本校在实施国家体育与健康课程标准、地方实施意见等过程中积累的经验和遇到的问题，以保证体育与健康课程标准在本校得到有效的实施。

《标准》是课程建设评价的基本依据。国家和省、自治区、直辖市的课程建设评价由教育部组织实施，地、市、县级行政区的课程建设评价由省、自治区、直辖市教育行政部门组织进行，学校的课程建设评价由市、县及县级行政区教育行政部门组织实施。

三、基础教育阶段体育与健康课程建设评价的内容

课程建设评价主要对以下方面的情况进行分析评估：

（1）是否制定了课程规范性文件（包括课程实施方案、班级教学计划）以及这些规范性文件的完善程度。

①课程实施方案。

学校体育与健康课程实施方案是学校依据《标准》，根据国家或地区教育主管部门颁布的有关学校教育教学的指导性文件，对学校体育与健康课程的实施进行整体规划与设计的行动方案。该方案是对课程培养目标、课程结构、课程设置、课程实施与评价等方面的整体性规定，是学校制定的必须遵照执行的文件。

该方案既是国家课程的具体落实，又是学校体育与健康课程教学工作的纲领性文件。有了这一方案，才能保障学校的课程安排都围绕培养目标而开展，才能协调学校体育教育教学改革与发展，才能综合学校各种力量促使学生健康、和谐、个性化发展。

学校体育与健康课程实施方案的基本内容包括学校发展现状或背景分析、办学特色与课程理念、课程实施目标、课程结构、组织机构与管理体制、课程实施步骤、课程实施建议、课程评价等。

②班级教学计划。

班级教学计划是体育教师根据教学目标和教学条件，对某个过程（如学段、学年、学期、单元和学时）的教学所进行的各方面的最优化研究工作和计划工作。

（2）是否建立了课程及教材的审查管理制度和课程评价制度，以及这些制度的实行情况。

学校课程管理的基本制度包括课程审议制度、教学管理条例、校内课程评价制度、教师教育培训制度、校内课程管理岗位职责及激励制度等。学校各类人员应严格执行各项管理制度，定期检查制度的执行情况。

2006 年，新修订颁布的《中华人民共和国义务教育法》规定，"国家实行教科书审定制度。教科书的审定办法由国务院教育行政部门规定"，"未经审定的教科书不得出版选用"。国务院把中小学教材编写立项核准和审查列为教育部行政许可项目。在新形势下，各个学校为落实法律规定，规范行政许可项目，有必要建立教材审查管理制度，加强基础教育课程教材管理制度，使课程教材的管理能够适应和促进基础教育课程改革，适应和促进基础教育课程教材建设，使基础教育课程教材更加体现深化教育改革的要求，更好地发挥课程教材在提高人才培养质量中的基础性作用。

（3）课程体系、课程结构的完善程度和课程内容的先进性。

完整的体育课程体系应包含课程指导思想、课程目标、课程结构、课程实施和课程学习评价等。

课程结构是课程目标转化为教育成果的纽带，是课程实施活动顺利开展的依据。课程结构是针对整个课程体系而言的，课程的知识构成是课程结构的核心问题，课程的形态结构是课程结构的骨架。体育课程结构是指在学校体育课程的设计与开发过程中将所有课程类型或运动项目组织在一起所形成的课程体系的结构形态。这种形态的形成是以体育课程的目标和锻炼价值为依据的，由此确立了各种体育课程类型以及运动项目在课程体系中的地位差异和比例关系。课程的一般结构包括课程计划、课程标准、教科书，是课程内部各要素、各成分、各部分之间合乎规律的组织形式。新一轮体育与健康课程改革将课程结构作为课程改革的突破口，提出了全新的课程结构体系，改变了以运动项目作为确定课程结构和内容体系的传统，采用了按体育的功能来划分学习领域的课程结构体系。在体育学习内容的选择上具有较强的灵活性，使学校、教师、学生都能有机会参与到课程设计中来，有利于激发学校、教师、学生参与课程建设的积极性，有利于发挥体育课程促进学生全面发展的优势。

体育课程结构涉及课程内容的实际组织方式是否具有合理性。所谓合理性，主要是指体育课程的纵向结构和横向结构是否合理科学。对体育课程的纵向结构评价包括三个方面：①在过去是指国家的教学计划、学科的教学大纲和学校教科室三者之间的安排是否合理，而当今是指基础教育课程改革纲要、《标准》和教科室三者之间的安排是否合理，体育课程是由国家规定的必修课，需要实行国家、地方、学校三级课程管理体制；②体育课程的三级管理体制有利于使《标准》通过地方、学校和教师的工作逐步到位，既要体现有制度为依据，也要体现有适当的运行机制来保障；③《标准》规定小学低年级的体育课每周为 4 课时，小学高年级和初中的体育课每周为 3 课时。对体育课程的横向结构评价包括两个方面：①不同学制阶段课程类型的选择是否合理；②不同学制阶段的教材分类是否合理。对体育课程结构的评价，要依靠政府教育行政主管部门、教育学术团体、专家学者、学校领导、体育教师等诸多方面的渠道，吸取公众广泛的意见，力求在体制和运行机制方面得到不断的改进和完善。

教学内容的选择是为完成课程目标服务的，教学内容既能促进学生的身体健康，也能改善学生的心理健康和社会适应能力，使体育与健康课程真正体现学校教育的"育人"功能。体育与健康课程内容的评价涉及课程内容与课程目标的一致性、课程内容对目标的贡献程度、课程内容选择的价值取向、课程内容的组织原则等方面，因此，在对课程内容进行评价时需要根据实际情况来综合性判断，而不能单从某一点或从某一个方面来考虑。总之，对体育与健康课程内容的评价要客观、具体和全面。

（4）教材建设评价。

教材建设评价包括教材建设的完善程度，教材在使用中表现出的优点和不足，教师、学生和学科专家对教材设计和编写的反映等。

基础教育阶段体育与健康课程教材建设必须把内容的教育性、科学性、文化性和可行性相结合，必须符合不同阶段学生的身心发展规律和性别发展特点，体现健身性，反映运动文化特征，加强选择性，最终为学生的健康成长服务，为终身体育奠定基础。教材建设对稳定体育教学秩序、提高体育教学质量、培养青少年学生体育锻炼习惯发挥着不可低估的作用，但现在的体育与健康教材还存在一些问题，如教材的使用率低下、作用不明显等。对教材建设的评价就是要发现教材在使用中表现出的优点和不足，以及教师、学生和学科专家对教材设计和编写的反映等，以期提出建设性的意见，促进教材的完善发展。

（5）课程实施保障状况。

课程实施保障状况包括合格师资配备、师资培训、场地器材和经费方面的保障状况等。

2008年，教育部、卫生部、财政部根据《中共中央国务院关于加强青少年体育增强青少年体质的意见》的要求，为保障中小学校体育、卫生工作的正常开展，保证广大中小学生健康成长，研究制定了《国家学校体育卫生条件试行基本标准》，该标准是对中小学校体育教师、体育场地器材、教学卫生、生活设施、卫生保健室配备以及学生健康体检等方面的最基本要求，是教育检查、督导和评估的重要内容。

《国家学校体育卫生条件试行基本标准》中规定的中小学校体育教师配备的基本标准：①任职资格。中小学体育教师必须经过体育专业学习或培训，获得教师资格证书，并且每学年接受继续教育应不少于48个学时。②配备比例。学校应当在核定的教职工总编制数内，根据体育课教育教学工作的特点，按照教学计划中体育课授课时数和开展课外体育活动的需要，配备体育教师。小学1~2年级每5~6个班配备1名体育教师，3~6年级每6~7个班配备1名体育教师；初中每6~7个班配备1名体育教师；高中（含中等职业学校）每8~9个班配备1名体育教师。农村200名学生以上的中小学校至少配备1名专职体育教师。

体育器材设施是保证体育教学和课外体育活动正常进行必不可少的物质条件。2002年7月，教育部印发了《中学体育器材设施配备目录》和《小学体育器材设施配备目录》的通知，提出各级教育行政部门应定期检查中小学体育场地器材设施建设和配备情况，并把体育场地器材设施建设和配备情况作为评估学校教育工作的重要内容之一。

（6）课程目标的达成程度。

当前的体育与健康课程目标定位已从增强学生体质、增进健康、提高运动技能领域转向需要、情感、意志、个性、体育观等领域。体育课程目标分类是以课程目标定位为依据，将体育课程目标具体化、系统化，在关注学生的身体素质领域和认知领域的基础上，逐步拓展学生的情感领域的发展空间。在体育与健康课程目标领域中，存在可预期的目标（结果性目标）和不可预期的目标（过程性目标、体验性目标）之分，其学习结果也有可测的目标和不可测的目标之别。体育与健康课程目标要如何具有明确、具体、可观测性，各目标领域之间的界线是否清晰、是否相互渗透，还有待于更深入的研究。因此，在对体育课程目标达成进行评价时，可根据体育与健康课程标准的要求，构建比较完整的评价体系。

四、基础教育阶段体育与健康课程建设评价方法与组织

在进行学校体育与健康课程建设评价时，首先由被评地区和单位组织自评，然后由上一级教育行政部门进行检查验收。被评地区、单位应写出自评结论和整改意见，评价部门应提出评价结论和整改建议，并及时反馈给被评地区和单位，以促进课程建设的发展。

评价时可以通过以下方式采集信息：

（1）听取学校课程实施情况汇报。

（2）召开学校师生与学生家长座谈会。

（3）查阅学校各项规章制度、课程实施与评价有关文件、教材与教辅资料等，学校会议与教研工作记录，教师的业务档案（如学习记录、教案或教学设计、教研论文、著作、研究报告原文，公开课、优质课与主持或参加科研课题的证书等），学生的成长档案、作业和成绩册等。

（4）进行问卷调查。

（5）实地查看校园、体育、办公室等设施设备。

（6）随堂听课或观摩学生的自主学习、合作学习与研究性学习现场等。

（7）发布评价公告，接受来访、信件及通过网络提供的各种有价值的信息。

习题：

　　1. 体育与健康课程学习评价的目的是什么？

　　2. 基础教育阶段体育与健康课程学习评价的内容是什么？

　　3. 对学生进行过程性评价要坚持哪些原则？

　　4. 运用学生自我评价应注意哪些问题？

　　5. 发展性教师评价具有哪些特征？

参考文献：

［1］中华人民共和国教育部. 体育（与健康）课程标准［M］. 北京：北京师范大学出版社，2001.

［2］汪晓赞，季浏. 中小学体育新课程学习评价［M］. 上海：华东师范大学出版社，2007.

［3］李建军. 新课程的学校体育评价［M］. 广州：广东高等教育出版社，2004.

［4］李玉芳. 多彩的学生评价［M］. 北京：教育科学出版社，2009.

［5］毛振明，于素梅. 体育教学评价技巧与案例［M］. 北京：北京师范大学出版社，2009.

［6］尹建秋，王继梅. 对学生自评与互评的有效评价策略［J］. 体育师友，2010（2）：41－42.

［7］王晏，周宏. 对体育教学评价若干问题的探究［J］. 河南教育学院学报（哲学社会科学版），2006，25（6）：62－63.

［8］黄建萍. 小学高年级体育课中采用"学生自主测试"的尝试［J］. 体育师友，2010（1）：33.

［9］唐建忠. 体育教学评价体系的构建与操作［J］. 教学与管理，2009（9）：73－74.

［10］常桂湘. 中小学体育课学习评价体系构建［J］. 河南教育学院学报（自然科学版），2004，13（4）：75－77.

［11］仇建生. 论体育与健康课程学习成绩的综合评价［J］. 四川体育科学，2004（3）：129－131.

［12］王德慧，龚坚，杨玉茹，等. 体育课程评价研究现状及发展趋势［J］. 首都体育学院学报，2008，20（5）：70－73.

第六章　教学设计案例

内容提要：本章提供了水平一至水平四的教学设计案例，供学习参考。案例选自2019年9月在陕西师范大学举办的"第六届全国学校体育联盟（体育教育）大会"现场展示课的教学设计。这些教学设计从指导思想、学情分析、教学目标、教学内容分析、教学策略分析、重难点分析、教学过程等方面进行了呈现。

第一节　水平一教学设计案例

课例：水平一（二年级）障碍跑与游戏第3次课的设计。

教师：陈小龙，获得重庆市第五届中小学体育教师基本功大赛一等奖、两江新区体育优质课现场赛课一等奖。

【指导思想】

在"健康第一"和《体育与健康课程标准（2011年版）》精神的指导下，遵循水平一阶段学生的身心特征，紧紧围绕"中国健康体育课程模式"的目标以及运动负荷、体能练习、运动技能三个关键点展开教学，以学生身心健康发展为目标，充分体现学生的主体地位和教师的主导作用。在教学中，创设不同的教学情境，激发学生的学习兴趣，让学生在游戏和比赛中快乐学习，逐步提高体能，培养健康行为习惯和良好的体育品德，进而全面发展。

【学情分析】

本课授课对象为小学二年级学生，经过一段时间的体育课学习，这些学生已经初步掌握了一些跑的动作及相关游戏方法，尤其对跑与游戏有着浓厚的兴趣，模仿能力强，好胜心强，接受新知识的能力较强；但课堂上的专注力及持续练习时间不足，很容易产生倦怠心理，且互评互助的思想尚未建立。因此，在课中合理安排合作练习，培养学生携手共进的意识，体验互助成功的快乐。

【学习目标与教学内容分析】

（1）学习目标分析。

通过情境教学，使学生能够积极主动参与到障碍跑的各种游戏活动中，知道钻、跨、跳、绕、翻等动作技能，90%的学生基本掌握障碍跑技术动作；通过寻找魔法森林和魔力撑撑乐等学练，全面发展学生的速度、力量、灵敏和协调等能力；让学生在游戏和比赛中体验跑的乐趣，初步建立安全、秩序意识，培养合作互助的意识和能力，养成良好的运动习惯，发展健康行为；在比赛和自我挑战环节，培养学生的团结友爱、遵守规则、超越自我、顽强拼搏等体育品德。

（2）教学内容分析。

准备活动部分：通过热身慢跑和开巴士、开飞机等小游戏来活动身体各关节，防止运动损伤，使学生在身体和心理上做好体育学习的准备。课的基本部分：设置穿越迷宫、踏石过河情境，引导学生安全通过迷宫。围绕"绕"的技术，教师降低动作难度，让学生体验成功的乐趣，为学生喜欢体育锻炼奠定基础；在体能练习部分设置魔力撑撑乐、魔法时钟等情境，用撑的方式进行补偿练习，发展学生的上肢力量，全面发展学生体能，提升学生的体质健康水平。结束部分：放松练习，在音乐和欢乐中结束课堂教学。

【教学策略分析】

根据教材内容的特点和二年级学生身心发展的规律，特别是课堂专注持久性不够高的特点，设计学生喜爱的准备部分、基本部分的活动和比赛内容，采用集体教学、自主学练、小组学练等多种组织形式培养学生的自主、合作和探究能力；采用游戏化的教学，以寻找宝藏为主线，将钻、跨、跳、绕等过障碍的动作有机植入各个游戏中，让学生在玩耍中掌握技能。教学内容多样，各个部分的组织环环相扣，注重结构化教学，注重多维目标的综合达成。教师通过讲解示范、情境教学、挑战自我和比赛等教学方法帮助学生建立简单完整的动作概念，促使其运动能力全面发展。通过合作学习、挑战自我和比赛游戏，营造出师生间的和谐互动，课堂上激烈活泼、积极向上的教学氛围。

【重难点分析】

在障碍跑过程中，如何降低身体重心，侧身、减速绕过障碍物，在各种活动与游戏中灵活协调运用跑的技术，是本次课教学内容的重难点。为了学以致用，本次课教学设计了多样化的教学形式，目的是让学生了解各种跑的技术在活动和游戏中的应用。

教学过程中如何组织调动学生是教学组织的重难点。本次课的教学组织形式多样，通过在练习中合理运用，使学生快速掌握本次课的学习内容。这就需要教师把握好课堂教学内容的组织灵活性。

姓名单位	陈小龙重庆两江新区星光学校	水平	一	学生人数	男：20女：20
		年级	二年级		
学习目标	1. 学会跨、绕、跑等基本动作，掌握障碍跑的各种方法，90%的学生能够安全地通过障碍物；通过寻找魔法森林和魔力撑撑乐等学练，全面发展学生的速度、力量、灵敏和协调等能力 2. 能够积极主动地参与跑的运动，掌握科学的锻炼方法，养成良好的锻炼意识和习惯 3. 在游戏与比赛中，能够表现出自信和善于合作的意识，展现出勇于克服困难和恐惧的良好心理品质				
主要教学内容	障碍跑与游戏 体能练习：魔力撑撑乐、魔法时钟、魔力对对碰、魔法大比拼				
重难点	1. 在练习中做到减速、侧身、降低重心 2. 在组长的带领下安全有序练习				
安全保障	1. 提前规划场地，检查器材，对学生进行安全教育，做好预防的措施 2. 通过多样化的有效教学组织形式，合理安排教学内容，调动学生积极性	场地器材		标志桶 10 个鼠标垫 80 张音控设施 1 套篮球场 1 块	

课的结构	教学内容	教师教学与学生学练	组织队形	运动负荷	
				时间	强度
开始部分	课堂常规： 1. 体委整队，报告人数，师生问好 2. 安排见习生，宣布目标、内容 3. 安全提示	教师： 1. 集合，师生问好 2. 引出本次课的学习目标和要求 学生： 1. 注意力集中，认真听讲，积极互动 2. 明确本次课的学习任务	××××××××××× ××××××××××× ××××××××××× ××××××××××× △	2分钟	90～100次/分钟
准备部分	创设情境： 寻找宝藏 1. 游戏：开巴士 2. 游戏：开飞机	教师： 1. 创设情境，引导学生遵守交通规则，了解上坡、下坡、过隧道的正确方法 2. 情境深入，教师引导学生停好车后，更换交通工具飞机，尝试做好飞行遇到气流时的应对以及飞机下降过程中降低飞行高度 学生： 1. 认真听讲并配合示范动作 2. 在教师的引导下做出不同的动作	××××××××××× ××××××××××× ××××××××××× ××××××××××× △ ××××××××× ××××××××× ◁ ××××××××× ××××××××××	3分钟 3分钟	120～140次/分钟 120～140次/分钟
基本部分	1. 游戏 穿越迷宫 （1）用绕的方法穿越一根木桩 （2）用绕的方法穿越三根木桩 （3）用绕的方法穿越三根移动的木桩 （4）用绕的方法穿越整片迷宫	教师： 1. 情境深入，引导学生通过迷宫 2. 教师强调安全通过，并巡视指导 3. 依次通过一根木桩、移动的三根木桩、移动的迷宫 4. 引导学生相互鼓励 学生： 1. 讨论之后进行尝试练习 2. 注意力集中，听清口令、哨声 3. 保持距离，注意安全 4. 积极参与，培养团队合作精神		2分钟 4分钟 6分钟 2分钟	130～150次/分钟 140～160次/分钟 140～160次/分钟 140～160次/分钟

基本部分	2. 游戏 踏石过河比赛 用踏与跨的方式越过小河	教师： 1. 情境深入，引导学生用跨的方式安全通过小河 2. 以小组为单位组织比赛，看哪个小组能安全快速地渡过小河 学生： 1. 根据要求，用踏与跨的方式进行尝试练习 2. 认真参与比赛		5分钟	140～160次/分钟
	3. 体能练习 （1）魔力支撑跳：教师提示以俯撑的方式进行练习 （2）魔法时钟：以支撑的方式模仿钟表进行转动 （3）魔力对对碰：以支撑的方式和老师比赛石头剪子布，比比谁积蓄的魔力多 （4）魔法大比拼：两人一组进行石头剪子布，完成一次后交换位置	教师： 1. 引导学生根据教师的提示做出相对应的动作 2. 进行情境设置，采取不同方向的支撑 3. 设置积蓄魔力的情境，组织学生以支撑的方式和老师比赛石头剪子布 4. 教师引导学生两人一组进行魔法比拼 学生： 1. 根据教师的提示完成支撑 2. 根据自己的体力选取适合自己的支撑方式进行转动 3. 用支撑的方式和教师进行游戏 4. 两人一组进行魔法大比拼，胜者以走的方式、输者以爬行的方式交换位置		2分钟 2分钟 2分钟 4分钟	140～160次/分钟 140～160次/分钟 140～160次/分钟 140～160次/分钟
结束部分	结束与放松： 1. 放松练习 2. 小结点评 3. 归还器材	教师： 1. 带领学生放松，引导学生模仿 2. 对本次课进行小结 3. 组织学生送还器材 学生： 1. 认真随教师放松 2. 对本次课的收获给予反馈 3. 送还器材		3分钟	90～100次/分钟
预计负荷	平均心率	140～160 次/分钟			
	运动密度	75%左右			
课后反思	引导学生积极参与到各种过障碍的游戏活动中，让学生充分感知乐趣，降低对学生动作技术的要求，发展学生的体能				

第二节　水平二教学设计案例

课例：水平二（四年级）跪跳起游戏与挑战第 2 次课的设计。

教师：万东，任教于西安经开区第一小学，获得西安市未央区体育教师基本功大赛一等奖，2019 年获得西安市优秀教学能手称号。

【指导思想】

本次课依据体育与健康课程基本理念，坚持"健康第一"的指导思想和"立德树人"的培养目标，围绕"学科核心素养下中国健康体育课程模式"，以运动负荷、体能练习、运动技能为关键要点，遵循儿童的心理和生理特点以及认识规律和动作技能的形成规律，突出学生主体地位，课堂中不仅学习新的运动技能，而且通过体能练习达到运动负荷。教师通过语言指导、启发、辅助练习、动作提示、评价，使学生由易到难、循序渐进地掌握跪跳起的动作技能，促进学生运动技能的掌握和学习能力的提高。

【学情分析】

本次课教学对象为小学四年级学生，他们对动作的模仿能力强，且好奇、好学，但身体协调性较差，力量不足。本次课将主教材动作分解进行教学，让学生逐步学习，最后使大部分学生掌握跪跳起的动作。通过低年级段和之前的教学，学生对一些简单的技巧已初步掌握，在此基础上重视学生的主体地位，激发学生的学习兴趣，使学生通过自主探究的方式进行探索、学习，获得体育的基本技能。

【学习目标与教学内容分析】

（1）学习目标分析。

本次课的学习目标是为了达成单元学习目标的愿景而设置的，目标撰写紧紧围绕体育与健康学科核心素养的三个指标体系，既包括外显性的体能和技能，也重视学生在练习过程中健康行为和体育品德的培养。

①初步认识跪跳起的技术动作，掌握摆臂制动及小腿压垫的动作，并发展腿部力量、腰腹力量、身体协调性以及跳跃能力。

②能够积极主动地参与到练习中去，养成良好的锻炼习惯，在游戏比赛中遵守规则。

③培养"我能行、我能跳"的自信、果断的精神，遵守规则，尊重同伴和对手，培养团结合作、自信勇敢的顽强品质。

（2）教学内容分析。

①准备部分采用绕着垫子做蛇形跑、连续的跨步跳以及垫上热身操，使学生做好充分的热身，进而进行本次课的学习。

②体能练习部分通过鸭子步、螃蟹走、蚂蚁爬、青蛙跳等形式，充分提高学生的身体素质。

③采用分解方法练习跪跳起，通过垫上热身操练习小腿压垫动作。通过多次练习摆臂制动过渡到跪跳向前。两人合作跪跳向高处跳，再由高处向低处做跪跳起。最后设计"翻山越岭"游戏，再次练习所有技术动作。

④放松的环节采用垫上放松操，让学生在体操垫上享受音乐的同时使身心得到放松。

【教学策略分析】

本次课从突破第一道"难关"开始，准备了充分的体能游戏，激发学生的兴趣，培养学生的自信心。

本次课采用合作学习、比赛法、游戏法等方式进行教学，课中既有单一的动作练习，又有多人一组的组合练习，还有体能游戏的结合练习，有效地把技术、体能以及简单运用结合在一起，不仅激发学生的学习兴趣，而且让学生达到运动量。

课中多次出现两人和多人的合作活动，注重安全教育和同伴间的分享，关注团队精神，建立空间意识、渗透交往的意识和方法。

【重难点分析】

小学生下肢力量不足，身体协调性、平衡能力较差，是这个水平学生学习方面的重难点，本次课创设情境加强体能练习以及小组合作学练跪跳起，使学生巩固技术动作。

学习跪跳起时，摆臂制动、小腿压垫以及快速提膝是教学内容的重难点，对发展学生腰腹、下肢力量有重要作用，本次课随着专项热身练习—向前跪跳—由高向低完成跪跳起的动作，由易到难，不断帮助学生巩固教学重点。

姓名单位	万东西安经开第一小学	水平	二	学生人数	男：16女：16
		年级	四年级		
学习目标	1. 初步认识跪跳起的技术动作，掌握摆臂制动及小腿压垫的动作，并发展腿部力量、腰腹力量、身体协调性以及跳跃能力 2. 能够积极主动地参与到练习中去，养成良好的锻炼习惯，在游戏比赛中遵守规则 3. 培养"我能行、我能跳"的自信、果断的精神，遵守规则，尊重同伴和对手，培养团结合作、自信勇敢的顽强品质				
主要教学内容	1. 热身操（垫子上的专项练习） 2. 跪跳起游戏与挑战 3. 体能练习：游戏（动物运动会），鸭子步、螃蟹走、蚂蚁爬、青蛙跳				
重难点	技能学练的重点是小腿压垫以及快速提膝，教学难点是摆臂和压垫的协调配合				
安全保障	1. 课前进行安全教育，安排见习生，提醒学生摘除身上的尖锐饰品，课中注意寻找和保持个人空间，提高学生的保护意识，检查器材与场地情况，合理控制练习的场地，避免因场地器材的不合适而发生碰撞或冲突事故 2. 在跪跳起练习中，明确保护与帮助者的职责，并告知练习者，一定要遵守纪律，及时提醒和制止具有安全隐患的动作，根据学生课堂表现合理调节运动负荷，避免因运动强度、运动量过大造成的运动损伤	场地器材		体操垫34块音响1个	

课的结构	教学内容	教师教学与学生学练	组织队形	运动负荷	
				时间	强度
开始部分	课堂常规： 1. 整队集合 2. 师生问好 3. 宣布本次课的内容 4. 安全教育 5. 检查服装，安排见习生	1. 快静齐 2. 师生问好 3. 认真听本次课内容 4. 精神饱满 5. 见习生出列	组织：四列横队 ♀ ♀ ♀ ♀ ♀ ♀ ♀ ♀ ♀ ♀ ♀ ♀ ♂ ♂ ♂ ♂ ♂ ♂ ♂ ♂ ♂ ♂ ♂ ♂ ▲ 要求：认真听讲	2分钟	75次/分钟
准备部分	准备活动： 1. 热身游戏"天黑请回家" 游戏规则：即将天黑，同学们要运用自己学过的本领（如绕、跨、跳等）穿越草原迅速回家。 2. 垫上操 头部运动 双手前后摆臂 双脚敲打垫子 体侧运动 单脚伸展	1. 认真模仿教师动作，快速找到垫子 2. 认真模仿教师的动作 3. 教师表扬做得好的同学	组织：四列横队 ♀ ♀ ♀ ♀ ♀ ♀ ♀ ♀ ♀ ♀ ♀ ♀ ♂ ♂ ♂ ♂ ♂ ♂ ♂ ♂ ♂ ♂ ♂ ♂ ▲ 要求：认真听讲 组织：四列横队 （队形图） ▲ 要求：注意安全	5分钟	145次/分钟 120~140次/分钟
基本部分	一、跪跳起游戏与挑战 1. 跪立向前跳 2. 连续跪立向前跳 3. 跪立从低垫子向高垫子跳 4. 跪立从低垫子向两层高垫子跳 5. 游戏"翻山越岭" 二、体能练习 游戏（动物运动会）：四人为一组，每组学生跟着音乐在指定垫子上模仿不同的动物，当第一人完成后返回与第二人击掌，以此类推，直到四人全部完成。 1. 蚂蚁爬（上肢力量） 2. 螃蟹走（腰腹力量） 3. 青蛙跳（跳跃能力） 4. 鸭子步（身体协调性）	教师及时表扬动作做得优美的学生 1. 练习跪立向前跳（学生自己喊出摆臂练习时的"1—2"） 2. 认真进行连续跪立向前跳（学生大声报数喊出所跳的次数），练习从低垫子到高垫子跪立向前跳，注意安全 3. 练习从低垫子到高垫子跪立向前跳，注意安全 4. 练习从低垫子到高垫子跪立向前跳，注意安全 5. 四人为一组翻越障碍物（运用跪跳起的技能），教师表扬合作较好的小组，表扬互帮互助的同学 6. 优生示范	组织：四列横队 （队形图） ▲ 安全提示： 1. 练习时要注意安全 2. 积极参与练习 组织：四列横队 ♀ ♀ ♀ ♀ ♀ ♀ ♂ ♂ ♂ ♂ ♂ ♂ （队形图） 要求： 1. 遵守游戏规则 2. 注意安全	5分钟 9分钟 5分钟 10分钟	90次/分钟 120次/分钟 145次/分钟 150次/分钟

结束部分	1. 放松操 2. 学生分享，教师总结 3. 下课，学生帮助教师积极收拾器材	1. 认真模仿教师动作 2. 调整呼吸，充分放松	组织： 🧍🧍🧍🧍🧍🧍🧍 🧍🧍🧍🧍🧍🧍🧍 🧍🧍🧍🧍🧍🧍🧍 🧍🧍🧍🧍🧍🧍🧍 ▲	3 分钟 1 分钟	90 次/分钟
预计负荷	平均心率	145 次/分钟			
	运动密度	75%			
课后反思	为了更好地感知跪跳起的动作，本次课安排了热身操、摆臂、小腿脚面压垫的专项热身练习。由前面的辅助练习过渡到跪跳起，尝试由跪立向前跳、向高跳以及从上向下跳→两人一组相互观察、互相保护、互相提高→分组展示、优生展示→连续完成动作示范。在教与学的过程中渗透德育教育，注重安全教育，让学生在游戏中体验快乐，激发学生参与的热情，发扬学生团结协助和顽强拼搏的精神。本次课根据学生的能力，帮助一些学生树立自信心，让学生尝到成功的喜悦，为接下来的独立完成动作建立基础。学习跪跳起时由于运动量较小，在体能练习时创设游戏"动物运动会"，让所有学生在模仿不同动物练习各方面身体素质时增加运动量，达到合理的运动负荷				

第三节　水平四教学设计案例

课例：水平四（八年级）跨越式跳高第 2 次课的设计。

教师：姜雪婷，任职于江西师大附中，2018 年在第二届南昌市探究杯教学竞赛中获得一等奖。

【指导思想】

在《体育与健康课程标准（2011 年版）》精神以及"健康第一"课程理念的指引下，以培养学生体育核心素养为基础，围绕"中国健康体育课程模式"的目标和运动负荷，以体能练习和运动技能为关键要点展开教学。注重以学生的发展为中心，充分发挥学生的主体作用，尊重学生的学习需求，激发学生对运动的喜爱，提高学生的体能和运动技能水平，培养学生的健康意识和行为，改善学生的身心健康，促进学生全面发展。

【学情分析】

本次课教学对象为初二学生，他们具有一定体育知识、技能基础和自主学习的能力，对跳高运动也有一定的了解。但对于跨越式跳高技术，学生既熟悉又陌生。因此，本次课的组织形式设计力求符合学生的年龄特征和认知水平，在教学中充分发挥学生的自主性。利用卡通人物的音频将学生带入游戏情景，并以小组的形式进行闯关练习，对跨越式跳高的起跳、过杆技术逐一击破，让学生把"动体"与"动脑"很好地结合起来，给学生提供再认识所学知识以及创造性地运用所学动作的机会，从而增强教学效果，实现教学目标。

【学习目标与教学内容分析】

（1）学习目标分析。

能说出跨越式跳高起跳和过杆技术的动作要领；能正确地做出跨越式跳高的起跳及过杆技术，并能将所学动作完整、流畅地进行展示；发展学生的核心力量、弹跳能力以及协调性、灵巧性；在学练中培养学生自主探究及合作的能力，让学生在快乐中学习；培养学生团结互助、顽强拼搏、勇于挑战的思想品质。

（2）教学内容分析。

本次课的准备活动是让学生利用老师准备好的竹竿自己设计，旨在发挥学生的团队协作能力。同学们一起做"兔子舞"热身操，防止在练习中受伤。运动技能部分采用最近流行的《疯狂的麦咭》闯关游戏，利用卡通人物麦咭的音频营造闯关情境，制造一种神秘、新奇的视听觉效应。游戏共设计三关，利用麦咭的音频讲解动作规则，由老师强调动作，让学生更容易接受。第一关，崭露头角，斜线助跑、单脚起跳、头顶到球，为一次成功的挑战，主要练习跨越式跳高中单脚起跳的动作且强化学生起跳时拔腰、拔背的动作。第二关，跨越海平线，共有三个任务。任务一：行进间斜线跨越横杆，为一次成功的挑战。任务二：助跑距离加长，挑战三个新高度。任务三：摆放八个不同的高度，发挥学生的自主性，自由选择高度进行挑战。最后采取与老师PK的形式，让老师、学生一同进行展示，激励学生。第二关练习过杆动作、起跳过杆相结合的一个环节，难度递增，但此环节允许充分发挥教师的巡回指导作用，哪一组的同学动作达标，则能进入下一任务，而没有达标的学生继续强化练习。第三关，体能大比拼，让学生自己观看场地两侧展板，合作自主探究，然后进行体能练习。打破以往"师教生"或"师带生"进行练习的模式，充分发挥学生的自主性，让学生自己观看展板上的体能练习图，再进行合作练习，从而提高学生学习的积极性、自主性和竞技性，也让学生体验到练习和闯关晋级的乐趣，体现在"玩中学"、在"学中玩"，且所有体能练习项目紧扣练习核心。帮助学生提高跳的能力。放松部分通过舒缓的音乐配合适度的拉伸放松身心、缓解疲劳，使学生能够在课后5分钟内恢复到安静心率。

【教学策略分析】

"教学有法，但无定法"，为给体育课堂营造出一种平等互助、自主探究、生动活泼的学习氛围，并使学生的主体作用和教师的主导作用得到最大限度的发挥，在教学中，可以采用语言法、直观法、完整示范法、比赛法以及自主合作探究法等多种教学方法，充分调动学生的积极性，激发学生的求知欲，使学生在较为轻松的环境氛围中掌握技术动作的重点，并使教学的难点得以突破。本次课在学法指导中，从"简明扼要的讲解，标准的示范动作"入手，引导学生通过观察、分析、思考、自主练习、合作讨论，弄清导致错误技术动作的原因，不断改进和提高动作质量。

【重难点分析】

学生的起跳与过杆以及两个环节的相互衔接与配合，且能将所学动作完整、流畅地进行展示，是本次课的教学重点。本次课采用麦咭闯关游戏的形式进行教学，第一关崭露头角，让学生体会起跳动作。第二关第一个任务让学生体验过杆动作，再通过第二、三个任务让学生练习完整跳高动作，目的是帮助学生将起跳及过杆动作相衔接并完整、流畅地进行展示。

合理安排分组，能充分发挥小组及组员角色扮演的作用，是本次课教学组织的重难点。学生通过分组的形式进行练习，加大练习密度，达到身体锻炼的效果；在组内利用角色扮演的方法，能够出色地完成老师布置的任务。本次课将学生分成了八组，每组安排组长一人、副组长一人、总务组二人以及技术指导一人，在练习中让学生各司其职，让每一位同学都动起来，提高学生的练习效果。

<table>
<tr><td>姓名
单位</td><td colspan="2">姜雪婷
江西育华学校</td><td>水平</td><td>四</td><td rowspan="2">学生
人数</td><td>男：20</td></tr>
<tr><td colspan="2"></td><td>年级</td><td>八年级</td><td>女：20</td></tr>
<tr><td>学习
目标</td><td colspan="6">1. 能说出跨越式跳高起跳和过杆技术的动作要领
2. 能正确地做出跨越式跳高的起跳及过杆技术，并能将所学动作完整、流畅地进行展示
3. 发展学生核心力量、弹跳能力及协调性、灵巧性
4. 在学练中培养学生自主探究及合作的能力，让学生在快乐中学习
5. 培养学生团结互助、顽强拼搏、勇于挑战的品质</td></tr>
<tr><td>主要教
学内容</td><td colspan="6">第一关：崭露头角（单脚起跳并头顶球）
第二关：跨越海平线（完成三个任务：上步过杆，挑战三个高度，摆放八个高度让学生自由选择）
第三关：体能大比拼（观摩展板，分组进行四种轮换式的练习）</td></tr>
<tr><td>重难点</td><td colspan="6">教学内容的重难点：学生的起跳与过杆环节的衔接配合，并能将所学动作完整、流畅地进行展示
教学组织的重难点：合理安排分组，能充分发挥小组及成员的角色扮演的作用</td></tr>
<tr><td>安全
保障</td><td colspan="4">1. 在课前提醒学生检查衣裤，在口袋里不放尖锐、易碎物品等
2. 运动时要注意力集中，避免受伤、碰撞</td><td>场地
器材</td><td>篮球场 2 块
废旧网球 8 个
自制网球 8 个
竹竿 8 根
跳高支架 8 副
垫子 8 床
音响 1 台</td></tr>
<tr><td rowspan="2">课的
结构</td><td rowspan="2">教学内容</td><td rowspan="2" colspan="2">教师教学与学生学练</td><td rowspan="2" colspan="2">组织队形</td><td colspan="2">运动负荷</td></tr>
<tr><td>时间</td><td>强度</td></tr>
<tr><td>开始
部分</td><td>课堂常规：
1. 体委整队、报数
2. 师生问好，宣布内容
3. 安排见习生</td><td colspan="2">教师：
1. 体育委员集合整队，检查人数
2. 向学生问好
3. 导入本课内容及学习任务
4. 安排见习生
5. 安全教育：检查服装，妥善放置钥匙、零钱等
学生：
1. 整队"快静齐"
2. 向老师问好
3. 认真听讲，明白本次课的任务及要求</td><td colspan="2">组织：四列横队

XXXXOOOO
XXXXOOOO
XXXXOOOO
XXXXOOOO
▲</td><td>1 分钟</td><td>80～100
次/分钟</td></tr>
</table>

准备部分	1. 将学生分成 4 组，并利用老师准备好的竹竿设计热身活动 2. 以各排为单位，分成 8 组，学生自由跨越横杆 3. "兔子舞"热身操：结合跳高运动的特点、传统热身操的特点及音乐的节奏特点创编一套热身操	教师： 1. 教师采用诱导式的方式激发学生的创造性（竹竿舞、跳杆子），并对学生的创意给予鼓励和表扬 2. 组织学生，让学生自由选择跨越横杆的方式 3. 示范动作并辅助地喊出口令，让学生更好地听懂节奏 学生： 1. 男生的两组设计利用竹竿跳竹竿舞进行热身，女生的两组设计利用竹竿进行跳杆子游戏热身 2. 学生自由选择跨越横杆的方式 3. 认真积极地跟着老师和节拍做徒手操	组织：四列横队 男生 〇 女生 （竹竿热身活动位置图） ＋ 代表女生 × 代表男生 ■ 代表垫子 ▲ 代表老师	6 分钟	100～140次/分钟
基本部分	1. 采用卡通人物麦咭的音频营造闯关情境，再开始讲解示范跨越式跳高的完整技术动作 2. 进入"麦咭闯关游戏" 第一关：崭露头角 方法：斜线助跑，单脚起跳并头顶球，为一次成功的挑战。 第二关：跨越海平线，共有三个任务 任务一：行进间斜线跨越横杆，为一次成功的挑战。 任务二：助跑距离加长，挑战三个高度。 任务三：摆放四个不同的高度，发挥学生的自主性，自由选择高度挑战。 展示 PK 环节：学生举手展示跳高技术，并与老师进行 PK。	教师： 讲解跨越式跳高的助跑、起跳、腾空、过杆及落地动作，并提醒学生在闯关中可以观看跳高分解的展板进行学习。 学生： 认真听取音频及老师的讲解，并积极完成闯关任务，在闯关中可以观看跳高分解的展板进行学习。 教师： 做出示范，强调起跳腿的蹬地发力，让学生注意手脚的协调配合，并巡回指导学生动作，鼓励学生。 学生： 分成八组进行第一关的闯关游戏，体会起跳腿的蹬地发力。 教师： 根据音频及学生练习的情况，提示学生是否进行下一个挑战高度，并做出相应的讲解和示范。对于动作不到位的学生，通过展板分解图进行详细讲解，在自由选择高度环节，鼓励学生勇于挑战自己，并积极观察学生的跳高动作，给予鼓励及纠正，并在展示环节鼓励学生积极向老师挑战。	④ ⑤ ③ ⑥ ② ⑦ ① ⑧ （基本部分位置图）	2 分钟 3 分钟 20 分钟	130～140次/分钟 130～150次/分钟 140～160次/分钟

基本部分	第三关：体能大比拼 方法： 根据两侧展板的体能练习图，同学们自主探究，进行组合视频的练习。 男生：四人同时垫上俯卧撑、快速跳软梯、跑跳步、行进间摸高四个练习轮换进行。 女生：四人同时垫上进行仰卧举腿、快速跳软梯、跑跳步、行进间摸高四个练习轮换进行。 八组同学进行体能 PK。	学生： 分成八组进行挑战任务，积极模仿老师的动作，若出现问题及时向老师诉说或者观摩学习两侧展板内容。PK 时，在保证动作正确的前提下挑战老师。 教师： 让学生自行认真观摩两侧展板体能练习图，培养学生学会观看体育绘图的技能，并在学生练习时进行巡回指导，进行纠错。 学生： 分成八组进行组合式练习。 男生：四人同时垫上俯卧撑、快速跳软梯、跑跳步、行进间摸高四个练习轮换进行。 女生：四人同时垫上进行仰卧举腿、快速跳软梯、跑跳步、行进间摸高四个练习轮换进行。		10 分钟	160～180 次/分钟
结束部分	放松：拉伸式、敲打式放松相结合 本课小结：归纳小结，宣布下课	教师： 1. 跟着音乐的节奏进行拉伸放松活动 2. 教师进行小结、评价，整理归还器材 学生： 1. 静态拉伸放松要求保持动作的柔和、舒展及学生的身心放松 2. 迅速向圆心聚拢，引导鼓励学生在日后生活中结合自身特点学习、创编新动作	组织：	3 分钟	80～100 次/分钟
预计负荷	平均心率	140～160 次/分钟			
	运动密度	75%～80%			
课后反思	课堂教学组织有序，充分发挥学生的自主性、探究性，且教学环节环环相扣，难度层层递进，在练习过程中突出本次课的教学重点与难点；通过本次课的学习，绝大部分的学生掌握了本次课的重点与难点，且动作趋于标准化；教学中充分体现学科核心素养，使用教具体现废物利用、一器多用的原则。本次课的教学也存在一些不足，在练习过杆环节时，学生在练习中踢倒了杆子，由于撞击和甩动，有一小组的网球从自制的球袋中掉下来了，虽然将事先准备好的替换球网装好，没有影响学生的学习，但是在日后自制教具时一定要注意此方面的问题				

第七章　体育与健康校本特色课程建设

内容提要：我国新一轮的体育与健康课程改革打破了传统的由国家统一管理体育课程的模式，旨在充分利用各地各校的体育教育、教学资源，凸显地方特色和校本特色。本章介绍了内江师范学院大学体育（二）——峨眉武术套路校本特色课程建设，探讨了中小学体育与健康校本特色课程建设。

第一节　内江师范学院大学体育（二）
——峨眉武术套路校本特色课程建设

内江师范学院体育学院院长谭伟平主持的省级课程改革项目"峨眉武术——套路"属于典型的校本特色课程建设。

内江师范学院大学体育（二）——峨眉武术套路校本特色课程经过了两个教学周期以上的建设和运行，达到了省级课程建设标准，业已结题。该校本特色课程建设主要包括课程目标、课程内容、课程实施、课程评价和课程特色五个方面。

一、课程目标

该课程在"目标设置"方面的表述如下：

课程目标-1　理解健康的内涵，树立以人为本、健康第一的理念，掌握峨眉武术操、峨眉武术套路的技术动作，能科学地进行体育锻炼，养成自觉锻炼的习惯，形成健康的生活方式，具有健康的体魄。【毕业要求6.综合育人】

课程目标-2　表现出良好的体育道德和合作精神，能正确处理竞争与合作的关系。【毕业要求8.沟通合作】

课程目标设置的依据是内江师范学院体育学院办学定位以及《人才培养方案》中的"毕业要求"（见表7-1）。

表 7－1　课程目标与毕业要求的对应关系

课程目标	支撑的毕业要求	支撑的毕业要求指标点
课程目标 1	6.　综合育人	6.1 具有全员育人、全程育人、全方位育人的意识；了解中学生身心健康、人格教育、文化育人和活动育人等方面的知识，初步掌握体育学科育人的内容、途径与方法
课程目标 2	8.　沟通合作	8.1 掌握小组学习、专题研讨、网络分享等交流合作的方式方法，具有学习共同体意识和团队协作精神

注：摘自内江师范学院《大学体育—峨眉武术》本科课程大纲，2020 年。

二、课程内容

（一）课程内容及教学重点和难点

课程内容及教学重点和难点见表 7－2。

表 7－2　课程内容及教学重点和难点

序号	内容	教学要求	教学重点	教学难点	课程思政
1	理论教学内容	1. 了解高校体育的目的和任务 2. 了解武术的发展简史 3. 了解《国家学生体质健康标准》的测试内容、方法及标准 4. 安全教育	峨眉武术的起源与发展	体悟峨眉武术的文化内涵	理解健康的内涵，树立以人为本、健康第一的理念。结合峨眉武术的文化内涵，对学生进行传统文化教育、爱国主义教育，增强学生强身健体、报效祖国的使命感和责任感
2	峨眉武术操（一）	掌握峨眉武术操（一）技术动作	金顶观日、灵猴抖臂、弯弓射虎、擒手箭锤、盘破蹬腿、熊猫洗面、伏虎式、清音双桥	熊猫洗面、伏虎式	对学生进行武德教育，培养学生尊师重道、讲礼守信、宽以待人、严于律己的道德品质
3	峨眉武术操（二）	掌握峨眉武术操（二）技术动作	魁星点斗、开合功、上步卧牛、霸王挑车、美女梳头、滚心破锤、火龙摆尾、黄莺展翅	美女梳头、火龙摆尾	理解传统文化的优势特色，培养传承传统文化的自觉性，增强文化自信。通过小组学习，培养学生交流合作的意识

序号	内容	教学要求	教学重点	教学难点	课程思政
4	峨眉武术套路（一）	掌握峨眉套路（一）技术动作	抱拳礼、骑马问路、刁手破拳、盘破蹬腿、霸王顶肘、退步蹬腿、架马飞拳、闭门封喉、蛟龙出海、武松脱拷、进步连环掌、金蛇盘柳、挂臂、劈头盖脸、收势（抱拳礼）	退步蹬腿、进步连环掌、劈头盖脸	在攻防实践中培养学生树立以爱国、勇敢、忠诚、强健、坚韧等优良品质为主要内容的尚武精神。通过小组学习，培养团队协作的精神。在技术教学中培养学生自觉锻炼的习惯，树立终身体育的意识，形成健康的生活方式
5	峨眉武术套路（二）	掌握峨眉套路（二）技术动作	起势（请手、抱拳礼）、挽花左插花、右插花、仙人撒网、退步半弓、杀手削手、铲手、岩鹰展翅、半弓、上脚斩子、挑手破肘、削手、平斩双推、挑搭、平斩双推、挑搭、二龙戏珠、顺手牵羊、拐子、上步冲捶、挑搭、平斩双推、挑搭、平斩双推、醉手、二起腿、反身半弓、反身架插、反身插掌、五花斩掌、左掌右腿、收势（挽花、抱拳礼）	退步半弓、岩鹰展翅、二龙戏珠、五花斩掌	在运动实践中培养学生良好的体育道德和合作精神，以及吃苦耐劳、坚忍不拔、积极进取、自强不息的意志品质

注：摘自内江师范学院《大学体育—峨眉武术》本科课程大纲，2020年。

（二）课程教学内容、教学方式、学时分配及对课程目标的支撑情况

课程教学内容、教学方式、学时分配及对课程目标的支撑情况见表7－3。

表7－3　教学内容、教学方式、学时分配及对课程目标的支撑情况

序号	课程内容框架	教学内容	教学方式	学时	支撑课程目标
1	理论教学内容	1. 了解高校体育的目的和任务 2. 了解武术的发展简史 3. 了解《国家学生体质健康标准》的测试内容、方法及标准 4. 安全教育	讲授为主	4	课程目标1 课程目标2
2	峨眉武术操（一）	金顶观日、灵猴抖臂、弯弓射虎、擒手箭锤、盘破蹬腿、熊猫洗面、伏虎式、清音双桥	讲解、示范、纠错，小组合作学习	15	课程目标1 课程目标2
3	峨眉武术操（二）	魁星点斗、开合功、上步卧牛、霸王挑车、美女梳头、滚心破锤、火龙摆尾、黄莺展翅	讲解、示范、纠错，小组合作学习	15	课程目标1 课程目标2

序号	课程内容框架	教学内容	教学方式	学时	支撑课程目标
4	峨眉武术套路（一）	抱拳礼、骑马问路、刁手破拳、盘破蹬腿、霸王顶肘、退步盖打、驾马飞拳、闭门封喉、蛟龙出海、武松脱拷、进步连环掌、金蛇盘柳、挂臂、劈头盖脸、收势（抱拳礼）	讲解、示范、纠错，小组合作学习	15	课程目标1课程目标2
5	峨眉武术套路（二）	起势（请手、抱拳礼）、挽花左插花、右插花、仙人撒网、退步半弓、杀手削手、铲手、岩鹰展翅、半弓、上脚斩子、挑手破肘、削手、平斩双推、挑搭、平斩双推、挑搭、二龙戏珠、顺手牵羊、拐子、上步冲捶、挑搭、平斩双推、挑搭、平斩双推、醉手、二起腿、反身半弓、反身架捶、反身插掌、五花斩掌、左掌右腿、收势（挽花、抱拳礼）	讲解、示范、纠错、小组合作学习	15	课程目标1课程目标2
6	学生体质健康标准测试	身体素质部分		8	课程目标1课程目标2

三、课程实施

课程实施过程是每个任课教师按照"内江师范学院的授课计划进度表"和每次课的教学设计（教案）进行的，授课计划进度表见表7-4。

表7-4　内江师范学院的授课计划进度表

内江师范学院2021—2022学年第二学期《大学体育二—峨眉武术》课程授课计划进度表

开课单位：体育学院　　　授课专业及班级：物电21级　　培养层次：本科

任课教师：张良平　　　　工作部门：体育学院　　　　教师职称：副教授

课程性质：通识必修课　　总学时：36学时　　　　　　考核形式：考试

序号	时数	知识点（授课计划进度）	课型	备注
1	2	1. 宣布课堂常规、纪律、要求，课堂分组 2. 宣布本期教学内容及考试内容、标准 3. 学习武术基本功	实践课	
2	2	1. 安全教育 2. 学习峨眉武术套路基本功	实践课	
3	2	1. 介绍峨眉武术套路 2. 学习峨眉武术套路（一）1～5节 3. 身体素质练习	实践课	
4	2	1. 复习峨眉武术套路（一）1～5节 2. 学习峨眉武术套路（一）6～10节 3. 身体素质练习	实践课	

序号	时数	知识点（授课计划进度）	课型	备注
5	2	1. 复习峨眉武术套路（一）6～10 节 2. 学习峨眉武术套路（一）11～15 节 3. 身体素质练习	实践课	
6	2	1. 复习峨眉武术套路（一）1～14 节 2. 身体素质练习	实践课	
7	2	1. 复习峨眉武术套路（一）1～14 节 2. 身体素质练习	实践课	
8	2	身体素质测试	实践课	安全教育
9	2	身体素质测试	实践课	安全教育
10	2	1. 学习峨眉武术套路（二）1～6 组 2. 身体素质练习	实践课	
11	2	1. 学习峨眉武术套路（二）7～12 组 2. 身体素质练习	实践课	
12	2	1. 学习峨眉武术套路（二）13～19 组 2. 身体素质练习	实践课	
13	2	1. 学习峨眉武术套路（二）20～26 组 2. 身体素质练习	实践课	
14	2	1. 学习峨眉武术套路（二）27～32 组 2. 身体素质练习	实践课	
15	2	1. 复习峨眉武术套路（二）动作 2. 身体素质练习	实践课	
16	2	复习峨眉武术套路（二）动作	实践课	
17	2	考试	实践课	
18	2	考试	实践课	
教研室审核意见： 签名： 　年　　月　　日	院（部）审核意见： 签名： 　　　　　　　　　　　　　　年　　月　　日			

该课程的教案以第三次课为例，见表 7-5。

表 7-5　《大学体育》武术套路教案（第三次课）

内容教学	1. 进一步学习武术基本功 2. 初步学习内江传统武术套路（一）第 1～4 组动作 3. 身体素质练习 4. 体育课堂安全教育

教学目标	1. 基本掌握武术的手法和步法 2. 初步了解内江传统武术套路（一） 3. 初步掌握内江传统武术套路（一）第1~4组动作 4. 发展学生的速度、耐力、素质 5. 培养学生吃苦耐劳的意志品质			
教学重难点	盘破蹬腿、霸王顶肘			
课时	□1课时 ☑2课时 □3课时 □4课时			

课的部分	各项时间	教学内容及组织教法	负荷	
			时间	强度
准备部分	20分钟	1. 体委集合，报告人数 2. 师生问好，宣布上课内容 ● ○○○○○○○ ○○○○○○○ 3. 准备活动 绕运动场慢跑4圈 徒手操：C. 双人徒手体操：二列体操队形 第一节：肩部运动4×8　　第二节：伸展运动4×8 第三节：扩胸运动4×8　　第四节：体侧运动4×8 第五节：体转运动4×8　　第六节：踢腿运动4×8 第七节：腹背运动4×8　　第八节：全身运动4×8 第九节：跳跃运动4×8 教法：示范、讲解、练习 要求：动作整齐、协调 4. 行进间练习：5组	3分钟 14分钟 3分钟	小 小 小
基本部分	65分钟	教学步骤与方法： （一）学习手法和步法 1. 手法练习 勾：五指第一指节捏拢在一起，屈腕。 亮掌：两脚左右开立，与肩同宽，两拳抱于腰间，拳心向上。右拳变掌，经体侧向右上画弧，至头部右前上方，抖腕亮掌，臂成弧形。掌心向前，虎口向下，眼睛随右手动作转动，亮掌时，注视左方。交替进行。 练习：听口令做抖腕、亮掌、转头配合一致。 　　　结合手法、步型进行练习，如马步、仆步。 要求：抖腕、亮掌、转头同时完成。 挑掌：臂由下向上挥动翘腕，立掌上挑，力达四指。 穿掌：手心向上，臂由屈到伸，沿身体某一部位穿出，力达指尖。 2. 步法练习 仆步：两脚左右开立，一腿半蹲，大腿与小腿靠紧，臀部迫近小腿，全脚掌着地，膝与脚尖稍外展；另一腿平铺接近地面，全脚掌着地，脚尖内扣。 虚步：两脚前后开立，后脚尖斜向前，后腿屈膝半蹲，大腿接近水平，全脚掌着地；前腿微屈，脚面绷紧，脚尖虚点地面。 练习：手扶高物进行练习，逐渐按要求做。 　　　逐渐延长时间。 　　　结合手型手法练习。 要求：挺胸、塌腰、虚实分明，沉髋。	10分钟 5分钟	小 小

基本部分	65分钟	（二）学习内江传统武术套路（一）第1~4组动作 1. 起式 动作要领：两脚并拢成立正姿势；双手合拢（右拳、左掌）从胸前推出20~30厘米，两眼平视前方。 	5分钟	小
		2. 骑马问路 动作要领：两脚成右虚步；左手掌心朝上向前平伸（肘关节微曲），右手变掌置于左手腋下（掌心朝下），两眼平视前方。 	5分钟	小
		3. 刁手破拳 动作要领：两脚不变，左手向外刁手，右手握拳收回腰间；左脚向前跨步成左弓步，右拳从腰间向前平冲，左手变掌护于右胸。 	5分钟	小
		4. 盘破蹬腿 动作要领：右脚向前平蹬腿；双手收回腰间（右拳、左掌），两眼平视蹬腿方向。 	5分钟	小
		5. 霸王顶肘 动作要领：右脚下落成马步；右手顶肘于右前方，左手握拳于左下方，两眼右视肘前方。 	5分钟	小

基本部分	65分钟	教学方法： 1. 教师讲解、示范 2. 分解教学 3. 连贯教学 4. 完整动作教学 5. 学生在老师提示下完成动作 6. 把学生分成若干小组进行练习 7. 老师纠正动作 8. 连贯动作集体练习 要求：认真、动作到位、相互学习。 错误动作的预防与纠正： 错误动作：蹬腿力量不够，顶肘成抬肘。 纠正方法：讲解重点，反复练习体会，放视频观看。	20分钟	大
		（三）力量练习 半蹲跳：25米×2 立卧撑：25次×2	5分钟	大
结束部分	5分钟	1. 放松整理活动 2. 教师总结，布置课外作业 3. 归还器械	3分钟 2分钟	小
场地器材	平整场地	预计练习密度	约50%	
		预计平均心率	约100次/分钟	
课后小结				

四、课程评价

在课程评价方面，主要对学生的学业成绩进行评价，评价内容及权重如下：

（1）考勤（10%）。

（2）智能健身（10%）。

（3）体质健康标准测试（30%）。

（4）峨眉武术套路（50%）。

考核方式与评价细则见表7-6。

表 7-6 考核方式与评价细则

考核方式	比例	评价细则
平时成绩	20%	1. 智能健身（10%） 　　智能健身活动是内江师范学院体育学院利用互联网＋的相关理念，结合内江师范学院的实际，推行的一项学生课外体育活动，旨在培养、引导学生自觉参与体育锻炼和终身体育的习惯，提高学生的健康水平。根据学生参与课外体育锻炼的情况给予评分，参与一次得 1 分，总分 10 分，如果学生未参与该活动，则得分为 0 分。该活动是由体育学院定期举行的全校大范围的课外健身活动，活动由官方网站、微博、微信同步推出，参与的学生凭借学生证，由当次上课教师出具相应的参与证明，参与一次出具一张相应的证明，每个学生于每学期第 13～15 周，将参与次数证明交给各任课老师，由各任课老师根据参与次数证明，统一加相应的分数。 2. 上课出勤（10%） 　　旷课扣 2 分，迟到早退扣 1 分，请假缺课扣 0.5 分。
专项实践	50%	峨眉武术套路（一、二）（总分值 100 分） 1. 套路熟练，姿势正确，方法清楚，精神饱满，精力充实，有节奏感，90～100 分 2. 套路熟练，姿势正确，方法较准确，路线较清楚，动作较协调，80～89 分 3. 套路熟练，方法较准确，动作路线较清楚，60～79 分
身体素质	30%	1. 50 米跑 2. 立定跳远 3. 引体向上（男）/1 分钟仰卧起坐（女） 4. 1000 米跑（男）/800 米跑（女）
综合成绩	100%	平时成绩（20%）＋专项实践（50%）＋身体素质（30%）

注：摘自内江师范学院《大学体育—峨眉武术》本科课程大纲，2020 年。

五、课程特色

课程特色主要体现在以下方面：

（一）充分发挥了体育学院武术教研室师资优势

内江师范学院体育学院武术教研室师资雄厚，年龄结构合理，各位教师各有所长，有能力对相关的课程资源进行分类、整理、利用、创编。在该课程建设中，充分发挥了武术教研室的师资优势。

（二）充分挖掘并整合了内江市及周边地区的传统武术资源

内江市及周边地区具有深厚的武术文化底蕴，经过多年的交流探讨、挖掘和整理，整合了与峨眉武术相关的武术资源，为课程内容的创编提供了依据。

（三）充分利用了现代信息技术和网络智慧平台辅助教学

在课程建设中充分利用了现代信息技术，引入"学习通"网络教学平台构建了丰富的线上课程资源，包括技术学习视频、武术文化、学生作业、章节测试等栏目，延伸了学生体育学习的空间。

（四）改革了课程评价体系

在学生学业成绩的评价方面，注重终结性评价和过程性评价的结合，有效地促进了学生主动学习。

第二节　中小学体育与健康校本特色课程建设

一、确定学校体育与健康课程资源的优势

要凸显体育与健康课程建设的校本特色，就必须明确学校自身在体育与健康课程资源方面的比较优势是什么。在具有比较优势的基础上，容易形成特色。

确定体育与健康课程资源方面的比较优势的方法大致有两种：一是根据学校现有的课程资源确定比较优势；二是着力进行相关的资源建设，形成比较优势。

各校体育与健康课程资源的比较优势可以从以下几个方面来考虑：

（1）体育师资。体育师资是校本特色课程建设的最核心要素。

（2）优势项目。学校的某个优势运动项目是校本特色课程建设的必备基础。

（3）地域性体育项目。请参阅第二章第三节。

（4）新兴运动项目。请参阅第二章第三节。

（5）大课间体育活动。

二、发挥学校体育与健康课程资源的优势

在初步确定学校体育与健康课程资源的比较优势之后，要对现有的优势资源进行整合、优化，力求将学校体育与健康课程资源方面的优势充分地开发与利用起来。

三、中小学体育与健康校本特色课程建设

（一）明确指导思想

体育与健康校本特色课程建设的指导思想要结合国家的教育方针、课程标准、学校的办学定位（学校的教育理念、学生的发展需要、学校发展的需要等），例如，以《基础教育课程改革纲要》和课程标准为指导，结合"着眼素质、扎实基础、全面发展、办出特色"的学校办学宗旨和育人理念，坚持以学生发展为本，争创课程特色，努力提升教学质量。

（二）设置课程目标

课程目标是所有课程建设的核心，体育与健康校本特色课程建设的课程目标要根据新课标并结合学校的具体情况（课程资源优势）来设置。例如，培养学生的体育兴趣爱好，发展个性特长，提高学生自主学习的能力和习惯；培养学生的团结合作意识，陶冶情操，增进身心健康，热爱生活，适应社会；进一步培养具有教学研究潜力和较高综合素质的教师团队。

（三）校本特色课程建设的机构、制度及保障

1. 建立校本特色课程建设组织管理体系

（1）领导小组。

领导小组一般由校级领导构成。领导小组是校本课程开发实施的管理决策机构，负责制定校本特色课程建设方案和实施计划，制定和完善各项规章制度，审议校本特色课程建设过程中的决策。领导小组应该负责撰写课程建设纲要和课程建设的目标。

（2）组织协调小组。

组织协调小组一般由教务处成员组成，负责计划、执行、检查、评估校本特色课程建设，落实各项课程管理措施；部署执行校本课程开发实施方案，检查与监督执行状况。

（3）执行实施小组。

执行实施小组由体育教研组长、备课组长、任课教师组成。

执行实施小组负责课程建设的内容；课程实施，包括方法、组织形式、课时安排、场地、设备、班组规模等；课程评价，主要评定学生的学业成绩，涉及评定方式、记分方式、成绩来源等。

教研组长、备课组长的职责：根据学校的整体安排，制定本组校本课程建设计划、教学研究活动计划；对教师进行指导，确保完成学校校本课程管理的各项要求；及时反映课程实施过程中出现的问题及教师的教学需求；研究学生的实际状况，为课程管理提供依据；促进教师之间的合作，全力促进课程的构成；培训教师队伍，决定校本课程的设置和课务安排，组织校本教研。

任课老师的职责：负责校本课程实施过程中学生的组织和管理。

2. 健全管理制度

为确保校本特色课程质量，学校将进一步拟定相应的校本课程管理制度，包括校本课程开发审议制度、校本课程评价制度、校本课程管理岗位职责制度等。

3. 配套措施

教务处、教研组要用心帮忙教师制订好教学计划，负责协调安排和组织指导教学计划的执行；学校邀请教研部门领导到校指导工作；学校尽可能保证课程开展必需的经费、器材等物质条件；确保校本特色课程从无到有，从有到精，形成特色。

（四）校本课程的开发步骤

1. 调查

校本课程的开发和实施是以学校为基地，并基于学校而进行的突出师生特点和学校特色的课程。不仅要分析校内的情景，更要分析校外的情景。只有尽可能利用和开发现有的校内外资源，发扬学校的传统，结合当地的社会资源、学校资源和家庭资源，才能有效地实施校本课程。工作任务如下：

（1）利用现有资源，征集教师意见，确定校本课程的具体资料。

（2）通过对学生、家长、社区、教师的调查问卷，确定校本课程所涉及的资料。

（3）征求学生及家长对开发的课程纲要的意见，是否能满足学生、家长的意愿。

2. 申报

申报内容包括以下方面：

（1）完善课程基本信息（课程名称、类别、性质、适用学段、课程团队人员）。

（2）课程介绍（课程建设的目的、意义、特色、亮点）。

（3）课程分析（对课程建设的背景、具备的条件、学生需求等进行具体分析）。

（4）课程目标（知识目标、技能目标、素养目标）。

（5）课程内容和计划（内容及时数）。

（6）课程评价（评价标准：对课程要求学生应知、应会、应做到的内容做出具体的规定，便于测量评价；评价办法：对实施课程评价标准的过程、方式做出具体的说明）。

（7）课程管理（教师对本课程实施过程的管理做出规定；学校对本课程实施过程的检查、调研、评价和记录；学生对本课程学习过程的评价和建议）。

（8）课程资源（教材、导学资料、教案、教学视频、微课、课堂实录、学生学习成果等）。

（9）互动平台（作业、答疑、网上测试、网上评课等）。

3. 审核

学校校本课程开发实施领导小组对教研组提交的《校本课程开发申报表》按照科学性、可行性等标准进行审定。

4. 培训

校本课程的资料和形式将越来越丰富多样。在职教师能否适应与承担新课程的教学任务，已成为校本课程建设的关键。学校应根据在职教师的现状，制订师资培训的计划与方法。培训方式如下：

（1）培训。参加各级培训、观摩和讲座。

（2）实践。开设示范课，开展专业研讨。

（3）学习。学校提供相应的书籍、资料和网络平台。

5. 实施

经学校校本课程开发实施领导小组审定通过的校本课程，由教务处列入校本课程实施计划，列入学校课程表付诸实施。

6. 督查

教导处和科研处负责校本课程的实施检查，包括教案、授课、课后反思、推荐意见等，汇总后作为下一轮校本课程开设的经验材料和决策依据。

7. 校本课程的评价

（1）教师评价。

①教师执教应当有计划、有进度、有教案，有考勤评价记录。

②教师应按学校整体教学计划的要求，达到规定的课时与教学目标。

③教师应保存学生在体育课堂学习情况的资料和体育课外活动、竞赛中取得的成绩资料。

④任课教师要认真写好教学案例，及时总结反思。

⑤学校及时做好校本课程开发与实施的监控和测评工作，参与听、评课的指导，随时调控校本课程的开发实施状况。

⑥学校通过听课、查阅资料、调查访问等形式，每学期对教师进行考核，并记入业务档案。

（2）学生评价。

①学生在学习过程中的表现。如情感、态度、价值观、参与状况等，可分为"优秀、良好、合格、一般"等形式记录在案，作为"优秀学生"的评比条件。

②学生学习的成果展现。学生成果可通过实践操作、作品、竞赛、汇报演出等形式展示，成绩优秀者予以表彰并记入学生成长报告册及其他相关档案中。

参考阅读材料：

体育与健康校本特色课程建设的案例——内江市翔龙中学

2017 年，内江市翔龙中学成功申报并获批了"四川省省级示范中学"。该校的体育工作颇具特色，在内江市具有引领和示范作用。在此将翔龙中学在申报"四川省省级示范中学"时有关体育方面的资料整理如下。

第一部分 自评概述

"物有本末，事有终始"，我校长期坚持德、智、体三育并重。"德智皆寄于体，无体是无德智"，善其身者，莫过于体育。身体强壮而后学问道德的进修自然得力而收效远大。

我校体育工作是以"以育人为主线，以体育教学为核心，以终身体育为导向"的思路展开的。

一、以育人为主线

学校体育的本质功能在于教育，我校以"体育一道，配德育与智育"发挥其育人功能为主线。这条主线有以下四个着眼点：

一是体育的教育功能。体育即身体教育，在于"文明其精神，野蛮其体魄"。人认识世界和改造世界的活动都依赖于身体，直观靠耳目，思维靠脑筋，耳目脑筋都属于身体，身体越健全而后知识的活动才能越完善。因此，人是间接从体育中获得知识、形成良好的品质和培养审美情趣的。习百科之学，须力能胜任，力能胜任者，体之强者。

二是体育的健身功能。"生命在于运动"，"动则必有道"，体育是人类的养生之道，其道在于使身体有规律、有次序地平均发达。生而强者不必自喜，生而弱者不必自卑，皆需勤于锻炼，增益其所不能。总之，勤于体育则强筋骨，强筋骨则体质可变，弱可转强。

三是体育的娱乐功能。学生通过体育活动调节情感、丰富生活，缓解紧张和疲劳；通过观赏体育比赛和表演得到心理上的满足和精神上的享受；通过参与体育活动扩大社交以及展现自我。

四是体育的强意志功能。体育有非常强大的增强意志的效用，体育的主要精神在于武勇。武勇的内涵如猛烈、无畏、果敢、耐久等都属于意志范畴。凡各种运动，持之以恒，皆有耐久之益。力拔山兮气盖世，猛烈而已；不斩楼兰誓不还，不畏而已；化国为家，果敢而已；八年于外，三过其门而不入，耐久而已。这种意志都是可以在从事体育运动中一点一滴地培养出来的。意志是人生事业的先决条件。我校长期致力于将体育之精神，内化于学生日常之行为。

二、以体育教学为核心

基于体育育人这一主线，将体育教学作为体育工作的核心。围绕这个核心，有以下几个着手点：

一是师资队伍建设。一方面，我校一直保持着一支年龄结构合理、专业素养过硬、爱岗敬业、积极进取的体育师资队伍；另一方面，通过常规的教学、课间操、体育课外活动、课余运动训练、赛教、教学科研、教学交流研讨、指导实习生、承接内江市的各种综合运动会的编排与裁判工作等途径，提升师资队伍的综合素养。

二是贯彻落实各级教育管理部门的文件精神。认真贯彻落实《学校体育工作条例》的要求，开齐开足体育课时；大力开展阳光体育运动，每天组织半小时以上的大课间体育活动，保证学生每天1小时的校园体育活动；积极组织实施《国家学生体质健康标准》测试；定期举办每年春秋两季全校性综合运动会，不定期地举办多种多样的竞赛活动；确保学生体质测试合格率连年在95%以上，学生的精神风貌令人欣慰。

三是上好体育课。制订完备的教学文件，把握教学原则，明确教学目标，优选教学内容，注重教学方法，严格把控教学过程，实施教学考核与教学评价。教学务求实效，从课程的教学设计到评价的各个环节，始终把学生主动、全面的发展放在中心地位。在注意发挥教学活动中教师主导作用的同时，特别强调学生学习主体地位的体现，以充分发挥学生的学习积极性和学习潜能，提高学生的体育学习能力。力求体育与健康课程目标的达成，具体表现：在以身体练习为主的体育教学过程中，增强学生体质，掌握和应用体育与健康知识和运动技能；养成运动的兴趣和爱好，形成坚持锻炼的习惯；具有良好的心理品质，表现出人际交往的能力与合作精神；提高对个人健康和群体健康的责任感，形成健康的生活方式；发扬体育精神，形成积极进取、乐观开朗的生活态度。

四是以校内校外的各种体育活动、竞赛为体育与健康课程的延伸，进一步巩固和发展体育课堂教学的成效。

三、以终身体育为导向

未来的世界教育制度的结构改革的最终形式，是形成学校教育—回归教育—终身教育的一体化体系。教育的终身化是现代教育发展的一个重要特征。因此，学校体育是终身体育的基础，终身体育是学校体育的延伸。学校体育是近期效应，终身体育是长远效应。

在长期坚持"以育人为主线""以教学为核心""以终身体育为导向"的实践过程中，逐渐形成了我校的体育工作特色。

特色之一是将体育作为育人的重要内容、途径和手段，与德育、智育一道相互协调促进学生的全面发展。

特色之二是学校体育将竞技体育、大众体育有机地联系起来，相辅相成，相得益彰。体育课堂教学效果越来越好，学生的竞技水平逐年提高，我校体育场地在课余、节假日对外开放，服务地方。举办多次大众体育竞赛活动，对学校附近的大众体育具有很强的辐射带动作用。

获得的诸多殊荣是特色的外在表现，如"内江市传统项目学校（篮球、田径、足球三项)""内江市青少年田径训练基地""四川省体育传统项目示范学校""四川省阳光体育示范学校"。

第二部分　申报材料中体育工作部分内容

前　言

在笃行"崇志扬实"办学理念的实践过程中，我们坚定地相信每门学科都具有其独特的育人价值。要培养德、智、体、美、劳全面发展的人，就必须充分发挥各学科独特的育人价值，并重视各学科之间的交互、整合。因此，我们着力于探究各学科的育人特征及其价值，以及各学科功效的交互、整合，进而指导下一步的办学实践。

"体育强身，全面发展"是我们在办学过程对体育与健康课程的本质特征及其功效的高度概括。

"体育强身，全面发展"这方面的材料从以下四个部分进行阐释：

"特色概述"部分，阐释我校体育特色形成的基础、形成过程和特色的称谓及其表现形式。

"认识特色"部分，阐释认识特色形成的基础、过程、内容及其组成要素。

"实践特色"部分，阐释实践特色的内容及组成要素，内容包括：以体育教学为核心；注重体育教学与课余体育的相互促进；大手拉小手，创新格局。

"综合效果"部分，阐释体育与健康课程目标的达成、体育资源的开发与利用、体育文化影响力的形成和体育教育功能的发挥。

我们在实践的基础上，获得了新认识，又把新认识用于指导进一步的实践，力争在体育工作方面有新进展和新突破。

一、特色概述

体育工作是我校特色工作之一，并主要反映在"认识特色""实践特色""综合效果"三个方面。认识来源于实践，实践受认识的指导，效果是基于认识并付诸实践所产生的结果。

（一）认识特色（图1）

认识来源于实践。认识特色是基于笃行我校"崇志扬实"的办学理念，并结合体育教育工作实践而逐渐形成的。我们认为学校体育的本质是教育：

1. 学校体育是身体的教育。

2. 学校体育是通过身体的教育。

3. 学校体育教育以终身体育为导向。

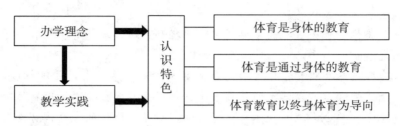

图1　认识特色的形成过程及内容

（二）实践特色（图2）

实践是认识的目的。我们将基于办学理念和源于实践所形成的认识进一步用于指导体育教育工作实践：

1. 以体育教学为核心。第一，重视师资队伍建设，保障体育教学质量；第二，认真落实各级教育管理部门的文件精神，确保体育教育工作方向正确；第三，切实抓体育教学，力求体育课程目标的全面达成。

2. 注重体育教学和课余体育的相互促进。体育教学是核心，课余体育是体育教学的延伸和有益补充。

3. 大手拉小手，创新格局。为进一步加强学校体育横向联系和后效作用，我们充分利用我校体育资源，力求学校体育带动家庭体育，进而带动学区体育的开展。目前，"学校体育—家庭体育—学区体育"良性互动的新格局正在初步形成。

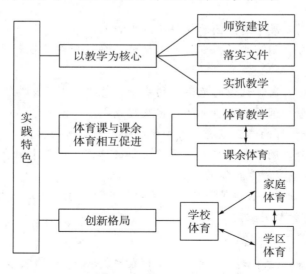

图2　实践特色的内容及构成要素

（三）综合效果（图3）

综合效果是基于我们对学校体育本质及其功效的认识并付诸实践所产生的结果。综合效果是体育特色的集中体现，具体表现如下：

1. 有效地达成了体育与健康课程目标。

2. 充分地开发和利用了我校体育资源。

3. 形成了较强的体育文化影响力，具有一定引领作用，服务地方。

4. 体育教育有效地促进了学生的全面发展。

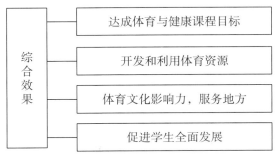

图3 综合效果的内容

二、认识特色（图4）

（一）学校体育是身体教育，也是通过身体的教育

着眼于素质教育，再综合考虑学校体育实践效果，从而发挥各学科之间的交互作用，最终促进学生全面发展，这是我们发展认识的动力。同时，进一步探求学校体育的本质及其功效，则是我们发展认识的过程。

办学在于育人。各门课程都必须以育人为目标，因此，学校体育的主要本质也在于"育人"。"文明其精神，野蛮其体魄"，学校体育最主要的本质在于"教育"，进而结合体育课程本身的特点，我们认为学校体育既是教育的内容，又是教育的手段。因此，把学校体育的本质定位于教育，这与我们办学理念中的"扬实"是高度吻合的。

体育的功效甚多，如"强筋骨""增知识""调情感""强意志"等，其中的"强意志"与我校办学理念中的"崇志"也是高度吻合的。

于是，我们将学校体育高度概括为"身体的教育"和"通过身体的教育"。

1. 体育是"身体的教育"。

体育是神经肌肉活动的教育。"生命在于运动"，体育是人类的养生之道。体育能使身体渐次地、均衡地发展完善，并增强学生的基本活动能力和强化运动技能。生而强者不必自喜，生而弱者不必自卑，皆需勤于锻炼，增益其所不能。勤于锻炼，则可强筋骨，强筋骨则体质可变。

德育、智育、美育都依托于身体，健全的身体是全面发展的基础。中学阶段，应多育并重。由于身体生长发育尚未完成，如果培养方面做得少，而消损方面做得多，势必影响学生体质。

2. 体育是"通过身体的教育"。

体育是通过身体进行的一种教育活动。"体"字意味着整个机体的活动，而不是只有智育、德育、美育等才是教育的手段；教育不是单为身体，也不是只为精神，而是为了通过教育活动而实现的人的全面发展。

（1）通过体育增强意志。体育精神主要在于武勇，武勇的内涵包括猛烈、无畏、果敢、耐久等意志范畴。凡各种运动，持之以恒，皆有耐久之益。力拔山兮气盖世，猛烈而已；不斩楼兰誓不还，无畏而已；化国为家，果敢而已；八年于外，三过其门而不入，耐久而已。意志是人生事业有成的必要条件，这些意志是可以从体育运动中一点一滴地培养出来的。能使身体强壮、意志坚韧者莫过于体育。身体强壮而后学问道德的进修自然得力而收效远大。习百科之学而力能胜任，必须身心健康、志向远大、意志坚韧。我校一贯致力于将体育精神内化于学生的日常行为。

（2）通过体育调节情感。体育活动中的人际交往与合作、相互尊重、责任承担，能够让学生获得自我认同，并能引导学生把体育活动作为健康生活方式的终身追求。观赏体育比赛能够得到心理满足和精神享受，这也属于一种体育参与。

（3）通过体育培养道德意识、规则意识和法治意识。在体育活动中，学生履行所应遵守的行为规范，能够形成和强化规则意识和道德意识。规则意识和道德意识的形成和发展会影响学生的法治意识和社会活动的其他方面，也利于进一步使"依法治国""依法治校"等法治观念深入人心。

（4）通过体育体验"身体美"。体育活动是学生鉴赏和实践"身体美"的场所。体育锻炼使人体魄健美、身材匀称、姿态优雅、动作矫健，这既是健康的标志，也是人体美的表现。体育运动蕴含着人类强大的生命力，"身体美"便是鲜活生命力的表现。

（二）学校体育以终身体育为导向

未来世界教育制度结构改革的最终形式是形成"学校教育—回归教育—终身教育"一体化体系。教育的终身化是现代教育发展的一个重要特征，体育教育也不例外。因此，我校的体育教学必须以终身体育为导向。

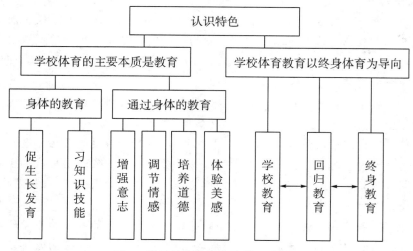

图4 认识特色的内容及其组成要素

三、实践特色

（一）以体育教学为核心（图5）

1. 重视体育师资队伍建设。一方面，我校一直保持着一支年龄结构合理、专业素养过硬、爱岗敬业、积极进取的体育师资队伍；另一方面，我校通过常规教学、体育课外活动、课余运动训练、赛教、教学科研、教学交流研讨、指导实习生、承接内江市的各种综合运动会的编排与裁判工作等途径，提升师资队伍的专业综合素养。

2. 贯彻落实各级教育管理部门的文件精神。我校认真贯彻落实《学校体育工作条例》的要求，开齐开足体育课时；大力开展阳光体育活动，每天组织半小时以上的大课间体育活动，保证学生每天1小时的校园体育活动；积极组织实施《国家学生体质健康标准》测试；定期举办每年春秋两季全校性综合运动会，不定期地举办多种多样的竞赛活动；确保学生体质测试合格率连年在95％以上，学生的精神风貌令人欣慰。

3. 切实抓好体育课程的教学。我校坚持制订完备的教学文件，把握教学原则，明确教学目标，优选教学内容，注重教学方法，严格把控教学过程，实施课程考核与教学评价。教学务求实效，从课程的教学设计到教学评价的各个环节，以教师为主导，以学生为主体，充分发挥学生学习体育的积极性和潜能，从而提高学生的体育学习能力，力争全面达成体育与健康课程目标。

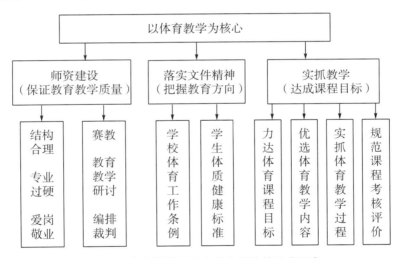

图5　以体育教学为核心的内容及其组成要素

（二）注重体育教学与课余体育的相互促进（图6）

我们在坚持以课堂教学为核心的基础上，开展丰富多彩的课余体育活动。以体育教学为核心，奠定基础；以课余体育为补充，巩固教学质量；以体育竞赛激励学生，显示专长，形成了"体育教学和课余体育的相互促进"的良性循环，具体表现如下：

1. 竞技水平逐年提高。在体育教学实效基础上，学生形成了运动专长，在各级体育竞赛中获得了优异成绩。有运动专长的学生踊跃参加课余运动训练，又进一步提升了竞技水平。竞技水平的提高，对全体学生的体育课堂学习和课余体育锻炼起到了巨大的激励和带动作用。

2. 课余体育风生水起。课余体育活动，师生参与度高，主要表现在：

（1）大课间体育活动开展得丰富多彩（图片资料略）。

（2）学生各项体育社团极其活跃，活动丰富多彩（图片资料略）。

（3）教师体育活动非常活跃（图片资料略）。

（4）注重体育特长生的培养，长期坚持课余运动训练（图片资料略）。迄今，我校成立了田径、篮球、健美操、排球、足球、武术等项目的竞技运动训练队伍。近三年，我校学生参加国家、省、市竞赛获得了优异成绩，涌现了一大批体育人才（图片资料略）：1 名运动健将，25 名二级运动员，先后为高等院校输送了 100 余名体育专业新生。

（5）积极响应国家号召，落实校园足球工作（图片资料略）。2016 年 3 月，我校制订了《四川省内江市翔龙中学校园足球发展方案》，推进落实校园足球工作，在内江市、区教育局的大力支持下，积极申报并获准为"全国校园足球特色学校"。在坚持和强化足球课堂教学的同时，我校于 2016 年 3 月组队并展开常态化的足球训练工作，并在 2016 年 11 月举办的"内江市五人制足球联赛"中取得了优异成绩。2016 年 12 月，足球成为继田径、篮球后的第三项传统项目。

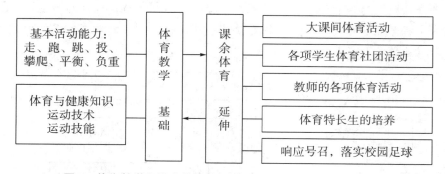

图6 体育教学和课余体育的相互促进关系及各自的组成要素

（三）大手拉小手，创新格局（图7）

长期以来，学校体育在一定程度上忽视了学校体育与家庭体育和学区体育的相互关联，封闭的教学管理体系已经不能适应当今社会发展的需要，已难以达成新课程改革设定的目标，不能满足学生发展的需要。鉴于此，我们充分利用学校体育资源，为家庭体育的开展提供支持，将体育场地、器材、设施对外开放，以期带动家庭体育的开展，进而带动学区体育的开展。

我校学生每周有法定的两节体育课，加之他们积极参与课余体育活动，另外还有诸多自发组织的体育社团活动。因此，学生的体育习惯和体育行为能力能够带动家庭体育的开展，我们也倡导学生这样做。

家庭体育是学区体育的一个重要组成部分。就此而言，学校体育是带动家庭体育，进而促进学区体育发展的"大手"，家庭体育和学区体育是"小手"。学区体育和家庭体育所需要的各种支持，也将对学校体育提出更高的要求。为了适应更高的社会要求，我们要促使学校体育工作进一步完善，与时俱进。

目前为止，我校已经举办过多次大众体育竞赛活动和多届内江市中小学生田径运动会，反响良好，同类学校也多次到我校研讨交流。常有路人驻足观看我校的体育课、大课间体育活动、课余体育活动和课余运动训练，由此带动了学区体育的开展。

今后，我校体育实践将致力于促成以学校体育带动家庭体育，再由家庭体育带动学区体育，即"学校体育—家庭体育—学区体育"良性互动的新格局。目前，这种新格局正在初步形成。

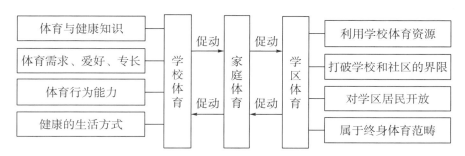

图7 "学校体育—家庭体育—学区体育"良性互动的新格局

四、综合效果

（一）有效地达成体育与健康课程目标（图8）

课程目标是通过教学过程所预期达到的某些结果。我校体育与健康课程目标的达成主要体现为：增强学生体质，掌握和应用体育与健康知识和运动技能，形成专长；养成积极参与体育的兴趣和爱好，形成坚持锻炼的习惯和能力；具有良好的心理品质，表现出良好的人际交往能力与合作精神；提高学生对个人健康和群体健康的责任感，形成健康的生活方式；发扬体育精神，形成积极进取、乐观开朗的生活态度。

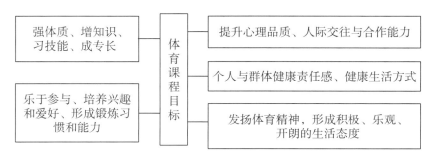

图8 我校达成体育与健康课程目标的内容

（二）充分地开发和利用我校体育资源（图9）

1. 人尽其才，充分发挥体育工作者的潜能，积极投入教学、训练，组织课余体育活动和竞赛，为家庭体育和学区体育活动的开展提供技术指导。

2. 物尽其用，充分利用场地、器材、设施，保障学校体育工作落实。场地、器材、设施由专人负责保养、保管、维修。节假日对外开放，服务地方。

3. 财经保障，经费投入到位，确保体育场地器材满足体育工作需要。

从2000年至今，获得下列荣誉称号是充分开发和利用我校体育资源的体现。

2000年6月，被授予"内江市传统项目示范学校"（篮球和田径）。

2004年，被获准为"内江市青少年田径训练基地"。

2005 年，被授予"四川省体育传统项目示范学校"。

2008 年，申报国家级青少年体育俱乐部，获准并授予"内江市市中区阳光青少年体育俱乐部"。

2013 年 9 月，被授予"四川省阳光体育示范学校"。

2016 年 12 月，被授予全国第二批"足球进校园示范校"。

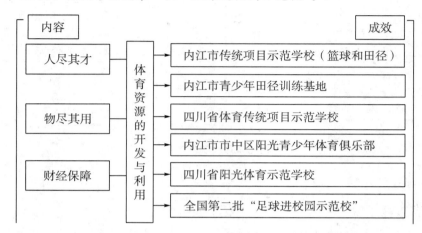

图 9　体育资源开发利用的内容以及所获得的成效

（三）形成较强的体育文化影响力，服务地方

我校是一个具有浓厚体育文化氛围而又能够体现现代文明精神和健康观念的教育场所。共享体育资源，服务地方，促使"学校体育—家庭体育—学区体育"的新格局初步形成，传递了正能量，传播了健康的生活方式，在当地起到了良好的引领、示范作用。

（四）体育教育促进学生全面发展（图 10）

学生的道德情操与行为习惯、高考升学率、生活方式与审美情趣、体质状况和精神风貌等方面均表现出可喜的局面。这是我校坚持德、智、体、美、劳多育并重，各学科育人效果交互作用的结果，其中体育教育在促进学生全面发展过程中发挥着独特的作用。

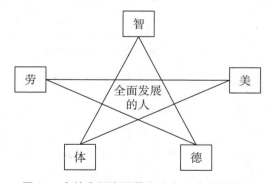

图 10　人的全面发展是多育交互作用的结果

附 言

一、关于"体育与健康"课程的名称

新课改将体育课程更名，小学阶段仍称"体育"，中学阶段称"体育与健康"，其内涵发生了一定的变化，但我们行文中多处仍沿用了"体育"这一称谓，只是为了表达的简明和流畅，尚希各位专家谅解。

二、关于"体育强身，全面发展"的提法

自 20 世纪 80 年代以来，各国纷纷开始关注并相继启动了基础教育课程改革，基础教育课程改革凸显了教育国际化趋势。尽管各国举措确有分殊，各具特色，却又同归于突出"健康"这一目标，形成了"体育"与"生命安全基础"两门课程分设、"体育"与"健康教育"两门课程分设、"体育"与"健康教育"两门课程相结合三种典型的课程模式。

我国采用了"体育"与"健康教育"相结合的模式。对于"健康"这一概念的认识需要与时俱进。"健康"不仅指一个人没有疾病或虚弱现象，而且指一个人生理上、心理上和社会上的完好状态。

我们预期通过体育与健康课程的学习，学生将对自己的身体、心理、情绪、社会、精神等诸多方面形成积极、负责的态度，有助于个体和社会的健康。

因此，我们提出"体育强身，全面发展"。

虽然讨论问题时，在抽象的思维领域中，有必要将"身体""心理""社会适应"等概念区分开，并且认同"身体"是"心理"和"社会适应"等一切人类活动的物质基础。但是，具体到个人时，这个"人"是"身体""心理""社会适应"等方面的综合"体"，不能将各个部分割裂看待。从这个角度来看，"强身"就是"全面发展"，也是进一步"全面发展"的基础。

习题：
1. 简述体育与健康校本特色课程建设的依据。
2. 简述体育与健康校本特色课程建设的步骤。